Matéria Lítica: Drummond, Cabral, Neruda e Paz

Estudos Literários 50

MARIO HIGA

Matéria Lítica: Drummond, Cabral, Neruda e Paz

Ateliê Editorial

Copyright © 2016 by Mario Higa

Direitos reservados e protegidos pela Lei 9.610 de 19 de fevereiro de 1998.
É proibida a reprodução total ou parcial sem autorização, por escrito, da editora.

Dados Internacionais de Catalogação na Publicação (CIP)
(Câmara Brasileira do Livro, SP, Brasil)

Higa, Mario
  Matéria Lítica: Drummond, Cabral, Neruda e Paz /
Mario Higa. – Cotia, SP: Ateliê Editorial, 2016. –
(Coleção Estudos Literários)

  ISBN 978-85-7480-726-3

    1. Crítica literária   2. Ensaios   3. Literatura
  I. Título.   II. Série.

15-10784   CDD-809

Índices para catálogo sistemático:
1. Crítica literária: Ensaios   809

Direitos reservados à
ATELIÊ EDITORIAL
Estrada da Aldeia de Carapicuíba, 897
06709-300 – Granja Viana – Cotia – SP
Telefax: (11) 4612-9666
www.atelie.com.br / contato@atelie.com.br
Printed in Brazil
2016
Foi feito o depósito legal

Há tempo de espalhar pedras, e tempo de as ajuntar.
LIVRO DO ECLESIASTES

Hey you, would you help me to carry the stone?
ROGER WATERS

Sumário

EXPLICAÇÃO E AGRADECIMENTOS................. 13

INTRODUÇÃO....................................... 15

CAPÍTULO 1: A PEDRA POROSA DE DRUMMOND 27

    Introdução 27

    Mário, o Leitor Ideal 29

    O Encontro, as Cartas e o Poema Protelado 30

    Publicação Perdida? 33

    A *Revista de Antropofagia* 34

    Modo de Leitura: Hermenêutica Romântica.......... 38

    O Testemunho do Autor......................... 45

    O Modernismo na Berlinda Outra Vez 47

    Consagração Crítica 48

    Algumas Classificações e a Perspectiva Integracionista.. 50

    Repetição (I) 55

Comparações de Sistemas de Repetição e a
Questão do *Nonsense* 61

Leitura Referencial e Autorreferencial 64

Repetição (II) 68

Repetição (III) 70

"Da Fadiga Intelectual" e a Encruzilhada Semântica ... 73

Repetição (IV) 75

Repetição e Paródia. 79

Sangue Azul ou Vermelho? 84

A Resposta de Drummond: "O Enigma" 86

Tempo Cíclico, Filosofia Moral e a Presença
de Mário Pederneiras 91

Capítulo 2: A Pedra Narcísica de João Cabral ... 97

Introdução 97

Um Clichê: A Despersonalização Lírica, ou a
Identidade do Não-eu 100

O Outro como o Mesmo: Migração e
Metamorfose de Imagens 103

Poesia e Drama 107

"Alguns Toureiros": Tauromaquia e Poética Negativas. ... 110

Poesia, Educação e Esquecimento 114

"Nunca a Ninguém Custou tanto Escrever
como a Mim" 119

"O Sim e o Desagrado" 123

Narcisismo, Antinarcisismo e Hermetismo. 126

Narcisismo por Cabral 130

A Pedra Cabralina 135

De *Pedra do Sono* a *O Engenheiro* 137

"Fábula de Anfion" 142

SUMÁRIO

"Poema(s) da Cabra"................................ 145

A Educação pela Pedra 153

"A Educação pela Pedra"......................... 154

"Uma Educação pela Pedra": Frequentação e Dicção . . 157

"Uma Educação pela Pedra": A Moral da Permanência. . . 162

"Uma Educação pela Pedra": Poética, Economia e
Conclusão 164

"Outra Educação pela Pedra": O Sertanejo 166

O Sono e o Outro Conflito Subjetivo da
Poesia Cabralina............................... 168

CAPÍTULO 3: A PEDRA DESENCANTADA DE NERUDA. . 173

Introdução 173

Didatismo: "Nada de Confusões Quanto a essa
Palavra"....................................... 179

Intermédio Histórico: O Incidente
Poético-diplomático de 1943 181

Retorno ao Conceito de Didatismo na
Poesia de Neruda 182

Didatismos em Conflito: Poética da História
e Poética do Tempo............................ 187

Subjetividade Exógena e "Utopia Totalizadora" 191

Matriz Residenciária............................. 199

"Alturas de Macchu Picchu"....................... 205

Pedra da "Desabitação da História" e Pedra do
Desencanto com a História..................... 214

Raízes do Desencanto com a História na
Poesia Nerudiana 219

O Poema XVII na Genealogia de *La Rosa Separada* 224

"Pero no Alcanza la Lección al Hombre"............. 226

Tema e Padrão Rítmico 228

A Queda, a Torre, o Verme, a História 231

Capítulo 4: A Pedra Logocêntrica de Paz 237

Introdução 237

O Começo pelo Fim 238

Mito e Logocentrismo 239

Mito e Antropologia 245

A "Nostalgia da Origem" e a "Imediatidade
Interrompida" 250

O Sagrado e a Afirmação Nietzschiana 253

Intermédio Crítico: Paz e Derrida 257

Origem e Surrealismo. 262

Surrealismo e a Temática do Duplo: A "Otra Orilla"
e o "Salto Mortal" 267

[Como las Piedras del Principio], Primeira Parte,
Verso 4. 270

[Como las Piedras del Principio], Primeira Parte,
Versos 1 a 3. 273

[Como las Piedras del Principio], Primeira Parte,
Versos 5 a 7. 279

[Como las Piedras del Principio], Segunda Parte,
Versos 8 a 10. 283

Bibliografia 291

Obras Referidas na Introdução 291

Obras Referidas no Capítulo 1. 292

Obras Referidas no Capítulo 2. 295

Obras Referidas no Capítulo 3. 297

Obras Referidas no Capítulo 4 299

Explicação e Agradecimentos

Este livro é a versão revisada e atualizada de meu trabalho de doutoramento apresentado na Universidade do Texas, em Austin. Agradeço aos meus orientadores, professor Leopoldo Bernucci e professor Ivan Teixeira (*in memoriam*). Ambos não mediram esforços para me ajudar nesse projeto. Por tudo, sou-lhes imensamente grato. Agradeço também aos membros da banca examinadora, professora Sônia Roncador e professor Nicolas Shumway, que contribuíram com preciosas e pontuais sugestões para corrigir rotas e ajustar desníveis. Os erros que ainda persistem são todos de minha responsabilidade. Agradeço ao Middlebury College por haver me concedido um ano sabático, sem o qual a revisão e atualização do trabalho original não teriam sido possíveis. Aos meus colegas do departamento de Espanhol e Português, sou grato pelo apoio constante e pelo diálogo intelectual sempre fecundo e prazeroso. Quero agradecer também a Cláudia Gil e a Marlene Campos a ajuda eventual mas oportuna com *minhas meninas*. Às minhas meninas, enfim, Paula, Julia, Sophia e Olivia agradeço por estarem a meu lado em todos os momentos.

Introdução

*...além do que, ambos somos amigos do lento, tanto
eu como meu livro.*

Nietzsche, *Aurora*

Este livro oferece ao leitor quatro ensaios de leitura crítica de poesia. O escopo primário deste trabalho é o entendimento e a interpretação de textos poéticos. Os marcos teórico-metodológicos de apoio às leituras são, em linhas gerais, a poética e a hermenêutica, aplicadas ao modelo prático do *close reading*. De modo sumário, serão consideradas, na abordagem dos poemas, quatro instâncias interdependentes de análise: a *intratextual*, que se ocupa do código verbal, seus dispositivos linguísticos e literários, e seus efeitos de sentido no interior do texto; a *conceitual*, que identifica conceitos teóricos que permeiam o texto, ou lhe são aplicáveis como instrumento de sistematização da leitura; a *interdiscursiva*, que lê o texto como produto do sistema cultural em que se formou, ou como resposta a questões latentes nesse sistema, e assim avalia intercâmbios entre texto e discursos culturais vigentes no tempo de sua escritura, incluindo discursos literários; e a *metacrítica*, que estuda modos de apropriação e resultantes de avaliação do texto pelo discurso crítico.

16 MATÉRIA LÍTICA

Todas essas instâncias, no entanto, constituem fatores de uma estratégia de leitura *a posteriori*. Ou seja, o método crítico aqui adotado entende o texto poético como um objeto dinâmico, que formula problemas ou impasses interpretativos, cujo deslinde e superação demandam esforços particulares para cada caso. Por esse prisma, o ato de leitura crítica, articulado a uma base teórica que lhe empreste unidade de conceitos e de nomenclatura, poderia ser definido a partir de duas competências fundamentais: *1)* a de localizar impasses representativos que um dado texto propõe, e *2)* a de oferecer-lhes respostas coerentes e satisfatórias. Em princípio, essas competências são adquiridas e aperfeiçoadas no contato duradouro e assíduo com o texto literário. Nesse sentido, por seu caráter contingente (leitura), que opera sobre fatos particulares e, portanto, variáveis (textos), e que depende de um agente (leitor) dotado de experiência qualificada, o exercício da leitura hermenêutica aproxima-se do conceito aristotélico de *phronesis*, comumente traduzido por *sabedoria prática*, e discutido no livro VI da *Ética a Nicômano*. Para Aristóteles, em síntese, *phronesis* constitui uma práxis e uma virtude: a virtude de, em situações que demandam uma decisão, decidir corretamente, visando a um determinado fim ou efeito associado às ideias de felicidade pessoal e bem comum. Trata-se, portanto, de conceito primariamente político, mas que, por analogia, poder-se-ia estendê-lo ao ato crítico. Essa práxis virtuosa opõe-se a *sophia*, ou *sabedoria teórica*, definida por Aristóteles como ciência do pensamento que se ocupa de verdades universais. Ainda segundo Aristóteles, *sophia* é uma derivação de *phronesis*, sendo-lhe esta, portanto, uma instância inferior[1]. A superioridade de *sophia* (teoria) sobre *phronesis* (práxis) no sistema aristotélico aponta para uma hierarquia de valores que vigora, ainda que com variações, desde Platão – antes, pois, de Aristóteles – até o advento da filosofia de Marx, que eleva

---

1. C. D. C. Reeve, *Aristotle on Practical Wisdom*, Cambridge, MA/London, Eng., Harvard University Press, 2013, p. 80.

a práxis à condição de categoria central da filosofia[2]. Por essa hierarquia, que a despeito de Marx ainda permeia nossa cultura, explica-se talvez o fato de que entre os quatro principais ramos da moderna crítica literária – a teoria, a historiografia, a resenha jornalística e a leitura crítica[3] – os dois primeiros, mais contemplativos e próximos da noção de ciência teórica, prevaleçam em prestígio no mundo acadêmico sobre os dois últimos, mais práticos e imediatistas. Destes últimos, aliás, o exercício do comentário e da explicação de textos literários é, até onde pode aferir minha percepção, o menos prestigioso.

Há argumentos para justificar esse desprestígio. O principal, a meu ver, é o que entende a leitura de análise microscópica, ou *close reading*, como um ato coercitivo e teleológico. Para os defensores desse ponto de vista, a prática exegética constrange a imaginação analítica do leitor ao guiá-lo por caminhos que ele mesmo deveria ou não percorrer, assumindo os riscos das próprias escolhas, pelas quais construiria para si uma forma ativa de conhecimento. Trata-se da oposição entre educação autônoma *vs.* tutelada, em discussão desde, pelo menos, o Iluminismo, que defende com veemência a primeira. Além disso, e mais grave, ao se propor revelar sentidos de um dado poema por meio da análise interpretativa, a operação crítica pleiteia a falaciosa noção da existência de uma leitura *correta* ou *ideal* do texto literário, ou a ideia de que este guarda um sentido fixo, capaz, portanto, de ser conquistado. Outro argumento contra o *close reading*, tomado como estratégia de leitura *a priori*, acusa-o de valorizar textos e autores que melhor se encaixam em seu modelo de abordagem. Por esse princípio, e em termos canônicos, um texto simbólico, por exemplo, vale mais do que um realista, um discurso elíptico e elusivo tem mais consistência do que um concatenado e claro, o Barroco mostra-se mais denso do que o Classicismo, e Mário Faustino deve ser considerado um poeta superior a Adélia Pra-

---

2. Adolfo Sánchez Vázquez, *Filosofía de la Práxis*, México D.F., Siglo XXI Editores, 2003, pp. 39-61.
3. Edward W. Said, *The World, the Text, and the Critic*, Cambridge, MA, Harvard University Press, 1983, p. 1.

18 MATÉRIA LÍTICA

do. A comprovação desse argumento ocorre pela hipótese de alteração da chave de leitura, que, uma vez alterada, altera também aqueles valores. Numa perspectiva feminista, por exemplo, cujo foco recaísse sobre o conceito de *écriture féminine*, ou sobre o discurso poético tomado como fonte original de reflexão crítica sobre a condição da mulher ocidental no mundo moderno, a simplicidade, ou aparente simplicidade, do lirismo de Adélia Prado possuiria maior relevância do que a agonia cifrada de Mário Faustino. Sobre essa questão, Peter Rabinowitz afirma: "diferentes autores, diferentes gêneros, diferentes períodos, diferentes culturas pressupõem leitores que abordem os textos de maneiras diferentes. A tendência, na universidade, ao *close reading* reduz essa multiplicidade". E mais adiante, conclui: "Se eu me oponho ao *close reading*, então a favor de quê eu me posiciono? A alternativa óbvia é o pluralismo"[4].

As reflexões de Rabinowitz datam de 1988. Desde então, a tendência ao *close reading* por ele apontada nas universidades americanas mudou de rumo na direção de uma perspectiva, de fato, mais pluralista. Na moderna pedagogia, por exemplo, a interdisciplinaridade tornou-se palavra de ordem. Embora não seja, do ponto de vista histórico, uma novidade, a integração ou entroncamento das disciplinas repercutiu, na primeira metade do século xx, com a difusão do Estruturalismo, cujo modo de abordagem crítica assume uma perspectiva francamente interdisciplinar. Sua disseminação no sistema de educação atual, além de corresponder ao caráter, por assim dizer, simultaneísta da nossa era, marcada pela rapidez e democratização dos meios de informação, busca difundir em amplitude o conhecimento especializado, antes fechado em círculos acadêmicos, ajustando-o a demandas da vida prática. Os resultados dessa orientação pedagógica, bem como da pesquisa dela derivada, têm sido reconhecidamente efetivos para os fins que se propõem. Por outro lado, a permeabilização das fronteiras disciplinares tem acarre-

---

4. Peter Rabinowitz, "Canons and Close Readings", *Falling into Theory*, ed. David Richter, Boston, Bedford Books of St. Martin's Press, 1994, pp. 218, 221.

tado problemas. Um deles é o do rareamento disciplinar. Certas disciplinas integradas (ou dissolvidas) na interdisciplinaridade têm sofrido um processo tal de integração (ou dissolução), que, como consequência, têm perdido parte de sua identidade, a ponto de se encontrarem hoje em risco até de extinção. É o caso da crítica literária, segundo Terry Eagleton. Na introdução do seu *How to Read Poetry*, de 2006, Eagleton assim justifica seu livro: "A ideia de escrever este livro surgiu pela primeira vez quando me dei conta de que quase nenhum estudante de literatura dos que eu conhecia praticava o que eu havia aprendido a chamar de crítica literária. Como teto de palha e sapateado folclórico, a crítica literária parece ser algo como uma arte em extinção"[5]. Esse diagnóstico, tomado à realidade universitária britânica, Marjorie Perloff o transpõe, no mesmo ano, para o universo acadêmico americano. Num pronunciamento de 2006, feito na condição de presidente da Modern Language Association, seu balanço é tão ou mais alarmante que o de Eagleton, citado, aliás, por ela, em seu discurso. Com dados recentes, baseados em temas de teses universitárias, tópicos de pesquisas financiadas por instituições de fomento às humanidades, e anúncios de postos de trabalho abertos a professores de inglês em universidades americanas e canadenses, Perloff discute a atual orientação universitária de lidar com a literatura desde a perspectiva interdisciplinar na qual o texto literário não é tomado como objeto de pesquisa em si, mas como intermediário de outras disciplinas. Nesse modelo metodológico, a literatura funciona como "janela" – o termo é de Perloff – para o mundo além das palavras. Estas, por sua vez, retratam uma realidade social e seus sintomas culturais, cujo "conteúdo" constitui, em última instância, o alvo dos estudos "literários". Nesse sentido, para Perloff, o termo *interdisciplinaridade*, no âmbito da crítica literária, não corresponde com precisão ao processo a que se refere. Para tanto, o vocábulo mais apropriado seria "*outradisciplinaridade*". É nesse quadro de rareamento

5. Terry Eagleton, *How to Read a Poem*, Oxford, Blackwell, 2007, p. 1.

da disciplina dos estudos literários que Perloff pergunta, sem pressupor nem oferecer uma resposta fácil à questão, "por que o 'meramente' literário é tão suspeito hoje?"[6].

O fato é que, com a suspeição do literário *stricto sensu*, ou "'meramente' literário", o recurso do *close reading* perdeu espaço na pesquisa acadêmica, reduzindo-se, quando tanto, a um modo de análise restrito a salas de aula de cursos de graduação, cujo resultado define-se, muitas vezes, pelo exercício da paráfrase textual, produzia, aliás, em consonância com a tendência conteudística dos estudos literários apontada acima. Esse modelo de análise, por sua vez, é reproduzido pelos estudantes nos trabalhos universitários. Isso faz com que Eagleton questione não o *close reading* em si mas o encaminhamento e os resultados desse processo: "não é que muitos estudantes de literatura hoje não façam uma leitura razoavelmente cerrada de poemas e romances. O *close reading* não é o problema. A questão não é quão obstinadamente você adere ao texto, mas do que você está à procura quando faz isso"[7]. Nessa passagem, Eagleton alude ao estudo conteudístico da literatura, cujas análises, desconsideradas suas fontes, isto é, o texto literário, ou melhor, a *textualidade* do texto literário, parecem girar em torno de algum evento da vida real, como se a literatura reproduzisse, ou como se sua função central fosse a de reproduzir, a realidade. Essas análises, em conformidade com o ângulo que adotam, culminam quase sempre em conclusões de caráter político, sociológico, antropológico, econômico, que, por sua vez, desembocam em questões concernentes aos estudos de raça, etnia, classe social, identidade sexual... Tudo isso quase sempre coado num marxismo mal digerido e mal aplicado. Nessas análises, enfim, o elemento propriamente literário, ou de crítica literária, brilha rutilante por sua ausência.

Em *How to Read Literature*, publicado em 2013, Terry Eagleton reitera, com os mesmos argumentos, a premissa com que

---

6. Marjorie Perloff, "Presidential Address 2006: It Must Change", pmla 122.3 (2007), pp. 654-655.

7. Terry Eagleton, *How to Read a Poem*, op. cit., p. 2.

INTRODUÇÃO

sustentou, sete anos antes, a realização de seu *How to Read a Poem*: "Como o sapateado folclórico, a arte de analisar obras de literatura agoniza. Toda uma tradição do que Nietzsche chamou de 'leitura lenta' corre o risco de sumir sem deixar rastro. Ao atentar de modo minucioso à forma e técnica literárias, este livro tenta dar uma modesta contribuição para o seu resgate"[8]. A premissa de Eagleton coincide, em linhas gerais, com a que sustenta a realização deste estudo. Nesse sentido, uma dimensão central deste trabalho é a didática. Os capítulos deste livro, como ideia, nasceram na sala de aula, da prática de comentar textos literários com meus estudantes. Ou antes, da prática de meus professores de comentar textos literários, bem como das leituras que fiz, como estudante, e depois, já como professor, de ensaios de análise e interpretação. O fundamento último dessas experiências, tal como as entendo, reside não no encontro de um *sentido verdadeiro*, ou *definitivo*, baseado em relações de correspondência, ou metalinguísticas *tout court*, incluídas aí manobras de mecanismos formais, e sim na busca do *desvelamento de camadas de sentido*, ocultas na malha textual, incluídas aí manobras de mecanismos formais, cujas resultantes atualizam-se (isto é, alteram-se), ao se atualizar o ponto de vista histórico, ou a historicidade do leitor.

Para a noção de *desvelamento de sentido*, recorro, com alguma liberdade, ao conceito de *aletheia*, tal como reproposto por Heidegger em alguns momentos cruciais de sua obra. Num de seus ensaios mais influentes, *A Origem da Obra de Arte* (1950), Heidegger associa *aletheia* à capacidade de a obra de arte criar uma dimensão – "abertura" ou "clareira" – pela qual o objeto, reconfigurado em forma estética, revela-se como totalidade, como objeto disposto no entroncamento da Natureza com a Cultura, incorporando-as ambas, ao mesmo tempo que as suplantando. Para os gregos, *aletheia* significava *verdade* como "desvelamento do ser do ente", como desocultação, desentranhamento, desencobrimento do sentido que o ente traz fechado em si, encoberto

---

8. *Idem, How to Read Literature*, New Haven, Co., Yale University Press, 2013, p. IX.

por sua função de coisa utilitária, e que, uma vez aberto ou conquistado, projeta o ente *qua* ente. A verdade como *aletheia* não reside no *sentido desvelado*, mas no *desvelamento do sentido*. Ou seja, a verdade, por esse prisma, não *é* um sentido mas, sim, o *acontecer* do sentido, ou o *acontecer da verdade*. Para demonstrar essa ideia, Heidegger opera uma leitura – hoje considerada controversa[9] – do quadro *O Par de Sapatos* (1886), de van Gogh. Para Heidegger, em síntese, o deslocamento do objeto – o par de sapatos – da realidade do mundo para a realidade da arte abre-lhe uma "clareira" através da qual "o ente se salienta" de sua ocultação. Isto é, o objeto como fato estético volta a si e ilumina-se, recuperando um estado que a fenomenologia heideggeriana chama de "repousar-em-si-mesmo". Inserida na obra de arte, conclui o filósofo, "a verdade advém como combate entre clareira e ocultação"[10].

Nos capítulos deste livro, o poema constituirá o espaço onde o "combate entre clareira e ocultação" se trava diante do leitor, combate que busca não apenas fazer emergir pela abertura, ou clareira do poema, o sentido que se oculta nos interstícios de sua malha textual, mas também, e sobretudo, o efeito de espanto do pensamento que a desocultação desse sentido produz. Com isso, o ato de leitura crítica se desenvolve na direção de um saber e de uma experiência imbricados, pelo quê o poema se instaura como fonte de conhecimento e autoconhecimento para o leitor.

* * *

O *corpus* poético analisado neste livro provém de quatro poetas latino-americanos do século xx: dois de língua portuguesa,

---

9. Para uma abordagem dessa polêmica, ver "The Still Life as a Personal Object – A Note on Heidegger and van Gogh" (1968), de Meyer Schapiro, inserto em *Theory and Philosophy of Art* (pp. 135-142), ensaio que mereceu uma alentada resposta de Jacques Derrida em *The Truth in Painting* (pp. 255-382). Schapiro voltou ao tema em "Further Notes on Heidegger and van Gogh" (1994) (em *Theory and Philosophy of Art*, pp. 143-151).

10. Martin Heidegger, *A Origem da Obra de Arte,* trad. Maria da Conceição Costa, Lisboa, Edições 70, s.d., pp. 25-27, 42, 50,

Carlos Drummond de Andrade e João Cabral de Melo Neto, e dois de língua espanhola, Pablo Neruda e Octavio Paz. O critério de seleção dos textos foi baseado numa imagem compartilhada: a da pedra, recorrente, aliás, nas obras desses poetas. No caso de Drummond, tal recorrência não é tão alta quanto em Cabral, Neruda ou Paz. Para estes, a pedra e o mundo mineral constituem uma imagem identitária, ou uma figura da imagística, de suas obras. No entanto, o poema de Drummond escolhido para análise, "No Meio do Caminho", possui na pedra sua imagem central, e por ela a composição ganhou epítetos como *poema da pedra* e *pedra de escândalo* do Modernismo brasileiro. Também Drummond foi chamado muitas vezes, na maioria com sentido pejorativo, de *poeta da pedra*, por conta de sua "pedra no meio do caminho".

* * *

Por que "No Meio do Caminho", de Carlos Drummond de Andrade, causou tanta controvérsia no meio literário? Como o poema tem sido lido desde que a obra de Drummond se tornou consagrada na crítica? O capítulo 1 reflete sobre essas e outras questões que envolvem o "poema da pedra". A primeira parte do capítulo é fundamentalmente histórica e refaz a trajetória do poema desde 1924 até o início do século XXI. Há dois momentos distintos nesse período. O primeiro vai de 1930 até meados da década de 1960. Por esse tempo, o poema fomenta um acalorado debate em torno de seu sentido e valor, e é lido pela ótica da hermenêutica romântica, centrada na figura do autor. O segundo vai de meados da década de 1960 até estudos recentes que citam o poema. Nesse período, o modo de percepção da poesia de Drummond se altera, e o modo de leitura também. "No Meio do Caminho" deixa de provocar polêmica e passa a demandar leituras que justifiquem sua presença na obra do poeta. Na segunda parte do capítulo, debruço-me sobre o texto com a intenção de compreender que fatores nele inscritos lhe proporcionaram uma recepção crítica tão sinuosa e desencontrada. Para essa leitura, detenho-me sobretudo no procedimento da repetição e seus efeitos de sentido. Trata-se de uma leitura intrínseca e frontal do poema. A seguir, analiso suas relações intertextuais com possíveis fontes eruditas e populares, além de relações de intertextualidade interna com outros poemas de Drummond, em particular, "O Enigma". Por fim, discuto a apropriação que o "poema da pedra" faz de um tipo de discurso finissecular, amplamente praticado na virada do século XX: o lirismo de filosofia moral, ajustado ao gosto popular. Nesse sentido, destaco a poesia de Mário Pederneiras, de cuja imagística o poema de Drummond parece ter se alimentado.

O capítulo 2 também se divide em duas partes. Na primeira, discuto a noção de despersonalização do sujeito lírico na poesia de João Cabral de Melo Neto. Tento mostrar como nos poemas críticos de Cabral a despersonalização é compensada pela objetivação do outro, cuja imagem é recortada para projetar princípios da poética cabralina. Com isso, o ponto de vista que objetiva o outro constrói, ao final, uma imagem de si mesmo. Assim, o pressuposto da alteridade torna-se postulação de identidade. Os conceitos de narcisismo e antinarcisismo, tomo-os de dois ensaios sobre Cabral, de Antonio Candido e de Eduardo Escorel, respectivamente. Candido e Escorel os empregam para definir um aspecto da psicologia do autor. No meu caso, utilizo a noção de narcisismo com a dupla função de nomear 1) manobras textuais de autorreferencialidade em poemas que, em princípio, objetivam o outro, e 2) manobras extratextuais, isto é, externas e paralelas aos poemas, que visam à construção de um *ethos* autoral legitimador *a priori* da obra de Cabral. Na segunda parte do capítulo, analiso a trajetória da imagem da pedra em poemas de *Pedra do Sono* (1942) até *A Educação pela Pedra* (1966). As imagens do mundo mineral na poesia cabralina são paradigmáticas do sentido de despersonalização lírica. E, pela hipótese de leitura desse capítulo, tal despersonalização, quando lida em perspectiva, resulta falaciosa. De modo mais extensivo, comento "A Educação pela Pedra", poema que sintetiza a "pedagogia" das "duas águas" de Cabral: a que ensina o

INTRODUÇÃO

leitor a se aproximar do complexo e peculiar poema cabralino, e a que ensina o leitor a ver o mundo desde a perspectiva de sua poética negativa.

O capítulo 3 inicia-se com uma revisão histórica da recepção da poesia de Pablo Neruda no Brasil a partir de 1945. Nesse contexto, discuto a noção de didatismo na poesia militante de Neruda e como essa poesia repercutiu em nosso país. Analiso a rivalidade entre "nerudistas" e "antinerudistas" e consequências desse embate na poesia brasileira nas décadas de 1950 e 1960. A leitura do poema XVII, de *Las Piedras del Cielo*, livro de 1970, passa pela definição de didatismo poético na medida em que o poema reflete sobre uma forma de educação, associada à pedra, como pressuposto para transcender a história. Há também no poema de Neruda uma educação pela pedra, mas distinta da de Cabral, e distinta sobretudo da poesia política do poeta chileno. Dentro de uma perspectiva narrativa, o poema XVII será lido como epílogo de uma trajetória iniciada na matriz residenciária da poesia nerudiana. Em síntese, tal matriz propõe um impasse entre homem e tempo que o poema "Alturas de Macchu Picchu" resolve por meio da pedra histórica. Na sequência, o poema "Historia", de *Las Piedras de Chile*, refaz os postulados de "Alturas de Macchu Picchu", e cinde novamente as instâncias homem, tempo e história, regressando assim à matriz residenciária, sem, no entanto, propor um novo impasse. No rastro dessa cisão, mas um passo à frente dela, o poema XVII inverte o argumento central de "Alturas de Macchu Picchu", operando neste uma espécie de "desleitura". O capítulo discute também fatores que motivaram tal inversão.

Tomando o poema [Como las Piedras del Principio], de Octavio Paz, como ponto de partida, o capítulo 4 discute o conceito de mito na obra octaviana. Para tanto, examino a noção de *logos* metafísico em Heráclito, à qual o mito octaviano se vincula, e a crítica ao logocentrismo na filosofia ocidental feita por Jacques Derrida. Paz define sua concepção de mito no momento em que pensadores estruturalistas, no rastro de Marx, Nietzsche e Freud, tentavam superar a noção de *logos* metafísico. Daí o mito octaviano dialogar com a antropologia e com estudos antropológicos sobre sociedades primitivas. Nesse sentido, é de uma passagem de Derrida sobre Lévi-Strauss que destaco e discuto dois conceitos que sintetizam a ideia de mito em Paz: "nostalgia de origem" e "imediatidade interrompida". A ideia de origem, como princípio do princípio, também participa do discurso teórico do Surrealismo, cujos postulados permeiam a poesia octaviana. Via Surrealismo, por exemplo, a poesia de Paz herda a temática do duplo, à qual se associam dois conceitos-chave da poética octaviana: a "otra orilla" e o "salto mortal". O mito e o sagrado na poética logocêntrica de Paz constroem-se em grande medida sobre essa base. A leitura de [Como las Piedras del Principio] e sua paródia de cosmogonia da palavra recupera os principais argumentos expostos ao longo do capítulo. Há dois momentos, no entanto, em que o poema de Paz rompe com sua natureza paródica: ao dispor pedras no centro da noite pré-genesíaca e ao narrar a queda do verbo original na sequência de seu nascimento. A análise desenvolvida neste capítulo tenta responder a esses dois eventos.

1

A Pedra Porosa de Drummond

> *Una piedra en el camino*
> *me enseñó que mi destino*
> *era rodar y rodar,*
> *rodar y rodar,*
> *rodar y rodar.*

> José Alfredo Jiménez, "El Rey"

INTRODUÇÃO

"No Meio do Caminho" é o poema mais controverso do Modernismo brasileiro. A história de sua recepção está registrada no curioso volume *Uma Pedra no Meio do Caminho: Biografia de um Poema*, em que Carlos Drummond de Andrade reúne uma antologia de textos que narram a trajetória da recepção do "poema da pedra" no período que vai de 1924, provável ano de sua composição, até 1967, ano em que o livro-montagem foi lançado. A história é conhecida. Desde sua publicação em *Alguma Poesia*, livro de estreia de Drummond lançado em 1930, "No Meio do Caminho" provocou um acalorado debate sobre seu sentido e valor. No auge dessa polêmica, admiradores e detratores do poema se envolveram numa aguerrida contenda pública. Drummond foi chamado de "gênio" por uns e de "débil mental" por outros. O Modernismo, que estava aparentemente estabilizado, ou não provocava mais polêmicas na década de

1930, voltou a ficar na berlinda. Com a consagração da obra drummondiana décadas depois, "No Meio do Caminho" deixou de ser questionado em sua condição de objeto estético e passou a demandar leituras críticas especializadas.

Apesar do conhecimento desses eventos, falta-lhes muitas vezes, quando abordados, uma contextualização crítica que esclareça o processo que os concebeu. Afinal, quais foram os fatores motrizes que em conjunto viabilizaram o embate entre modernistas e antimodernistas em torno de "No Meio do Caminho" – fatores teórico-culturais de um lado, do lado dos leitores, linguístico-literários do outro, do lado do poema, e históricos, abrangendo ambos os lados? Que vias de acesso utilizaram os leitores para ver no poema um insulto ou uma revelação? Que aspectos no poema produziram tamanha reação nos leitores, que se levantaram para atacá-lo ou exaltá-lo? Que recursos de expressão no poema fazem dele um texto tão vulnerável a interpretações as mais disparatadas? O que mudou na relação do poema e seus leitores depois que a obra de Drummond tornou-se criticamente consagrada? As respostas a essas perguntas e a outras que este ensaio propõe são, por assim dizer, um adendo ou uma extensão à "biografia" do "poema da pedra", que continuou a ser escrita depois de sua publicação, e que ainda está em curso. Veja-se, nesse sentido, a recente reedição atualizada do livro de 1967[1].

Em linhas gerais, este capítulo se divide em dois momentos. O primeiro, mantendo-se na linha *biográfica*, recupera a história de "No Meio do Caminho" desde sua criação, passando pelo período turbulento das controvérsias, até chegar às leituras que o consagraram e a outras pós-consagração. Trata-se, portanto, de uma abordagem histórica e metacrítica. O segundo empreende uma leitura de dimensões linguísticas e literárias do poema. De modo mais específico, procura estabelecer conexões entre procedimentos textuais e eventos extratextuais a ele associados, e

---

1. Carlos Drummond de Andrade, *Uma Pedra no Meio do Caminho: Biografia de um Poema*, 2. ed. ampliada, org. Eucanaã Ferraz, São Paulo, Instituto Moreira Sales, 2010.

oferece uma alternativa de análise na qual tenta demonstrar relações interdiscursivas e intertextuais entre o "poema da pedra", o Parnasianismo e a poesia de Mário Pederneiras.

MÁRIO, O LEITOR IDEAL

Não se sabe ao certo o ano de composição de "No Meio do Caminho". A publicação das cartas de Drummond a Mário de Andrade, em 2002, no entanto, esclarece um ponto obscuro dessa questão, reduzindo assim o arco das hipóteses. Mário menciona o poema em carta a Drummond sem data. Trata-se da primeira menção de que se tem notícia. Mário e Drummond trocaram correspondência entre 1924 e 1945, ano da morte do escritor paulista. Em 1982, Drummond publica no volume *A Lição do Amigo* todas as cartas que recebeu de Mário. A que comenta "No Meio do Caminho" vem entre uma de 10 de novembro de 1924 e outra de 21 de janeiro de 1925. Logo, não era possível precisar se o comentário havia sido escrito no final de 1924 ou no começo de 1925. Sabe-se hoje que a primeira hipótese é a verdadeira, pois Drummond responde à carta sem data em que Mário comenta "No Meio do Caminho" com outra, datada de 30 de dezembro de 1924. Isso comprova aquilo de que antes de 2002 se desconfiava mas não se sabia ao certo: que o poema foi composto antes de 1925. Daí em diante, supõe-se que Drummond enviou a Mário suas últimas composições, nas quais se inclui o "poema da pedra", e que este, então, teria sido escrito em 1924. Sabe-se, no entanto, que os primeiros poemas de Drummond, ainda distantes da estética modernista, datam de 1921. Tudo faz crer, portanto, que "No Meio do Caminho" foi composto em 1924, mas em rigor, isto é, com os documentos hoje disponíveis, só é possível afirmar categoricamente que a data de sua composição é anterior a 22 de novembro de 1924, quando Drummond envia a Mário o "poema da pedra".

Mário de Andrade foi o primeiro leitor crítico de "No Meio do Caminho". Por essa época, Mário e Oswald de Andrade dividiam a liderança do movimento modernista lançado durante

30 MATÉRIA LÍTICA

a Semana de Arte Moderna, em fevereiro de 1922. Ambos exerciam fascínio em jovens escritores. Drummond, porém, sentia-se mais atraído pela erudição revolucionária de Mário do que pelo primitivismo pau-brasil de Oswald, que chegou a questionar em dois artigos, um de junho de 1924 e outro de dezembro de 1925[2]. Com efeito, talvez Mário fosse o único, àquela altura, capaz de compreender o poema drummondiano, no sentido de manter com o texto uma relação de empatia intelectual e de avaliar com alguma clareza sua proposta e seu alcance. Sua sólida formação cultural, aliada a seu projeto de renovação da arte brasileira, fazia de Mário, na perspectiva de Drummond, o leitor ideal para o inédito "No Meio do Caminho". Foi assim que o poeta da Pauliceia se tornou o primeiro comentarista do poema porventura mais comentado da literatura brasileira.

O ENCONTRO, AS CARTAS
E O POEMA PROTELADO

Drummond conheceu Mário de Andrade em abril de 1924, quando o escritor paulista esteve em Belo Horizonte integrando o grupo organizado por Olívia Guedes Penteado, que contava ainda com Oswald de Andrade, Tarsila do Amaral e Blaise Cendrars. O motivo da viagem era mostrar a Cendrars um pouco do Brasil. O grupo vinha de São João del-Rei, depois de ter passado o Carnaval no Rio de Janeiro. A breve estada da caravana paulista na capital mineira foi, nas palavras de Pedro Nava, "uma das coisas mais importantes"[3] na história do Grupo do Estrela – formado por Drummond, Nava, Martins de Almeida, Emílio Moura, Aníbal Machado, Abgar Renault e João Alphonsus de Guimarães, jovens aspirantes a escritor, que frequentavam o Café Estrela. Foi Drummond quem soube da presença dos

2. "As Condições Atuais da Poesia no Brasil", 20 e 22 de julho de 1924, *Gazeta Comercial* (Juiz de Fora); "O Homem do Pau-brasil", 14 de dezembro de 1925, *A Noite* (Rio de Janeiro).

3. Pedro Nava, *Beira-mar*, Rio de Janeiro, José Olympio, 1978, p. 183.

paulistas na cidade e quem convocou os colegas para visitá--los. Compareceram ao hotel, onde os viajantes se hospedavam, Nava, Martins de Almeida e Emílio Moura, além do próprio Drummond. O contato com os modernistas de São Paulo e com Cendrars causou forte impressão nos moços mineiros. Desse encontro, nasceu um prolífico intercâmbio cultural entre os dois grupos, além da amizade entre Mário e Drummond.

A primeira carta de Drummond a Mário data de 28 de outubro de 1924. Inicia-se com: "Prezado Mário de Andrade // Procure-me nas suas memórias de Belo Horizonte: um rapaz magro, que esteve consigo no Grande Hotel, e que muito o estima". Mário responde em 10 de novembro: "Meu caro Carlos Drummond // Já começava a desesperar da minha resposta? Meu Deus! Comecei esta carta com pretensão... Em todo o caso não desespere nunca. Eu respondo sempre aos amigos"[4]. Mário sempre procurava "desengravatar" os jovens escritores que lhe escreviam. Com isso, encurtava a distância com eles, a quem, na maioria dos casos, servia de mentor literário e, associado a isso, divulgador das ideias modernistas. Parte da formação do Drummond dessa época se deve às orientações de Mário. Enfim, na resposta ao poeta paulista, escrita em 22 de novembro, Drummond se mostra mais à vontade, disposto, próximo. Em anexo, inclui alguns poemas inéditos para apreciação do novo amigo. Entre eles, "No Meio do Caminho".

O primeiro comentário ao poema encontra-se em carta sem data, escrita no final de 1924. A avaliação é positiva: "O 'No Meio do Caminho' é formidável", diz Mário. E complementa: "É o mais forte exemplo que conheço, mais bem frisado, mais psicológico de cansaço intelectual"[5]. Em 18 de fevereiro de 1925, Mário consulta Drummond sobre enviar alguns poemas, dos que havia recebido, para a revista *Estética*, mas refuta incluir "No Meio do Caminho":

4. Carlos Drummond de Andrade & Mário de Andrade, *Carlos & Mário: Correspondência Completa entre Carlos Drummond de Andrade (inédita) e Mário de Andrade*. Rio de Janeiro, Bem-te-vi, 2002, pp. 40, 46.

5. *Idem*, p. 72.

32   MATÉRIA LÍTICA

Vou mandar os poemas que prefiro pros diretores de *Estética* que escolherão um ou dois ou três, não sei, pra publicar, você deixa? Mando "Construção", "Orozimbo", "O Vulto Pensativo das Secretarias", "Sentimental", "Raízes e Caramujos". Não mando "No Meio do Caminho" porque tenho medo de que ninguém goste dele. E porque tenho o orgulhinho de descobrir nele coisas e coisas que talvez nem você tenha imaginado pôr nele[6].

Os diretores de *Estética*, Prudente de Moraes, neto, e Sérgio Buarque de Hollanda, também visitaram Belo Horizonte em 1924, depois da passagem do grupo paulista[7]. A intenção era divulgar o periódico que dirigiam. Na oportunidade, entraram em contato com os jovens do Grupo do Estrela. Mas é por intermédio de Mário que Drummond publica três poemas no terceiro número de *Estética* (jan./mar. 1925): "Construção", "Sentimental" e "Raízes e Caramujos". Segundo depoimento de Manuel Bandeira, em carta a Drummond, Mário teria enviado "No Meio do Caminho" aos diretores de *Estética*, com a recomendação de que o poema não fosse publicado. Bandeira descreve o episódio e aproveita para demonstrar entusiasmo pela composição. A carta é de dezembro de 1926:

> Gostei *extraordinariamente* de uns versos seus que vi em mãos de Sérgio Buarque (No meio do caminho tinha uma pedra, etc.). Frisei minha gostação porque pelo Sérgio soube que o Mário lhe desaconselhara a publicação do poema, por julgá-lo o melhor exemplo de cansaço cerebral. De fato assim é. Mas que é que se procura num poema – é poesia, sim ou não? Há ocasiões em que no cansaço cerebral só fica uma célula lírica aporrinhando com uma baita força emotiva![8]

Em julho de 1925, sai o primeiro número de *A Revista*, periódico modernista mineiro dirigido por Drummond e Martins de Almeida. A princípio, e sobretudo no círculo regional, a pu-

6. *Idem*, p. 102.
7. Pedro Nava, *op. cit.*, p. 196.
8. Manuel Bandeira, *Poesia e Prosa*, vol. II, Rio de Janeiro, José Aguilar, p. 1396.

blicação é recebida entre sustos e desdéns. Todavia, por ocasião do lançamento do segundo número (ago. 1925), Tristão de Athayde, que era então o crítico literário mais influente do país, julga o volume, embora com ressalvas, "excelente. Francamente animador"[9]. Nesse número, Drummond publica versos – o que não ocorrera na edição anterior. "Coração Numeroso", "Música" e "Igreja" são os poemas apresentados como parte de uma coletânea do autor a sair, intitulada *Minha Terra Tem Palmeiras*. Uma vez mais, "No Meio do Caminho" é preterido, ou poupado. Em janeiro de 1926, vem a público o terceiro e o que será o último número de *A Revista*. Nessa edição, Drummond não estampa nenhum de seus poemas.

Entre 1926 e 1927, Drummond publica versos, crônicas e ensaios no *Diário de Minas*, nas revistas *Para Todos, Ilustração Brasileira, Terra Roxa e Outras Terras, Verde, Festa*. "No Meio do Caminho" só deixa a gaveta do poeta em julho de 1928, quando aparece no terceiro número da primeira fase, ou "dentição", da *Revista de Antropofagia*, então dirigida por Antônio de Alcântara Machado. O poema é publicado na primeira página do periódico, ao lado do editorial, mesmo espaço destinado a poemas de Mário de Andrade, no número 1; de Manuel Bandeira, no número 5; de Murilo Mendes, no número 7; e do próprio Drummond no número 8, quando apresentou "Anedota da Bulgária", poema que em *Alguma Poesia* surge com o título de "Anedota Búlgara".

PUBLICAÇÃO PERDIDA?

Segundo a historiografia literária, "No Meio do Caminho" foi publicado pela primeira vez no terceiro número da *Revista de Antropofagia*, em julho de 1928, quatro anos (no mínimo) após sua composição. Mas há pelo menos duas declarações que contrariam essa data e indicam que o poema teve, ou talvez tenha

---

9. Alceu Amoroso Lima (Tristão de Athayde), *Estudos Literários*, vol. I, Rio de Janeiro, Companhia Aguilar, 1966, p. 970.

34   MATÉRIA LÍTICA

tido, publicação anterior a 1928. Uma de Plinio Doyle, que, em *História de Revistas e Jornais Literários*, declara: "'No Meio do Caminho' teve na *Revista de Antropofagia* a sua primeira publicação, apesar de escrito mais ou menos em 1924; *informa o autor que talvez tenha havido publicação anterior, em algum jornal de Belo Horizonte, por essa época, mas não possui qualquer recorte ou informação segura*"[10]. Mais enfático, João Alphonsus, em 1942, afirma: "Me lembro bem que esses versos [os de "No Meio do Caminho"], publicados em Belo Horizonte por volta de 1925..."[11]. Uma terceira possível pista de publicação anterior a 1928 encontra-se num texto da poeta mineira Carminha Gouthier. Comentando "No Meio do Caminho" para o *Diário de Minas*, em 1930, ela diz: "Achei-o num retalho de jornal, bem antes de surgir *Alguma Poesia*"[12]. Sabe-se que a *Revista de Antropofagia*, como seu título indica, tinha formato de revista e não de jornal. Também parece mais provável que a poeta estivesse aludindo a algum periódico mineiro, e não paulista. Por outro lado, no extenso e minucioso levantamento dos textos publicados por Drummond até maio de 1930, John Gledson não cataloga "No Meio do Caminho" antes de sua aparição em 1928[13]. Logo, se houve publicação do poema antes dessa data, ela está perdida, e enquanto não for encontrada temos que considerar a revista paulista como o primeiro órgão divulgador de "No Meio do Caminho".

A *REVISTA DE ANTROPOFAGIA*

Em sua primeira "dentição" – maio de 1928 a fevereiro de 1929, periodicidade mensal –, a *Revista de Antropofagia* foi dirigida por Antônio de Alcântara Machado. A ideia da publicação foi

---

10. Plinio Doyle, *História de Revistas e Jornais Literários*, vol. I, Rio de Janeiro, Fundação Casa de Rui Barbosa, 1976, p. 149 (grifo nosso).

11. Carlos Drummond de Andrade, *Uma Pedra no Meio do Caminho: Biografia de um Poema, op. cit.*, p. 68.

12. *Idem*, p. 62.

13. John Gledson, *Poesia e Poética de Carlos Drummond de Andrade*, São Paulo, Duas Cidades, 1981, pp. 304-312.

de Oswald de Andrade e a indicação do diretor, também. Os custos das primeiras edições foram divididos entre Oswald e Olívia Guedes Penteado. Alcântara Machado aceitou a direção sob a condição de que o periódico paulista fosse aberto ideologicamente a múltiplas tendências, e não um veículo a serviço de um grupo fechado[14]. Nesse sentido, Alcântara Machado procura dar continuidade à experiência já desenvolvida em *Terra Roxa e Outras Terras*, que havia codirigido, com Couto de Barros, de janeiro a setembro de 1926. O editorial do primeiro número da antropófaga, assinado pelo diretor, assume compromisso de independência e caracteriza a revista como "libérrima"[15]. A "Nota Insistente" disposta no final da mesma edição, e assinada também por Raul Bopp, que ocupava o cargo de gerente, afirma: "Ela [a revista] está acima de quaisquer grupos ou tendências... A *Revista de Antropofagia* não tem orientação ou pensamento de espécie alguma: só tem estômago"[16].

E de fato assim foi, o "estômago de avestruz" da revista digeriu de Plínio Salgado a Mário de Andrade, de Yan de Almeida Prado a Jorge de Lima, de Luís Câmara Cascudo a Augusto Schmidt, só para ficar em alguns exemplos. Além disso, abrigou textos de gêneros e orientações teóricas diversos, da pura *blague* à resenha crítica, da poesia irônica à sentimental, do manifesto à narrativa ficcional, da crônica ao ensaio. Publicou colaboradores do Norte e do Sul, além de autores de Minas, do Rio e de São Paulo. Foi talvez o mais ecumênico dos periódicos modernistas. Graças sobretudo a Antônio de Alcântara Machado.

Ao lado da proposta superassimilacionista e supraideológica, que marcou a existência da primeira fase do mensário antropófago, outro fator determinou-lhe o perfil: o estilo editorial irreverente e burlesco que, de certa forma e com nuances próprias,

---

14. Francisco de Assis Barbosa, *Intelectuais na Encruzilhada: Correspondência de Alceu Amoroso Lima e Antônio de Alcântara Machado (1927-1933)*, Rio de Janeiro, Academia Brasileira de Letras, 2002, p. 82.
15. *Revista de Antropofagia* 1 (1928): 1-8, edição fac-similar, São Paulo, Abril e Metal Leve, 1975, p. 1.
16. *Idem*, p. 8.

36

MATÉRIA LÍTICA

reviveu o modernismo heroico e iconoclasta de 1922. Recordando sua participação no periódico, Raul Bopp revela que "{a} [*Revista de*] *Antropofagia*, nessa [primeira] fase, não pretendia ensinar nada. Dava apenas lições de desrespeito aos canastrões das letras. Fazia inventário da massa falida de uma poesia bobalhona e sem significação"[17] (p. 75).

Tal postura carreou uma aura de irresponsabilidade crítica e descrédito para a revista. Há, com efeito, um sentido de obsolescência no prisma zombeteiro assumido pela publicação. Já em 1925, em entrevista ao jornal carioca *A Noite*, Mário de Andrade esclarece que, depois da fase de produção de polêmicas, o Modernismo necessitava entrar e entrava em fase de produção de obras, de produção intelectual, que ratificasse o movimento. Era esse o grande desafio do artista modernista (Andrade *et al.*, p. 35). Em 1928, à época do lançamento da *Revista de Antropofagia*, algumas das obras fundamentais do Modernismo já haviam sido publicadas. Daí o caráter algo obsoleto da pilhéria pela pilhéria.

Drummond publicou três textos na primeira fase da *Antropófaga*: uma crônica, "Porque Amamos os Nossos Filhos" (jun. 1928), e dois poemas, "No Meio do Caminho" (jul. 1928) e "Anedota da Bulgária" (dez. 1928). A crônica narra um caso de malandragem infantil aplicada aos pais. "Anedota da Bulgária" trata, talvez inspirado em Montesquieu, mas satiricamente, do relativismo das práticas culturais, e "No Meio do Caminho" funde, com efeito também satírico, tom proverbial e assunto prosaico. São composições, em suma, que, em consonância com o estilo editorial da revista, vazam humor e linguagem modernistas.

O movimento antropófago, lançado em manifesto por Oswald de Andrade no número inaugural da *Revista de Antropofagia*, mostrava resistência à ideia marioandradina de esmorecimento da atitude combativa e carnavalesca, que carac-

---

17. Raul Bopp, *Movimentos Modernistas no Brasil, 1922-1928*, Rio de Janeiro, Livraria São José, 1966, p. 75.

terizou a primeira fase do Modernismo. Por isso, a antropofagia se via como um movimento independente, desvinculado de outros modernismos (o de Mário, ou o modernismo carioca, por exemplo). Clóvis de Gusmão, em 1929, envia carta a Drummond e a João Alphonsus convidando-os a participar do grupo antropófago. Na ocasião, escreve: "Vocês precisam deixar de ser modernistas pra se tornarem antropófagos. Porque de antropofagia a modernismo vai uma distância de vários séculos no tempo e infinitas milhas no espaço". E sobre o plano de metas antropófago, Gusmão afirma: "O povinho da reza que anda na rabada do Tristão vai todo ser comido". E "o modernismo precisa ser esculhambado"[18].

Há um sentido de radicalismo agudo e combativo que se mantém tenso no movimento antropófago, herdeiro da iconoclastia de 1922. Daí sua divergência com outros grupos modernistas. Tal radicalismo mostrou-se mais acentuado na segunda fase da *Revista de Antropofagia*, dirigida nos bastidores por Oswald de Andrade e Oswaldo Costa, de março a agosto de 1929. Nesse período, doutrinação teórica se misturava com ataques pessoais a dissidentes ou divergentes. Na primeira "dentição", no entanto, sob a batuta de Alcântara Machado, a irreverência do periódico limitava-se a combater pela sátira o passadismo acadêmico, mantendo-se assim fiel aos preceitos do Modernismo de primeira hora. É dentro dessa moldura ideológica que Drummond enquadra "No Meio do Caminho" e "Anedota da Bulgária", poemas que manipulam procedimentos caros à primeira revolução modernista: experimentação de recursos formais e paródia trocista de assuntos e temas da tradição.

A pequena tiragem e o perfil bufo da *Revista de Antropofagia* deram pouca e fraca visibilidade aos poemas de Drummond. Dos documentos a que tive acesso, o único comentário a "No Meio do Caminho" depois de sua publicação, e antes de 1930, é de Alcântara Machado, que, em carta a Drummond, datada de novembro de 1928, escreve: "Mas estupenda mesmo é a pedra

---

18. *Apud* Plinio Doyle, *História de Revistas e Jornais Literários, op. cit.*, p. 142.

38 MATÉRIA LÍTICA

que está no caminho. Vamos sentar nela?"[19]. Toda a polêmica em torno do poema, enfim, e sua popularização pela imprensa, só ocorrem a partir de maio de 1930, quando "No Meio do Caminho" é publicado em *Alguma Poesia*, livro de estreia de Drummond.

MODO DE LEITURA:
HERMENÊUTICA ROMÂNTICA

Em 1930, o Modernismo brasileiro já estava em parte consolidado e não causava mais tanta controvérsia. Outrora acirrados, os ânimos entre modernistas e antimodernistas haviam, por fim, se acalmado. O que antes era tomado por tradicionalistas como originalidade provocativa e efêmera agora passava por assimilação de convenções vanguardistas, ou atualização estética de padrões difundidos por vanguardas europeias. E esse esforço de atualização, se não era aceito de todo, ou se ainda pairava suspeitas sobre seus resultados, era ao menos tido como compreensível de uma época. Por outro lado, e em sentido amplo, adeptos do Modernismo buscavam por esse tempo afirmação perante outros modernistas, sem se ocupar em demasia (como antes se ocupavam) de eventuais reações de grupos acadêmicos.

É nesse sentido que "No Meio do Caminho", de forma voluntária ou não, estabelece vínculo representativo com a *Revista de Antropofagia* e o movimento antropófago. Como já mencionado, uma das propostas da antropofagia oswaldiana era a de repor ou reacender o debate cultural entre tradição e renovação da arte brasileira. Todavia, é o poema de Drummond, divulgado pela primeira (ou segunda) vez na *Revista de Antropofagia*, que restaura a contenda entre conservadores e revolucionários, aparentemente extinta ou em vias de extinção no fim da década

---

19. Carlos Drummond de Andrade, *Uma Pedra no Meio do Caminho: Biografia de um Poema, op. cit.*, p. 95.

A PEDRA POROSA DE DRUMMOND 39

de 1920. Periódicos voltam a ser palco de acalorada discussão literária. E o motivo da polêmica, em suma, é a validade ou não do poema e, por extensão, da estética modernista.

A história da recepção e repercussão de "No Meio do Caminho" está documentada, como já referido, em *Uma Pedra no Meio do Caminho: Biografia de um Poema*. Nesse livro, Drummond transcreve comentários e referências ao poema, que colecionou de 1924 a 1967, ano de publicação do volume. Em largo espectro, a coletânea comprova e expõe um argumento do próprio Drummond: que o poema dividiu o país em "duas categorias mentais"[20], sendo ora considerado "obra de gênio", ora "monumento de estupidez"[21]. Na base dessa divisão, sustentando-a e equilibrando-a, o livro expõe modos de apreensão e critérios de avaliação do poema propostos por mais de quatro décadas. Nesse período, retomando o argumento de Drummond, formaram-se dois grupos em conflito: os amigos e os inimigos do "poema da pedra". Ou, de modo mais específico: os amigos *entusiastas* e os inimigos *raivosos* do "poema da pedra". Pois este provocou reações não só contraditórias mas sobretudo contundentes.

Até o fim da década de 1950, os critérios de avaliação e interpretação utilizados na leitura de "No Meio do Caminho" baseiam-se em larga escala na permanência de uma práxis hermenêutica de raiz romântica. Para uma compreensão dessa práxis, seguem, sintetizados e comentados, sete de seus pressupostos básicos:

1. Hermenêutica, tomada como teoria e prática da interpretação, é uma *arte* do entendimento, e não uma *ciência* da explicação. A ideia de *explicação*, nesse contexto, implica um processo puramente intelectual do qual emerge um *saber*. *Entendimento*, por sua vez, requer a cooperação de todos os recursos da mente (ou psique) empenhada na apreensão dialética do objeto, da qual resulta uma *experiência*[22].

20. *Idem, Poesia e Prosa, op. cit.*, p. 1345.
21 *Idem*, "Autorretrato", *Leitura 7* (1943), p. 15.
22. Wilhelm Dilthey, *Descriptive Psychology and Historical Understanding*, transl. Richard Zaner & Kenneth Heiges, The Hague, Martinus Nijhoff Publishers, 1977, p. 55.

40 MATÉRIA LÍTICA

2. O texto poético é o objeto paradigmático da interpretação hermenêutica. No entanto, para Friedrich Schleiermacher, outros gêneros textuais, inclusive não literários, podem apresentar problemas de natureza hermenêutica[23]. Retomando e ampliando esse argumento, Wilhelm Dilthey considera que qualquer realidade objetificada pela mente demanda exercício interpretativo[24].

3. A operação hermenêutica requer a recriação racional e sistemática do objeto criado para poder entendê-lo dialeticamente. Essa recriação ocorre em dois momentos: o gramatical e o psicológico. O primeiro centra-se no texto; o segundo, no autor. O processo de reconstrução do sentido de uma obra ocorre de modo gradativo, no qual cada unidade é contextualizada progressivamente: da palavra à frase, da frase à outra, do fragmento a outro, e assim sucessivamente até chegar ao autor, sua vida, formação, seu cânone pessoal, ambiente histórico e cultural. Nenhuma instância textual – palavra, frase, fragmento, marca de estilo, recurso retórico – possui sentido isolado. Esse sentido nasce das relações que o texto estabelece como o todo, intra e extratextual. A análise gramatical e psicológica, para além da reconstrução do sentido de uma obra, que é seu escopo inicial, tenta definir o pensamento de seu autor, do qual o texto é uma expressão[25].

4. Ainda que ambas as esferas de análise, a gramatical e a psicológica, sejam igualadas em importância, devido à sua interdependência, o conhecimento do autor tornou-se, ao longo do século XIX, e na primeira metade do XX, o momento privilegiado da arte interpretativa (contra o qual, aliás, teorias do século XX vão se opor). Nesse sentido, o próprio Schleierma-

---

23. Peter Szondi, "Schleiermacher's Hermeneutics Today", *On Textual Understanding and Other Essays*, transl. Harvey Mendelsohn, Manchester, Manchester University Press, 1986, pp. 98-100.

24. Wilhelm Dilthey, *Descriptive Psychology and Historical Understanding*, op. cit., pp. 208-210.

25. Friedrich Schleiermacher, *Hermeneutics and Criticism*, transl. and ed. by Andrew Bowie, Cambridge, Engl., Cambridge University Press, 1998, pp. 5-29.

A PEDRA POROSA DE DRUMMOND   41

cher, que postula a dupla dimensão – gramatical e psicológica – do ato hermenêutico, afirma que a linguagem funciona como elemento mediador entre leitor e autor[26].

5. No rastro dessa postulação, Schleiermacher denomina "divinação" ou "crítica divinatória" a ação de o leitor projetar-se no estado de consciência do autor, como última etapa da análise psicológica[27]. Essa projeção é, em tese, possível pelo fato de leitor e autor compartilharem a mesma estrutura mental. Em seu estágio último, portanto, o entendimento de um texto implica a reconstrução ou revivência pelo intérprete da experiência do autor no processo de criação. (No tempo em que Schleiermacher postula o conceito de divinação, J. G. Fichte propõe, no âmbito da epistemologia, a necessidade do reconhecimento mútuo de subjetividades, e da comunicação intersubjetiva. No fim do século xix e início do xx, a crítica divinatória e as ideias de Fichte foram reelaboradas e repostas em circulação por Theodor Lipps e por Edmund Husserl. O primeiro propõe a noção de *empatia*, associada à psicologia e à estética; o segundo, a de *intersubjetividade* como conceito fenomenológico. Todas essas noções, em suma, concebem a possibilidade do conhecimento do outro por meio do diálogo ou da fusão de consciências.)

6. A aproximação crítica que põe em relevo a figura do autor, entendido como ser biossocial, estreita o paralelo, tão caro aos românticos, entre arte e vida. Para a hermenêutica romântica, toda obra de arte é a objetivação de uma experiência real, vivida pelo artista, em sua relação (tensa) com o mundo e (*in*tensa) com seu próprio eu. Nessa linha de raciocínio, uma tarefa do intérprete consiste em abarcar essa experiência, cifrada nos desvãos da obra, e assim acercar-se do universo psíquico do artista.

7. Ponto de congruência entre o sentimento do autor e sua expressão, a sinceridade constitui, quando reconhecida pelo lei-

26. *Idem*, p. 232.
27. *Idem*, p. 92.

tor, um importante valor artístico e moral agregado à obra de arte. Uma vez mais, o conhecimento biográfico do autor desempenha aqui um papel crítico decisivo, pois nele fundamentalmente se baseia o leitor para reconhecer a autenticidade das ideias expressas numa obra, ou para associar, num plano mais subjetivo, experiência íntima do autor, como evento real, e obra de arte, como produto estético autêntico dessa experiência.

Embora os pressupostos teóricos da hermenêutica romântica tenham sido postulados por pensadores alemães, com Schleiermacher e Dilthey à frente, seus praticantes mais ilustres, ou mais influentes, foram críticos franceses, com Charles Sainte-Beuve, que pode ser considerado seu principal representante. Foi sobretudo através da leitura dos franceses que se disseminou no Brasil esse modelo de análise, cuja prática se estendeu até meados do século xx. Ao lado de Sainte-Beuve, a sociologia positivista de Hippolyte Taine também alcançou aqui enorme repercussão. Em seu método determinista, Taine dispõe o indivíduo histórico no centro da análise social e estética. Nesse sentido, um texto paradigmático desse método é a introdução à sua *História da Literatura Inglesa*, publicada em 1863, na qual Taine afirma que, ao manusear um documento antigo, um poema, um código, um símbolo de fé, logo se percebe que essas obras não se fizeram por si mesmas, que são moldes, como uma concha fóssil, cuja existência pressupõe a presença de um animal, de que a concha é *apenas* um sinal:

> Por trás da concha, havia um animal, e por trás do documento, havia um homem. Por que estudas a concha, senão para formar uma ideia do animal? Do mesmo modo, estudas o documento apenas com o objetivo de conhecer o homem; a concha e o documento são fragmentos mortos, e valem apenas como indícios de um ser vivo e pleno. É esse ser que se preciso alcançar, tentar reconstruí-lo. É um equívoco estudar o documento como se ele existisse isolado. [...] No fundo, não existem mitologias ou línguas mas apenas os homens que articulam palavras e imagens a partir da necessidade de seus órgãos e da forma

original de seu espírito. [...] Nada existe exceto através do indivíduo; e é o indivíduo que se faz necessário conhecer[28].

As palavras de Taine sintetizam com precisão o modo pelo qual "No Meio do Caminho" foi lido pela crítica de 1930 até meados da década de 1960. Em suma, o que se buscava, então, no poema de Drummond, fosse para validá-lo, fosse para negá-lo, era *o homem por trás da obra*. Um exemplo dessa forma de aproximação encontra-se no ensaio "O Processo Crítico para o Estudo do Poema", de Carlos Burlamaqui Kopke, crítico da geração de 45. Ali, Kopke argumenta que "todo poeta se vale de um processo sugestivo, pelo qual todas as palavras do verso são elos expressivos de um conflito íntimo que tudo faz por ocultar-se"[29]. Para demonstrar essa afirmação, o ensaísta elege e comenta "No Meio do Caminho". Que "conflitos íntimos" estariam ocultos no "processo sugestivo" inscrito na forma do poema de Drummond? Segundo Kopke, "o que se deve ver, nesse poema... é a concentração emocional de um espírito angustiado pela agonia que, através do tempo e do espaço, sente em torno de si"[30]. O reconhecimento desse "espírito angustiado", como categoria extratextual, é a chave para um entendimento do poema que vai além do sentido expresso nas palavras, e segue na direção de um plano de leitura sensível, no qual a subjetividade do leitor dialoga com a subjetividade do autor, ambos irmanados por um fato sentimental (angústia), que o leitor identifica e sente por meio de um fato poético (poema): "*No Meio do Caminho* deve ser aceito *poeticamente*. Isto é: deve ser aceito, sentindo-se, ao mesmo tempo, que a angústia do poeta é a nossa angústia, que esse *acontecimento* pode ser nosso *acontecimento*", conclui Kopke[31].

Inserido nessa lógica de leitura, o tradutor e crítico Oscar Mendes revela que tentou "descobrir o drama interior que dis-

---

28. Hippolyte Taine, *Histoire de la Littérature Anglaise,* Tome premier, 7ème edition, Paris, Libraire Hachette, 1891, pp. IV-V.
29. Carlos Burlamaqui Kopke, "O Processo Crítico para o Estudo do Poema", *Revista Brasileira de Poesia* 3 (1948), p. 40.
30. Carlos Burlamaqui Kopke, *art. cit.*, p. 41.
31. *Idem*, p. 42.

44 MATÉRIA LÍTICA

seram haver" na "repetição de um fato trivialíssimo", mas que, ao contrário do que esperava, saiu frustrado da tentativa[32]. Mais confiante, a poeta Carminha Gouthier afirma que "atrás da simplicidade dessa frase sem enfeites" – *no meio do caminho tinha uma pedra* – "está escondido o 'drama interior' [do poeta], está o mundo todo escondido"[33]. Mais enfático na personalização autoral, e considerando "No Meio do Caminho" a " 'Bíblia' do gênero" de obras compostas por poetas de "subconsciente calcário", o acadêmico Osvaldo Orico declara em chave irônica que "só a um *homem excepcional* ocorreria escrever" tal composição[34]. No polo oposto ao de Orico, Martins de Almeida destaca justamente a excepcionalidade do olhar do poeta, que humaniza o evento descrito no poema.

Quantas vezes por dia passamos ou tropeçamos numa pedra sem que ela nos arranque nada mais do que um olhar descuidado e vazio ou uma exclamação irritada: Que diacho! Entretanto, bastou que Carlos Drummond olhasse de certa maneira a mesma pedra que acontece cotidianamente na nossa vida para que a arte poética se elevasse mais um grau acima do nível em que se achava.

Realmente a sensibilidade poética consiste simplesmente numa maneira especial e particular de ver as coisas que se apresentam descobertas mas oficializadas aos olhos de todos. Nós outros passamos por aquela pedra sem emoção, com os sentidos anestesiados pelo hábito. Algum outro poderia vê-la revestida exteriormente de um aspecto poético sob pressão de um ambiente ou de circunstâncias impressionantes que a fizessem ressaltar. O verdadeiro poeta como Carlos Drummond achou um fundo poético nela mesma, isoladamente, em toda sua pureza lírica, sem qualquer moldura sobressalente[35].

Tomados como modelos representativos de uma tendência de leitura crítica, os exemplos acima, apesar da forma fragmen-

---

32. Carlos Drummond de Andrade, *Uma Pedra no Meio do Caminho...*, *op. cit.*, p. 30.
33. *Idem*, p. 62.
34. *Idem*, p. 34.
35. *Idem*, p. 65.

tária em que são apresentados, expõem o desequilíbrio – herdado, aliás, dos franceses – de tratamento dos três elementos básicos da operação hermenêutica: intenção, expressão e percepção (ou empatia), respectivamente associados aos conceitos de autor, texto e leitor. Dessa tríade, ao primeiro elemento foi-lhe atribuído um valor mais amplo, pelo qual os demais são definidos. Daí o desequilíbrio dos termos da equação hermenêutica.

No entanto, apesar desse desbalanço, vale lembrar que a raiz dessa estrutura triádica encontra-se na *Retórica* de Aristóteles, que discorre sobre a efetividade da persuasão como um efeito estrategicamente derivado de três instâncias discursivas inter-relacionadas: *ethos*, ou o caráter moral do orador; *logos*, ou a estrutura lógica do argumento; e *pathos*, ou a emoção que o discurso provoca no ouvinte. É curioso que o próprio Aristóteles, ao contestar tratadistas que atribuíam pouca ou nenhuma importância ao traço de caráter do orador no processo de persuasão, tenha se inclinado a reconhecer a prevalência do lugar de origem da enunciação (a figura do orador, que equivale, na crítica moderna, à figura do autor) sobre outros elementos do discurso. "Quase se poderia dizer", afirma Aristóteles, "que o caráter [*ethos*] é o principal meio de persuasão"[36]. No século XIX, e estendendo-se até meados do XX, a hermenêutica romântica torna consistente essa hesitação de Aristóteles, ou seja, no modo hermenêutico de avaliação o caráter do autor, ou *ethos* autoral, dispõe-se no centro do processo de persuasão do leitor pelo discurso literário, e sobretudo, pelo poético.

O TESTEMUNHO DO AUTOR

Diante da própria criação, e da celeuma que ela provocou, Drummond mostrou-se neutro, cético, às vezes irônico. Nas declarações que fez sobre o "poema da pedra", negou-lhe im-

---

36. Aristóteles, *Retórica*, trad. Manuel Alexandre Jr., Paulo F. Alberto & Abel do N. Pena, 2. ed. rev., Lisboa, INCM, 2005, p. 96.

46 MATÉRIA LÍTICA

portância, densidade, ou intenção provocativa. Ao jornalista Laudionor Brasil, por exemplo, Drummond declara, em carta de 29 de março de 1944, que a

> [...] pedra – vou usar de toda a franqueza – não tem sentido algum, a não ser o que lhe dão as pessoas que a atacam e com ela se irritam. É uma simples, uma pobre pedra, como tantas que há por aí, nada mais. O poema (se assim se pode chamar) em que ela aparece não pretende expor nenhum fato de ordem moral, psicológica ou filosófica. Quer somente dizer o que está escrito nele, a saber, que havia uma pedra no meio do caminho, e que essa circunstância me ficou gravada na memória. Como se vê, é muito pouco, é mesmo quase nada, mas é o que há[37].

Em artigos e entrevistas, Drummond manteve sempre a mesma posição, na qual reafirma a literalidade de conteúdo e, associada a isso, a irrelevância intrínseca do poema. Desse modo, ao negar transcendência de significado, ou emparelhar as possibilidades semânticas do texto com uma intencionalidade reduzida ao plano denotativo das palavras, Drummond propõe uma via intermediária de leitura entre as que dividiram o Brasil em "duas categorias mentais". Entre a via da afirmação e a da negação, Drummond concebe a via da redução essencialista, pela qual procura despojar o poema de toda e qualquer significação metafísica, toda e qualquer ganga interpretativa, para deixar apenas o poema em si, como um objeto unívoco, que "quer somente dizer o que está escrito nele". Talvez Drummond quisesse, com isso, num dado momento, desvincular sua imagem do "poema da pedra", cujo superdimensionamento poderia desviar o foco de sua obra. O fato é que essa postura neutra não aplacou a fúria interpretativa que "No Meio do Caminho" provocava. Ao contrário, a história da recepção crítica do poema mostra o caminho inverso daquele apontado por Drummond. Ou seja, na prática, prevaleceu a demanda pela interpretação, e também

---

37. Carlos Drummond de Andrade, *Uma Pedra no Meio do Caminho...*, *op. cit.*, p. 182.

pela discussão acerca do valor estético do poema, que, por extensão, reabriu o debate sobre o Modernismo, em sua vertente vanguardista, sobretudo nas décadas de 1930 e 1940.

O MODERNISMO NA BERLINDA OUTRA VEZ

Apesar de Drummond ter adotado em alguns momentos uma postura cética em relação ao "poema da pedra" – "poema (se assim se pode chamar)" –, o fato é que a composição, inserida numa coletânea de poemas, reclama para si essa condição. E, ao postular a condição de peça literária e pela forma como a postula, o poema reabriu uma discussão, cujo significado histórico foi, entre outros, o de demonstrar certa instabilidade da estética modernista nos anos 1930 e 1940, quando se julgava que o código das vanguardas já se havia estabilizado. "No Meio do Caminho" repôs o Modernismo na berlinda, e a redefinição do movimento durante esse período e após – sua peculiar aproximação da tradição literária, por exemplo –, pode ser atribuída, ao menos em parte, a consequências desse debate, que por certo não alterou os rumos que o Modernismo iria tomar, mas talvez tenha acelerado a velocidade das mudanças, ou exercido uma pressão para que elas ocorressem.

Nesse ponto, poder-se-ia perguntar: por que especificamente "No Meio do Caminho" e não outra composição modernista serviu de estopim para uma retomada da polêmica sobre o Modernismo? Que aspectos estilísticos e culturais inscritos no poema poderiam ser apontados para justificar o desencadeamento e a sustentação da reação ocorrida? De modo sumário, apenas para introduzir essa questão, que será desenvolvida mais adiante, poder-se-iam apontar os seguintes aspectos: a extrema capacidade de indeterminação semântica do texto no plano figurado. Essa indeterminação permitiu múltiplas interpretações, convenientes a cada grupo participante do debate. As imagens da "pedra" e do "caminho", tomadas em sua dimensão metafórica, tornaram o enunciado "tinha uma pedra no meio do

48 MATÉRIA LÍTICA

caminho" uma potencial alegoria multissugestiva. O sistema de repetição, que satura a informação enunciada, combinado com os níveis metafórico e alegórico do texto, geraram o efeito de intensificação da multissugestividade. Tudo isso, associado a seu intermédio (versos 5 e 6), no qual o texto abriga novas imagens, galvanizou a polivalência semântica do texto, ou, em outros termos, transformou-o em um sistema semanticamente hiperinstável. Somado a essa hiperinstabilidade, acirrando-a, o modo de enunciação apresenta-se vacilante, movendo-se entre o sério e o jocoso. Assim, "No Meio do Caminho" mostrou-se apto a sofrer aproximações críticas cujos juízos já vinham pré-formulados e eram apenas ajustados ao flanco conveniente ao intérprete. A supervolatilidade, ou capacidade de plurissignificação, qualidade pragmática do texto, proporcionou, enfim, que o debate em torno do Modernismo, que se achava amortecido no final dos anos 1920, viesse novamente à tona. E foi por conta dessa flexibilidade semântica, que fazia do texto um molde ajustável às conveniências, ou múltiplas abordagens, do intérprete, que Drummond considerou, muito sintomaticamente, "No Meio do Caminho" um poema "insignificante em si"[38].

CONSAGRAÇÃO CRÍTICA

Na década de 1960, a controvérsia sobre o "poema da pedra" e o Modernismo perdeu força. De modo geral, Drummond e o Modernismo buscaram alternativas para superar a fase de experimentação vanguardista por que ambos passaram, e o fizeram com êxito. No caso específico de "No Meio do Caminho", o ano de 1967 é decisivo para sua história. Nesse ano, Drummond publica a biografia do poema – *Uma Pedra no Meio do Caminho: Biografia de um Poema* –, que aponta, em princípio, para o fim do ciclo de debates acalorados; sai *Me-*

---

38. Carlos Drummond de Andrade, *Poesia e Prosa, op. cit.*, p. 1345.

talinguagem, de Haroldo de Campos, que contém ensaio de 1962 sobre a obra de Drummond, no qual o ensaísta inclui o "poema da pedra" dentro de uma linhagem criativa que estaria na base das vanguardas da segunda metade do século xx, e mais especificamente na do Concretismo[39]; e Antonio Candido publica em uma revista francesa um estudo, que depois faria parte da coletânea *Vários Escritos*, publicada em 1970, no qual "No Meio do Caminho" serve para ilustrar e corroborar o argumento da retorção recíproca do eu e do mundo na poesia de Drummond, que gera temas como "o obstáculo e o desencontro"[40].

Haroldo e Candido dividem o posto de crítico mais influente do Brasil na segunda metade do século xx. Seus trabalhos formaram gerações de leitores, professores e críticos literários. Pelo fim da década de 1960, a chancela desses dois estudiosos serviu de escudo protetor ao poema; como consequência, a atitude crítica diante de "No Meio do Caminho" mudou. Não mais motivo de celeuma, o poema ganhou em definitivo *status* de objeto estético e, como tal, passou a reclamar estudos analíticos e interpretativos dentro de uma perspectiva de âmbito compreensivo, e não mais de legitimação ou contestação do texto, que se propõe literário. É o que se vem fazendo desde então, embora não de maneira frontal, salvo em raros momentos.

Além de Haroldo e de Candido, e talvez com mais rigor, também a obra de Drummond contribuiu para "proteger" o "poema da pedra". Aqui, também a década de 1960 foi decisiva e relevante. Em 1964, segundo Otto Maria Carpeaux, Drummond já era reconhecido como o maior poeta do Brasil, posto antes ocupado por Manuel Bandeira[41]. Em 1969, pela

---

39. Haroldo de Campos, "Drummond, Mestre de Coisas", *Metalinguagem & Outras Metas*. 4. ed. rev. e ampl., São Paulo, Perspectiva, 1992, p. 50.

40. Antonio Candido, "Inquietudes na Poesia de Drummond", *Vários Escritos*, 2. ed., São Paulo, Duas Cidades, 1977, p. 103.

41. Otto Maria Carpeaux, *Pequena Bibliografia Crítica da Literatura Brasileira*, 3. ed. rev. e aum., Rio de Janeiro, Letras e Artes, 1964, p. 298. As sucessivas

editora José Olympio sai *Reunião*, contendo dez livros de poesia de Drummond. Por esse tempo, a obra poética drummondiana já havia, por assim dizer, cumprido seu ciclo, desde as experiências modernistas de *Alguma Poesia*, passando pelas fases intermediárias da utopia socialista, da metapoesia consciente, do lirismo filosófico-existencial, até o retorno ao experimentalismo renovado em *Lição de Coisas*, de 1962, seguindo depois em direção ao memorialismo de *Boitempo*, de 1968. Como parte associada, "No Meio do Caminho" participa desse universo, que já havia sido legitimado pelos leitores. Em suma, pode-se dizer que a soma desses três fatores (Haroldo, Candido e Drummond), dispostos na década de 1960, definiu o destino de "No Meio do Caminho" desde então, e até os dias atuais.

ALGUMAS CLASSIFICAÇÕES
E A PERSPECTIVA INTEGRACIONISTA

Segundo critérios de gênero ou subgênero poético, "No Meio do Caminho" pode ser classificado de poema lírico-modernista.

edições da *Pequena Bibliografia Crítica da Literatura Brasileira*, de Carpeaux, atestam curiosas alterações de julgamento crítico. Na primeira edição (Rio de Janeiro, Ministério da Educação e Saúde, 1951), assim se manifesta o autor sobre Manuel Bandeira: "Superando [...] as particularidades de qualquer movimento ou grupo, [...] chegou Manuel Bandeira a ser o maior poeta moderno, quiçá o maior poeta do Brasil" (p. 232). Sobre Drummond, diz apenas que "nenhum outro poeta moderno provocou discussões tão apaixonadas" (p. 247). Na segunda edição (Rio de Janeiro, Ministério da Educação e Saúde, 1955), Carpeaux mantém o texto sobre Bandeira, mas lhe retira a última afirmação ("quiçá o maior poeta do Brasil") (p. 253), ou seja, para o estudioso, Bandeira é, àquela altura, "o maior poeta *moderno* do Brasil" (grifo nosso). Sobre Drummond, agrega que as "discussões tão apaixonadas [...] não passam de sintomas da forte influência exercida pela originalidade e personalidade do poeta" (p. 269). Na terceira edição, Bandeira continua sendo "o maior poeta moderno do Brasil" (p. 277). Já Drummond sobe de conceito. Além das discussões que "não passam de sintomas da forte influência exercida pela originalidade e personalidade do poeta", este é "hoje quase geralmente reconhecido como o maior do Brasil" (p. 298).

Sua recepção crítica, no entanto, trouxe-lhe mais duas subclassificações possíveis: de 1930, ano em que começa a ser debatido, até meados da década de 1960, quando o debate arrefece, o poema desempenhou papel *pragmático*, isto é, suas qualidades foram menos literárias que históricas, na medida em que sua importância está associada sobretudo às reações que provocou. "Insignificante em si", como afirmou Drummond, "No Meio do Caminho" mostrou-se bastante significativo como *pré-texto* deflagrador da polêmica na qual foram expostos conceitos e preconceitos então vigentes acerca do Modernismo, sobretudo em sua vertente de vanguarda. Pode-se, nessa direção, entender o "poema da pedra" como uma espécie de agente histórico, não só pelo debate que fomentou, e que constitui um capítulo à parte na história do Modernismo brasileiro, mas também pela influência que exerceu na trajetória do movimento modernista através das polêmicas que provocou, nas quais se engajara direta ou indiretamente toda a comunidade de leitores de poesia no Brasil. A dimensão pragmática de "No Meio do Caminho" alude, em suma, a esse aspecto intervencionista do poema na cultura brasileira, cujos desdobramentos, aliás, vão além dos exemplos acima referidos.

A partir da década de 1960, com o aval da crítica mais influente e o prestígio alcançado pela obra drummondiana, altera-se o modo de recepção e leitura de "No Meio do Caminho". Passado o período da desconfiança, o poema de Drummond começa a ser lido com a premissa de que o texto contém um conteúdo discursivo latente, oculto sob a malha textual, a ser desentranhado pelo leitor. Em outros termos, que o texto é passível de uma leitura de tipologia crítico-interpretativa, com o prognóstico de um resultado revelador e gratificante ao intérprete. Nesse sentido, "No Meio do Caminho" deixou, por esse tempo, de ser um texto *pragmático* – tal como acima definido – para se tornar um *objeto da práxis hermenêutica*. Por esse tempo também, o "poema da pedra", ou seu sintagma inicial, já se havia consolidado na cultura brasileira como um "fato paremiológico", para usar a definição de Antônio Houaiss[42], isto é, uma expressão de valor proverbial entranhada no repertório compartilhado do brasileiro comum, e utilizada em diferentes contextos, e com diferentes propósitos – fenômeno que também ocorre com versos da "Canção do Exílio", "Meus Oito Anos", "Ora (direis) Ouvir Estrelas", "Vou-me Embora pra Pasárgada" ou "José". Com isso, "No Meio do Caminho" alcançou transitar (e ainda transita) entre espaços da cultura popular e acadêmica, expondo assim uma mobilidade que lhe é bastante característica.

No âmbito acadêmico, a crítica tem empreendido esforços para ratificar a condição literária de "No Meio do Caminho", e, para tanto, o modo mais praticado tem sido o da perspectiva *integracionista*. Essa perspectiva, em síntese, busca integrar o poema ao conjunto ao qual pertence, ou ao sistema poético em que foi gerado, postulando um princípio ou unidade fundamental da poesia drummondiana que funcione como nexo articulador entre texto (poema) e contexto (poemas) na obra do poeta. O próprio Drummond participa desse esforço. Em 1962, ao lançar sua *Antologia Poética* e ao dividi-la em nove núcleos temáticos, o poeta inclui "No Meio do Caminho" como integrante do núcleo "Tentativa de exploração e de interpretação do estar-no--mundo". Com esse gesto, Drummond define um lugar para o poema num compartimento que representa uma das preocupações temáticas de sua poesia.

A crítica, por sua vez, procura inferir unidades fundamentais cujo raio de aplicação seja mais abrangente. Luiz Costa Lima, por exemplo, em 1968, postula para a poesia de Drummond o conceito de "princípio-corrosão". De modo sumário, tal conceito deriva da "percepção do que é contemporâneo": "a corrosão que a cada instante a vida contrai há de ser tratada *ou como escavação ou como cega destinação para um fim ignorado*. Em qualquer

---

42. Antônio Houaiss, "Drummond", *Drummond mais Seis Poetas e um Problema*, Rio de Janeiro, Imago, s.d., p. 61. Nas duas edições em que o ensaio de Houaiss foi publicado, nesta citada e em *Poetas do Modernismo: Antologia Crítica*, vol. 3 (org. Leodegário A. de Azevedo Filho, Brasília, MEC/INL, 1972), "paremiológico" foi grafado como "paramiológico". Corrijo o erro tipográfico.

dos dois casos [...] o semblante da História é algo de permanente corroer"[43]. Para Costa Lima, o princípio-corrosão perpassa a obra poética drummondiana e lhe empresta assim unidade dentro da aparente e precária diversidade. Para demonstrar seu argumento, Costa Lima comenta, entre outros poemas, "No Meio do Caminho"[44]. Em 1970, aproveitando sugestões críticas já delineadas por Antônio Houaiss em 1947[45] ("Sobre uma Fase") e por Emanuel de Moraes em 1964[46], Gilberto de Mendonça Teles examina "No Meio do Caminho" sob a ótica da "estilística da repetição", recurso de largo e variado uso na poesia drummondiana[47]. Em 1972, Affonso Romano de Sant'Anna discute Drummond a partir da hipótese crítica de que sua obra constitui um "conjunto dramático, onde o *gauche* é o personagem central"[48]. A partir desse pressuposto, e baseando-se na história da recepção do poema, Sant'Anna entende "No Meio do Caminho" como "um poema *gauche*", por sua trajetória desencontrada e contraditória junto à crítica[49]. Ainda em 1972, Houaiss amplia seu prefácio de apresentação da poesia drummondiana publicado em *Reunião*. Nessa ampliação, Houaiss seleciona e analisa doze poemas, um de cada um dos dez livros que compõem *Reunião*, um da série *Viola de Bolso*, e um ainda inédito em livro. *Alguma Poesia* é representado por "No Meio do Caminho". Para Houaiss, o poema está "profundamente integrado no caráter" do livro, que o ensaísta define como "caráter geral constatativo". Tal conceito alude ao modo de representação do eu e do mundo nos poemas

---

43. Luiz Costa Lima, "O Princípio-corrosão na Poesia de Carlos Drummond de Andrade", *Lira e Antilira: Mário, Drummond, Cabral*, 2. ed., Rio de Janeiro, Topbooks, 1995, p. 135.
44. *Idem*, pp. 135-136.
45. Antônio Houaiss, "Sobre uma Fase de Carlos Drummond de Andrade", em *Drummond mais Seis Poetas e um Problema, op. cit.*
46. Emanuel de Moraes, "As Várias Faces de uma Poesia", em Carlos Drummond de Andrade, *Poesia e Prosa*, 8. ed., Rio de Janeiro, Nova Aguilar, 1992, pp. XV-XXXV.
47. Gilberto de Mendonça Teles, *Drummond: Estilística da Repetição*, 2. ed. rev. e aum., Rio de Janeiro, José Olympio, 1976, pp. 80-86.
48. Affonso Romano de Sant'Anna, *Drummond: Gauche no Tempo*, Rio de Janeiro, Lia/INL, 1972, p. 112.
49. *Idem*, p. 28.

de *Alguma Poesia*, que antes descobrem ou constatam realidades cotidianas e sentimentais, ao invés de glosá-las ou fantasiá-las[50]. Já para José Guilherme Merquior, em ensaio de 1975, "No Meio do Caminho" participa de um dos eixos estruturadores de *Alguma Poesia*, o da "poesia-acontecimento", conceito próximo ao do "caráter constatativo" identificado por Houaiss. Para Merquior, no primeiro Drummond, "a poesia surge quando o universo se torna insólito, enigmático, embaraçoso – quando a vida já não é mais evidente"[51]. John Gledson, por sua vez, num ensaio de 1981, associa "No Meio do Caminho" a outros poemas de *Alguma Poesia* pela temática comum e recorrente da monotonia da existência, e pelo emprego de uma perspectiva de objetivação desideologizada, ou tendente à desideologização, do mundo[52]. Em 2002, retomando um enquadramento amplo de aproximação crítica, como o operado por Costa Lima, Gilberto Teles e Affonso de Sant'Anna, Davi Arrigucci Jr. analisa o caráter multifacetado da poesia de Drummond a partir de um princípio organizador básico: o lirismo reflexivo ou meditativo. Para Arrigucci Jr., esse princípio atravessa a obra drummondiana e põe em xeque as modulações estilísticas como fatores opositivos ou mesmo distintivos das fases dessa poesia. Em seu estudo, Arrigucci Jr. se vale do "poema da pedra" para exemplificar uma situação lírico-narrativa aporética, que provoca a poesia de reflexão, tal como ocorre também em "O Enigma", "A Máquina do Mundo" ou "Áporo", poemas de fases distintas com que "No Meio do Caminho" manteria vínculos de identidade[53].

Nas leituras mencionadas acima, por meio da formulação de um fundamento articulador da poesia de Drummond (corrosão, *gaucherie*, constatação, acontecimento...), postula-se um lugar a ser ocupado por "No Meio do Caminho" no sistema

---

50. Antônio Houaiss, "Drummond", art. cit., pp. 59-62.
51. José Guilherme Merquior, *Verso, Universo em Drummond*, trad. Marly de Oliveira, 2. ed., Rio de Janeiro, José Olympio, 1976, p. 25.
52. John Gledson, *Poesia e Poética de Carlos Drummond...*, *op. cit.*, pp. 76-77.
53. Davi Arrigucci Jr., *Coração Partido: Uma Análise da Poesia Reflexiva de Drummond*, São Paulo, Cosac & Naify, 2002, pp. 68-74.

poético drummondiano. Com isso, busca-se integrar o poema à obra (integral ou parcial, no caso de *Alguma Poesia*) do poeta. Essas leituras não tocam na figura do autor, pois este, como categoria de análise literária, havia se tornado anacrônico, sendo substituído pelo texto, dentro de uma perspectiva discursivo-textualista. Essas leituras também, se não exatamente derivam dos ensaios já referidos de Haroldo e Candido, que historicamente podem ser considerados o ponto de virada da crítica em relação a "No Meio do Caminho", ao menos baseiam-se neles (ou em um deles). E por esses modelos de aproximação aqui apenas esboçados, pode-se concluir que o poema de Drummond, apesar da estima alcançada junto aos leitores, continua "insignificante em si", pois sua significação provém fundamentalmente de uma proclamada correspondência entre o poema e a obra na qual se insere. Ou, em outras palavras, o poema é usado ou ajustado para ratificar uma tese. Há, portanto, nos trabalhos mencionados acima, uma certa resistência a investigar as camadas de significação intrínseca de "No Meio do Caminho". Talvez haja nessa hesitação um receio de que o resultado de uma análise frontal resulte em material pouco substancioso.

REPETIÇÃO (I)

O princípio linguístico organizador de "No Meio do Caminho" é a repetição. Para que esse argumento possa ser melhor compreendido, reproduz-se abaixo o poema, com os segmentos que nele se repetem em tipografia itálica.

No Meio do Caminho

No meio do caminho tinha uma pedra
tinha uma pedra no meio do caminho
tinha uma pedra
no meio do caminho tinha uma pedra.

Nunca me esquecerei desse acontecimento
na vida de minhas retinas tão fatigadas.
Nunca me esquecerei que *no meio do caminho*
tinha uma pedra
tinha uma pedra no meio do caminho
no meio do caminho tinha uma pedra[54].

Há certas regularidades nas reiterações. Nos dez versos do poema, dez unidades lexicais são repetidas (no, meio, do, caminho, tinha, uma, pedra, nunca, me, esquecerei) e dez não (desse, acontecimento, na, vida, de, minhas, retinas, tão, fatigadas, que). Há um equilíbrio de recorrência entre os dois sintagmas principais do texto: "no meio do caminho" e "tinha uma pedra", que juntos somam sete unidades lexicais: ambos ocorrem sete vezes cada, incluído o título do poema. Os três primeiros versos repetem na ordem inversa os três últimos, formando assim um jogo especular: uma simetria invertida, ou um quiasmo macroestrutural. A repetição inversa ou em quiasmo também ocorre nos dois versos iniciais e nos dois finais. Nesses pares, inversão de mesmo tipo surge no plano vocálico das sílabas fortes: no mEio do camInho tInha uma pEdra (E-I-I-E) / tInha uma pEdra no mEio do camInho (I-E-E-I). Esse jogo vocálico de certa forma se projeta nos versos mediais, que dividem o poema. O quinto verso acentua o campo sonoro da vogal /e/ (nunca mE EsquEcErEi dEssE acontEcimEnto), e o sexto, da vogal /i/ (na vIda de mInhas retInas tão fatIgadas), apesar da incidência neste de assonância em /a/, sobretudo nas sílabas fracas. O balanço regular entre /i/ e /a/ no sexto verso reforça como rima toante, ou vocálica, ou ainda na forma de paronomásia, a unidade lexical "tinha", cuja reiteração se estende na modulação vocálica da frase: "na VIDA de MINHAs reTINAs tão faTIGAdas".

Do ponto de vista consonantal, predominam fonemas nasais, que aparecem dez vezes entre as unidades lexicais repetidas (NO, MEio, caMI-NHO, tIN-NHA, UM-MA, NUNca, ME) e sete entre as não repetidas (acONteciMENto, NA, MI-NHAs,

---

54. Carlos Drummond de Andrade, *Poesia e Prosa*, *op. cit.*, p. 15.

A PEDRA POROSA DE DRUMMOND 57

retiNAs, tÃO). Nesse sentido, no sentido da malha fônica, as partes periféricas (versos 1-4 e 7-10) e central (versos 5 e 6) do poema, que se opõem pelos traços repetição *vs.* não repetição, registro objetivado *vs.* registro subjetivado, aproximam-se pela imantação sonora dos fonemas nasais.

No tocante à versificação, "No Meio do Caminho" é um poema heterométrico que combina versos decassílabos (5), alexandrinos (3) e tetrassílabos (2). A modalidade rítmica dos decassílabos foge à tradição do heroico e do sáfico. O primeiro, que é também o quarto e o décimo versos, leva acentuação na 2ª, 5ª, 7ª e 10ª sílabas:

no / *meio* / do / ca/ *mi* / nho / *ti* / nha u / ma / *pe* (dra).

O segundo, que é também o nono, apresenta acentuação regular, de pés rítmicos ternários, com tonicidade nas sílabas 1ª, 4ª, 7ª e 10ª. Descontada a primeira sílaba forte, trata-se de decassílabo provençal:

ti / nha u / ma / *pe* /dra / no / *meio* / do / ca / *mi* (nho).

De fato, por sua regularidade, este verso define a leitura decassilábica do primeiro, que poderia ser lido como hendecassílabo, embora atípico, com cesura na 6ª ao invés de na 5ª sílaba. Para adequar o verso à métrica decassilábica, operou-se uma sinérese em "meio".

Os versos terceiro e oitavo, tetrassilábicos, são idênticos e anafóricos, mas ocupam posições estruturais diferentes dentro do poema: o terceiro é anafórico em relação ao verso anterior, e o oitavo em relação ao posterior. O terceiro, reduplicado do início do segundo verso, possui condição ambígua ou bitransitiva de complemento do sintagma "no meio do caminho", que fecha o verso 2, e o que inicia o 4[55]. Já o oitavo complementa o sintagma que finda o verso 7, e reduplica-se no início do 9.

---

55. Antonio Candido, "Inquietudes na Poesia de Drummond", art. cit., pp. 103-104.

Os alexandrinos, como os decassílabos, são também heterorrítmicos. O verso quinto é um alexandrino clássico, com cesura na sexta sílaba, que o divide em dois hemistíquios regulares:

nun / ca / me es / que / ce / *rei* / de / sse a / con / te / ci / *men* (to).

Já o verso sexto alcança ser alexandrino por sinérese em "minhas". A acentuação recai nas 2ª, 7ª e 12ª sílabas.

na / *vi* / da / de / minhas / re / *ti* / nas / tão / fa / ti / *ga* (das).

O sétimo verso pode ser considerado um alexandrino clássico como o verso quinto, ou uma variante do clássico com uma semiacentuação na 9ª sílaba, pois a sinérese em "meio" força um pouco sua acentuação.

nun / ca / me es / que / ce / *rei* / que / no / *meio* / do / ca / *mi* (nho).

"No Meio do Caminho" é formado por duas estrofes irregulares, a primeira composta de quatro e a segunda de seis versos. Apesar dessa estrutura binária, o texto apresenta três segmentos ou partes: o primeiro compreende a primeira estrofe; o segundo, os versos 5 e 6; e o terceiro, o segundo hemistíquio do verso 7, sem o "que", e os versos que o seguem. O critério dessa divisão baseou-se em dois fatores: registro objetivado ou referencial *vs.* registro subjetivado ou confessional, e recurso da repetição. Nesse sentido, o primeiro hemistíquio do verso 7 ("Nunca me esquecerei") apresenta feição singular. Como registro subjetivado, ele pertence à segunda parte; como sintagma repetido, ele se vincula à terceira. É o único caso, no poema, de fusão dos campos subjetivação e reiteração. Por sua natureza ambígua, enfim, o sintagma serve de ligação entre a segunda e a terceira partes: finaliza aquela e inicia esta, participando, pois, de ambas.

O sistema rímico ratifica o argumento da tripartição do poema. "No Meio do Caminho" apresenta sistema irregular de ri-

A PEDRA POROSA DE DRUMMOND   59

mas idênticas ou palavras-rimas – como as rimas pétreas de Dante[56] –, que ocupam oito de seus dez versos. Dos oito versos rimados, cinco finalizam com a palavra "pedra" e três com "caminho". O sistema de rimas parece funcionar como meio de valoração de termos dentro dos sintagmas a que cada um pertencem. Ou seja, apesar de "no meio do caminho" e "tinha uma pedra" comparecerem, cada segmento, sete vezes no poema (incluído o título), "pedra" e "caminho", isolados no sistema rímico, retêm maior visibilidade sonora e, por conseguinte, semântica. Cada um dos termos forma, por assim dizer, a medula de seus respectivos sintagmas. Por este argumento quantitativo, "pedra", cinco vezes repetida como palavra-rima, possui maior relevância do que "caminho", repetido apenas três vezes ao final dos versos. Talvez esse seja um dos fatores pelo qual o poema tenha se popularizado como "poema da pedra" ou "poema da pedra no meio do caminho", e não como "poema do caminho" ou "poema do caminho em que tinha uma pedra". Retornando à relação entre tripartição textual e rima, esta ocorre em todos os versos, salvo no quinto e no sexto, que formam o centro e a segunda parte isolada do poema.

A pontuação de "No Meio do Caminho" acompanha sua tripartição: há três ocorrências de ponto final no texto. Pelo mapa da pontuação, tal como ocorre no sistema rímico, o centro do poema, versos 5 e 6, isola-se dos segmentos inicial e final, que lhe servem de moldura. A transcrição abaixo procura sintetizar os pontos até aqui abordados:

No meio do caminho tinha uma pedra *tinha uma pedra no meio do caminho* *tinha uma pedra* *no meio do caminho tinha uma pedra.*	*(1ª parte / registro objetivado /* *recurso da repetição / rima)*
Nunca me esquecerei desse acontecimento na vida de minhas retinas tão fatigadas	*(2ª parte / registro subjetivado /* *ausência de repetição e de rima)*

---

56. Haroldo de Campos, "Petrografia Dantesca", em Augusto & Haroldo de Campos, *Traduzir e Trovar (Poetas dos Séculos XII a XVII)*, S.l., Papyrus, 1968.

Nunca me esquecerei (que) **no meio do**
caminho]
tinha uma pedra
tinha uma pedra no meio do caminho
no meio do caminho tinha uma pedra.

(Transição entre as 2ª e 3ª partes
/ registro
subjetivado / recurso da repetição)
(3ª parte / registro objetivado
/recurso da repetição / rima)

Apesar do sistema de repetições, o ritmo do poema, como sua versificação e estrofação, é variável. A constante permuta entre os sintagmas "no meio do caminho" e "tinha uma pedra" criam uma variação rítmica dentro do sistema de repetições. Indicando o primeiro sintagma pelo número 1 e o segundo pelo 2, tem-se o seguinte esquema:

1 2

2 1

2

1 2.

Nunca me esquecerei desse acontecimento
na vida de minha retinas tão fatigadas.
Nunca me esquecerei que 1

2

2 1

1 2.

O esquema acima identifica um padrão combinatório básico dos sintagmas: 1 2 / 2 1 / 1 2. Todavia, na primeira estrofe, o verso 3 rompe com essa combinação ao se inserir como "erro" sequencial: 1 2 / 2 1 / *2* / 1 2. Na segunda estrofe, o "erro", de outra natureza, ocorre na disjunção dos sintagmas, divididos entre os versos sétimo e oitavo: *1* / *2* / 2 1 / 1 2. Tais variantes expõem, por assim dizer, a precariedade ou instabilidade do sistema de repetição, composto de normas e desvios. Sem variantes, o sistema, ainda que interrompido pelos versos mediais, tornar-se-ia menos sugestivo porque mais previsível. Por esse argumento, as transgressões combinatórias, que desestabilizam o padrão estabelecido, servem para otimizar, pela assimetria, a carga de sugestividade da estrutura redundante e permutacional do poema, por si só já sugestiva.

COMPARAÇÕES DE SISTEMAS DE REPETIÇÃO
E A QUESTÃO DO *NONSENSE*

Compare-se, por exemplo, "No Meio do Caminho" com "Soneto", do poeta cubano Octavio Armand, composto do primeiro verso do célebre poema "Versos Sencillos", de José Martí:

Yo soy un hombre sincero
Yo soy un hombre sincero
Yo soy un hombre sincero
Yo soy un hombre sincero

Yo soy un hombre sincero
Yo soy un hombre sincero
Yo soy un hombre sincero
Yo soy un hombre sincero

Yo soy un hombre sincero
Yo soy un hombre sincero
Yo soy un hombre sincero

Yo soy un hombre sincero
Yo soy un hombre sincero
Yo soy un hombre sincero[57]

O verso de Martí é tão popular quanto sua sequência: "de donde crece la palma". Ambos formam um par integrado, em que a primeira parte do conjunto, quando expressa, implica necessariamente, na expectação do ouvinte, a segunda – algo equivalente, na literatura brasileira, ao par "Minha terra tem palmeiras / Onde canta o sabiá". Dessa forma, o poema de Armand, como um disco riscado, frustra a expectativa do leitor a cada verso, narra a história de uma frustração saturada. A fratura do par e o apagamento da segunda parte, associados à forma sonetística do poema, por certo carregam o texto de implicações sugestivas. Também vale lembrar que o "Soneto" de Armand não é uma peça isolada, ele faz parte de uma série de vinte textos sobre Cuba intitulada *Penitenciales*. Logo, o poema,

---

57. Octavio Armand, *Superficies*, Caracas, Monte Avila, 1980, p. 131.

se fosse o caso de uma análise mais apurada, mereceria uma leitura vertical e horizontal. Tomado como peça isolada, no entanto, a rigidez da estrutura, não só do soneto como também da repetição regular dos versos, torna o sistema tautológico estável, sem o risco da intervenção do acaso.

O acaso intervém em estruturas tautológicas permutativas, como ocorre em "Julia's Wild", um dos poemas-fuga de Louis Zukofsky, construído a partir de um verso de Shakespeare, retirado de *The Two Gentlemen of Verona*:

> *Come shadow, come, and take this shadow up,*
> *Come shadow shadow, come and take this up,*
> *Come, shadow, come, and take this shadow up,*
> *Come, come shadow, and take this shadow up,*
> *Come, come and shadow, take this shadow up,*
> *Come, up, come shadow and take this shadow,*
> *And up, come, take shadow, come this shadow,*
> *And up, come, come shadow, take this shadow,*
> *And come shadow, come up, take this shadow,*
> *Come up, come shadow this, and take shadow,*
> *Up, shadow this, come and take shadow, come*
> *Shadow this, take and come up shadow, come*
> *Take and come, shadow, come up, shadow this,*
> *Up, come and take shadow, come this shadow,*
> *Come up, take shadow, and come this shadow,*
> *Come and take shadow, come up this shadow,*
> *Shadow, shadow come, come and take this up,*
> *Come, shadow, take, and come this shadow, up,*
> *Come shadow, come, and take this shadow up,*
> *Come, shadow, come, and take this shadow up*[58].

O poema de Zukofsky explora possibilidades combinatórias dos termos do verso original shakespeariano "Come, shadow,

---

58. Louis Zukofsky, *Bottom: on Shakespeare*, vol. I, N.p., The Ark Press (for The Humanities Research Center, The University of Texas), 1963, p. 393. Há tradução para o português do poema de Zukofsky feita por Augusto de Campos (em *Invenção* 4 (1964), pp. 53-54; e em *À Margem da Margem*, São Paulo, Companhia das Letras, 1989, pp. 124-125).

come, and take this shadow up". O caráter lúdico do texto tende a transformar as palavras do poema em peças de um jogo matemático que usa a mobilidade sintático-semântica dos lexemas para testar a capacidade de combinações que eles comportam entre si. Dessa forma, o sentido dos versos é constituído *a posteriori*, ou seja, cada verso é uma possibilidade combinatória que produz um sentido, e não um sentido engendrado previamente que busca acomodar-se à expressão. Ao final, o efeito semântico desse processo, no caso de "Julia's Wild", é o *nonsense*, produzido pela permuta de unidades lexicais que, no geral, fratura o sentido dos versos, e também pela falta de conexão semântica entre os versos, que se repetem parcialmente apenas para expor o sistema permutativo-combinatório do texto.

Um dos efeitos potenciais da repetição exaustiva é o do *nonsense*. Em termos teóricos, a repetição, quando propensa ao infinito, cria uma "ilusão de atemporalidade" que elude, ou tende a eludir, o sentido de convenção implicado nos termos ou elementos que se repetem[59]. Nos poemas transcritos acima, a repetição não se encaminha ao infinito. O "Soneto" de Armand está limitado ao espaço da forma sonetística, 14 versos. E "Julia's Wild" restringe-se às possibilidades de permuta das unidades lexicais do verso shakespeariano de origem. Ainda assim, pode-se falar de saturação da informação em ambos os textos, derivada de um sistema reiterativo excessivo, do qual uma das resultantes semânticas é o *nonsense*. Ou seja, a mera informação saturada por um nível de repetição não funcional para os padrões da comunicação utilitária tende a produzir efeito de *nonsense*. E quanto maior a saturação, mais esse efeito tende a se manifestar.

No caso do poema de Drummond, a informação saturada pelo recurso da repetição associa-se ainda, como vimos, a uma macroestrutura especular, ou em quiasmo, que encaminha a leitura a um percurso circular, e que por isso, em princípio, se apresenta menos limitada do que as estruturas "fixas" dos poemas de Armand e

---

59. Susan Stewart, *Nonsense: Aspects of Intertextuality in Folclore and Literature*, Baltimore/London, The John Hopkins University Press, 1979, pp. 120-123.

64 MATÉRIA LÍTICA

Zukofsky. Dessa forma, o sistema reiterativo de "No Meio do Caminho" se mostra mais apto a criar ou sugerir uma "ilusão de atemporalidade", e portanto de criar efeito de *nonsense*. Há, então, uma dimensão de significado *nonsense* no poema de Drummond? De acordo com os argumentos aqui expostos, que associam discurso iterativo e *nonsense*, potencialmente sim. No entanto, a história da recepção crítica do texto demonstra que essa potência não se transformou em ato. "No Meio do Caminho" foi lido, sobretudo por seus detratores, como um poema *semantizado*, e por isso causou tanta irritação. Esse fato nos coloca uma questão: quais teriam sido os fatores que provocaram uma leitura conteudística do "poema da pedra", que poderia, em tese, ser lido como uma composição *nonsense*, ou, para usar um termo afim, corrente no início do século xx, uma *blague*? Se fosse lido como *blague*, ou "*blague nonsense*", "No Meio do Caminho" não teria suscitado as reações que suscitou. Afinal, a *blague* modernista possuía o salvo-conduto de ser *blague*. E no caso do "poema da pedra", os poucos que o leram como uma peça de *blagueur* o avaliaram de modo positivo[60].

LEITURA REFERENCIAL E AUTORREFERENCIAL

Ponha-se a questão anterior em outros termos: a estrutura peculiar de "No Meio do Caminho" abre possibilidades para uma leitura referencial (do conteúdo da expressão) e/ou autorreferencial (do conteúdo formal). Na fase polêmica, os "amigos" e "inimigos da pedra" – sobretudos estes – o leram como texto referencial, ou valeram-se do seu conteúdo referencial para exaltá-lo ou denegri-lo. O fim da contenda, no entanto, coincide com o momento em que a autorreferencialidade domina o conteúdo referencial, ou a ele se sobrepõe. Ou seja, como discurso referencial, o poema foi rejeitado (o poema e o poeta, como vimos) ou dividiu opiniões; já como discurso autorreferencial,

60. Carlos Drummond de Andrade, *Uma Pedra no Meio do Caminho...*, *op. cit.*, p. 66.

tornou-se objeto de análise crítica. Como entender essa mudança de enfoque da referencialidade para a autorreferencialidade?

No período da controvérsia, em sentido amplo, a crítica no Brasil não havia ainda assimilado teorias textualistas (Formalismo e Estruturalismo eslavos), que se formaram quase em paralelo com as vanguardas, mas difundiram-se em nosso país sobretudo a partir da década de 1950 (ao lado do Estruturalismo francês, e em menor escala, da Nova Crítica anglo-americana). Assim, a leitura referencial do poema de Drummond corresponde ao horizonte de possibilidades da crítica literária da primeira metade do século xx. Em consequência, "No Meio do Caminho" foi compreendido, por esse tempo, como uma narrativa figurada ou literal construída a partir de uma experiência vivida pelo poeta, sem questionamento do conteúdo formal do texto, que nesse caso implicaria uma leitura de seu sistema tautológico. Isso não significa que esse sistema tenha sido descartado do processo crítico. Apenas não se considerou que ele pudesse conter sentido em si, isto é, como recurso linguístico ou retórico externo à psicologia do autor e ao conteúdo expresso.

Uma vez lido em seu conteúdo referencial, o sistema tautológico articulado à parte central do poema parece ter definido seu modo de leitura, isto é, o modo que toma o discurso como sincero, e não como manifestação do humor modernista, como *blague* ou *nonsense*. O enunciado de abertura – "Tinha uma pedra no meio do caminho" – mescla, dentro de uma tradição quixotesca, provocativamente, tom proverbial e conteúdo prosaico. O processo de repetição que se segue tende a desonerar o enunciado da seriedade inicial, tornando-o trocista, e conduzindo-o assim à noção de *blague* ou *nonsense*. No entanto, em um texto estruturado à base da repetição, ou da informação redundante, qualquer interrupção no sistema tautológico ganha força de evidência[61]. Por essa perspectiva, os versos intermediários de "No Meio do Caminho", que compõem um intervalo de reflexão sobre o evento principal, abrem-se a um foco de luz mais

---

61. Susan Stewart, *Nonsense...*, *op. cit.*, pp. 121-122.

intenso. Nesse intervalo, enfim, o narrador poemático define o evento da pedra no meio do caminho como um "acontecimento" memorável, ou, em outros termos, atribui a um fato trivial o estatuto de "acontecimento" digno de memória. Com isso, o modo discursivo ambivalente da parte inicial, indefinido entre o registro jocoso e o sério, inclina-se para a seriedade. Lido, pois, em chave séria ou sincera, "No Meio do Caminho" tornou-se uma peça de provocação que se mostrou mais incômoda do que teria sido se fosse lida como *blague* ou *nonsense*.

No rastro dessa hipótese, parece ter sido a percepção dessa gravidade, ou pretensão de gravidade, um dos fatores que geraram a condenação, por parte dos detratores do poema, do uso coloquial do verbo *ter* como impessoal com o sentido de *haver*, no sintagma "Tinha uma pedra no meio do caminho". A adoção de brasileirismos pelo discurso poético ou literário era um ponto programático do Modernismo. Assim, o mesmo coloquialismo aparece, sem ter causado celeuma, em dois outros poemas de *Alguma Poesia*: "O que Fizeram do Natal", cujos primeiros versos são "Natal. / O sino toca fino. / Não *tem* neves, não *tem* gelos. / Natal", e "Festa no Brejo", que termina com o verso "Hoje *tem* festa no brejo!"[62]. "Vou-me embora pra Pasárgada", de Bandeira, publicado no mesmo ano em que sai o livro de estreia de Drummond, também registra essa variante da oralidade brasileira. Na penúltima estrofe do poema, lê-se:

> Em Pasárgada *tem* tudo
> É outra civilização
> *Tem* um processo seguro
> De impedir a concepção
> *Tem* telefone automático
> *Tem* alcaloide à vontade
> *Tem* prostitutas bonitas
> Para a gente namorar[63].

62. Carlos Drummond de Andrade, *Poesia e Prosa*, op. cit., pp. 14, 20 (grifo nosso).
63. Manuel Bandeira, *Estrela da Vida Inteira*, 15. ed., Rio de Janeiro, José Olympio, 1988, pp. 117-118 (grifo nosso).

Por que, então, "espantam-se muitos leitores com apresentar esse poema ["No Meio do Caminho"] uma anomalia sintática: o emprego do verbo *ter* por *haver*"?[64]. E por que apenas o poema de Drummond é repreendido pelo "erro de gramática [... que] prejudicaria a prova de português de um aluno primário"?[65]. Nesse caso, o que diferencia fundamentalmente o "poema da pedra" dos outros aqui citados é o tom, modulação, ou inflexão de leitura, que cada texto pressupõe. "O que Fizeram do Natal", "Festa no Brejo" e "Vou-me Embora pra Pasárgada" são composições que se valem do registro coloquial para compor um discurso de viés irônico-modernista. Desse modo, esses textos têm a capacidade de incorporar com naturalidade e coerência os coloquialismos de que se valem. "No Meio do Caminho", apesar do registro coloquial, e apesar de modernista, não foi percebido como discurso irônico. O tom a ele atribuído foi o filosófico, axiomático, reflexivo. Daí a reação que provocou nos puristas de plantão. Daí também a importância que o tom atribuído a um texto assume no processo de leitura.

No momento em que "No Meio do Caminho" deixa de ser encarado como uma peça de provocação e passa a ser visto e analisado como uma peça integrante da consagrada obra de Drummond, o conteúdo referencial do poema importa apenas como meio de expressão simbólica ou metafórica, cujo sentido emerge da associação do conteúdo figurativo e do modo de enunciação, no caso a estrutura iterativa. Foi assim, aliás, que Mário de Andrade, adiantando-se no tempo, o leu e dele depreendeu a ideia de "cansaço intelectual". A questão da autorreferencialidade acima mencionada alude a essa forma de leitura do poema na qual sua estrutura baseada na repetição delimita e define as possibilidades de sentido, sem que este esteja associado a uma experiência empírica do autor.

---

64. Carlos Burlamaqui Kopke, "art. cit.", p. 42.
65. Xavier Júnior, em Carlos Drummond de Andrade, *Uma Pedra no Meio do Caminho...*, *op. cit.*, pp. 69-70.

68   MATÉRIA LÍTICA

REPETIÇÃO (II)

A repetição como recurso estilístico consiste num elemento-
-chave da poética drummondiana, como já demonstrou Gilber-
to Teles. No entanto, a carga de redundância sígnica presente
em "No Meio do Caminho" não alcança a mesma intensida-
de em nenhum outro poema de Drummond. Assim, por esse
prisma, o "poema da pedra" ocupa lugar único na produção
do poeta. E se o recurso da repetição é chave em sua obra, por
esse argumento, ainda o é mais em "No Meio do Caminho". E
a história da recepção crítica do poema, como se tem tentado
demonstrar, confirma isso. Daí a necessidade de conhecer esse
mecanismo com certa profundidade para compreender os efei-
tos por ele produzidos nas variadas leituras que o "poema da
pedra" recebeu. Para tanto, destaco, inicialmente, dois aspectos
desse recurso: nível de repetição e determinantes semânticos.

Em sentido abstrato, reconhecem-se três níveis ou planos de
repetição na linguagem verbal: *1)* o sígnico (palavra, sintag-
ma, frase, período, que resultam em figuras de retórica como
refrão, anáfora, epizeuxe), *2)* o partitivo (rima, paronomásia,
aliteração, assonância) e *3)* o semântico (sinonímia, paráfrase,
pleonasmo)[66]. Em "No Meio do Caminho", o nível da repeti-
ção sígnica, no caso sintagmática, é o que se evidencia. Como
recurso contextualizado, a repetição se comporta como uma
estrutura semântica aberta, de desdobramento múltiplo, cujos
limites são determinados *1)* pela frequência e *2)* pelo contexto
linguístico no qual se insere[67]. Quanto à frequência, "No Meio
do Caminho" se vale da repetição exaustiva, ou de alta iteração;
quanto ao contexto, aqui entendido como "ambiente verbal", ou
como preferem alguns linguistas, "co-texto", este apresenta um
elevado grau de vulnerabilidade, ou inespecificidade, que foi de-

---

66. J. Cohen, *apud* Shlomith Rimmon-Kenan, "The Paradoxical Status of Repeti-
tion", *Poetics Today* 1 (1980), p. 152.
67. Barbara Johnstone, "Repetition in Discourse: a Dialogue", em Barbara Johnstone
et al., *Repetition in Discourse: Interdisciplinary Perspectives*, vol. 1, Norwood, NJ,
Ablex Publishing Corporation, 1994, pp. 10-11.

terminante para que o poema sofresse tantas e tão disparatadas interpretações[68].

Vejamos: quem *tinha*, ou encontrou, uma qualquer, ou uma, e não duas, ou uma entre outras, *pedra*, preciosa ou sem valor, grande a ponto de barrar a travessia, ou diminuta e insignificante, *no meio*, considerando as margens, estreitas ou largas, ou a distância percorrida, curta ou longa, *do caminho*, florido ou descampado, que alguém trilhava com ou sem algum propósito, acompanhado ou solitário, de que lugar de origem e a que destino? Mais: a asserção deve ser lida como literal ou metafórica? Ou, considerando a dimensão narrativa, alegórica? O tom da leitura do poema – como já vimos –, considerando suas marcas textuais, com a repetição nelas incluída, deve ser o grave ou o jocoso? Todas essas ambiguidades e lacunas da narrativa lírica, provenientes de inespecificidades do contexto, convidam o leitor à coautoria do texto.

Dentro desse quadro, o que se poderia denominar *contexto intrínseco funcional*, por sua especificidade psicológica, define-se – uma vez mais por oposição às "bordas" – nos versos centrais do poema, em que o sujeito lírico, na maturidade de suas "retinas tão fatigadas", atribui valor memorialístico ao evento reiterado. Ainda assim, há aqui uma abertura semântica: o contexto não especifica se o narrador que descreve o evento o testemunhou ou o protagonizou; embora, nesse caso, a ausência de especificação dirija a leitura – sem, no entanto, defini-la – para o narrador como protagonista. De qualquer forma, pode-se inferir que o memorialismo funciona como elemento contextualizador do núcleo narrativo do poema, o evento reiterado. Ou seja, o memorialismo contextualiza esse evento ao especificar-lhe um valor, o de ocorrência memorável. Essa contextualização, por fim, demanda que o sistema tautológico do poema seja lido na perspectiva de uma possível correlação entre *repetição* e *memorialismo*.

---

68. Patrick Charaudeau & Dominique Mainguenau, *Dicionário de Análise do Discurso*, coord. da trad. Fabiana Komesu, São Paulo, Contexto, 2006, p. 127.

No corpo do poema, esse binômio se entronca no sintagma: "nunca me esquecerei", repetido duas vezes. Em consonância com outros sintagmas repetidos, este também possui uma resolução semântica ambígua. O enunciado "nunca me esquecerei" pode equivaler a uma postura memorialista ativa do sujeito: "não quero me esquecer, quero guardar na memória", ou passiva: "não posso me esquecer, não consigo apagar da memória", duas instâncias aproximadas mas independentes, sendo a primeira, digamos, afetiva, e a segunda, traumática. Assim, o evento da pedra no meio do caminho tem para o narrador a importância de um fato afetivo ou traumático, ou a combinação de ambos, talvez. Tanto a memória afetiva quanto a traumática retêm ocorrências psicologicamente intensas, ou marcantes, que por diversos meios (lembranças, atos falhos, sonhos) se manifestam com certa regularidade, ou seja, *se repetem*. Por esse prisma, pode-se dizer que existe uma relação de coerência argumentativa entre a proposição iterada "no meio do caminho tinha uma pedra" (e suas variantes) e a perpetuação do evento na memória do sujeito lírico: "Nunca me esquecerei desse acontecimento". O procedimento retórico da repetição, como recurso enfático, mimetiza a fixação da imagem da *pedra no meio do caminho* na memória visual do narrador.

REPETIÇÃO (III)

A ênfase constitui outro efeito produzido pela repetição. Em sua *Teoría de la Expresión Poética*, Carlos Bousoño utiliza o exemplo "Antonio es pobre, pobre, pobre" para discorrer sobre a questão. Para Bousoño, a cadeia adjetiva ("pobre, pobre, pobre") intensifica de forma ascendente o traço qualificativo – pobreza –, que, por fim, atinge condição semântica superlativa superior ao sintético "pobrísimo": "Assim ocorre porque o primeiro qualificativo destila no segundo boa parte do seu conteúdo, e este, enriquecido, golpeia, por sua vez, com seu espesso volume, o terceiro, que assim insufla, em grande medida, seu caudal". Para

A PEDRA POROSA DE DRUMMOND

Bousoño, em suma, "toda reiteração possui virtudes intensificadoras do significado"[69].

Em "No Meio do Caminho", como já referido, a ênfase das repetições se associa ao exercício da memória: repetir para enfatizar, enfatizar para lembrar, lembrar para não esquecer, seja por impulso volitivo ("nunca me esquecerei" = não *quero* me esquecer) ou involuntário ("nunca me esquecerei" = não *consigo* me esquecer). Por essa perspectiva, sem o recurso enfático da repetição, o que é memorável tornar-se-ia evanescente, a caminho da dissolução. Esse argumento, aliás, reaparece num poema de Drummond, de *As Impurezas do Branco* (1973), intitulado "Quero". Ali, a voz lírica dirige-se à amada e lhe roga que repita indefinidamente que o ama, pois sem a reafirmação constante do amor através da presencialidade da palavra falada, o sentimento se dilui: "Quero que me repitas até a exaustão / que me amas que me amas que me amas. / Do contrário, evapora-se a amação"[70].

Mas a ênfase demonstrativa que intensifica o sentido dos segmentos reiterados é um entre outros níveis de significado presentes em potência no "poema da pedra". Ao lado da ênfase, outro efeito semântico implicado no recurso da repetição é o da plurissignificação. O teórico russo Yuri Lotman discute longamente essa questão, e apresenta o problema a partir da cisão das dimensões de tempo e espaço[71]. Para Lotman, a repetição que ocorre no espaço não se estende no tempo. Ou seja, o tempo, cujo fluir altera constantemente a percepção do objeto, matiza o sentido da repetição. Não se trata apenas do conceito clássico das águas heraclitianas pelo qual, por exemplo, as várias leituras de um mesmo texto, feitas por uma mesma pessoa, nunca se repetem devido à ação do tempo sobre o sujeito. Lotman enfatiza o aspecto estrutural da reiteração. Todo elemento repetido ocupa no texto uma posição estrutural diferenciada; assim sen

---

69. Carlos Bousoño, *Teoría de la Expresión Poética*, vol. I, 6. ed. aum., Madrid, Editorial Gredos, 1976, pp. 280-281.

70. Carlos Drummond de Andrade, *Poesia e Prosa*, *op. cit.*, p. 391.

71. Jurij Lotman, *The Structure of the Artistic Text*, trans. Gail Lenhoff & Ronald Vroon, Ann Arbor, MI, University of Michigan Press, 1977, pp. 134-136.

do, o elemento relocado assume novo sentido dentro da estrutura[72]. Desse modo, o deslocamento espacial de componente ou componentes textuais implica necessariamente deslocamento semântico. Para demonstrar seu argumento, Lotman comenta uma estrofe do poeta russo Bulat Okudzhava, que segue abaixo em versão inglesa:

> You hear the drumbeat rolling,
> Soldier, bid her farewell, bid her farewell,
> The platoon is leaving in the mist, the mist, the mist,
> And the past grows clearer, clearer, clearer[73].

> Escutas o rufar ondulante do tambor,
> Dê adeus para ela, soldado, dê adeus para ela,
> O pelotão está partindo em meio à névoa, à névoa, à névoa,
> E o passado se ergue mais claro, mais claro, mais claro.

Lotman observa que o redobro da expressão "bid her farewell", no segundo verso, não implica reduplicação mecânica do referente, ou seja, não significa uma apóstrofe ao soldado sugerindo-lhe que diga adeus duas vezes. A reduplicação sintagmática sugere nuanças de significados das quais uma das consequências é, em última instância, problematizar o conteúdo da forma repetida: "Dependendo da entonação, o sentido pode ser 'Soldier, hurry to bid farewell, the platoon is already leaving' ["Soldado, dê logo adeus, o pelotão está partindo"]. Ou: 'Soldier, bid her farewell, farewell for ever, for you'll never see her again'. ["Soldado, dê adeus para ela, adeus para sempre, pois não voltarás a vê-la".] Ou: 'Soldier, bid her farewell, your one and only'"["Soldado, dê adeus para ela, sua amada inigualável"][74]. O mesmo ocorre com outras reiterações presentes na estrofe. E Lotman analisa cada uma delas, demonstrando-lhes as singularidades e variações de sentido com que pretende comprovar a hipótese teórica de que "repetição semântica integral num texto

72. *Idem*, pp. 123, 132.
73. *Idem*, p. 127.
74. *Idem, ibidem.*

artístico é impossível"[75]. Em sua exposição, Lotman não desconsidera o efeito de ênfase produzido pela repetição, mas seu exame vai além e aumenta o grau de especificidade do recurso no plano semântico, tomando o contexto verbal como suporte de análise. As postulações e o método de Lotman, aqui apenas esboçados, talvez sirvam – como veremos – para refletir sobre o que chamarei *encruzilhada semântica* que, pelos argumentos aqui expostos, começa a se formar na leitura de "No Meio do Caminho".

"DA FADIGA INTELECTUAL" E A ENCRUZILHADA SEMÂNTICA

Na pontual mas seminal leitura que Mário de Andrade faz de "No Meio do Caminho", o recurso da repetição, se enfatiza o conteúdo referencial reiterado, também o fragmenta em séries distintas cujo sentido contextual se distancia do referente para forjar um conceito metafórico: o de "cansaço intelectual", que Mário depreende como tema da composição. O mesmo conceito, em sua dimensão literal e crítica, comparece num ensaio intitulado "Da Fadiga Intelectual", que Mário publicou na *Revista do Brasil*, em junho de 1924, ou seja, cerca de cinco meses antes de conhecer "No Meio do Caminho". Nesse ensaio, Mário desenvolve a ideia de que o desgaste de certas matrizes conceituais e processos discursivos na consciência do homem culto provoca-lhe uma fadiga intelectual. Esse esgotamento tem como um de seus resultados a renovação da cultura, sobretudo em seu aspecto formal. Mário concebe esse argumento em grande parte para justificar as inovações do Modernismo então em curso. Para ele, em suma, o desgaste de certos modelos literários no século XIX seria "uma das causas geratrizes da poesia modernista". E conclui: "A inovação, em arte, deriva parcialmente do *cansaço intelectual* produzido pelo já visto, pelo tédio da monotonia"[76].

---

75. *Idem*, p. 123.
76. Mário de Andrade, "Da Fadiga Intelectual", *Revista do Brasil,* jun. (1924), p. 115, (grifo nosso).

Para Mário, pois, a repetição na cultura, o "já visto" que se repete e se desgasta, gera tédio, monotonia e cansaço, convidando o artista enfadado a buscar novos rumos para a arte.

Ao ler "No Meio do Caminho", Mário decerto encontrou no sistema de repetições do poema um símile estrutural do conceito de cansaço intelectual e tédio da monotonia que ele havia desenvolvido no ensaio para a *Revista do Brasil*. (Também Drummond, nas entrevistas em que aborda o poema, coincide com Mário. Para Geir Campos, em 1954, por exemplo, Drummond afirma "acho que queria dar a sensação de monotonia e chateação, a começar pelas palavras..."[77]. No mesmo ano, para Amélia Machado, declara: "Mas é mesmo chateação que estava sentindo. Queria dar a sensação de monotonia, não sentiu esta sensação?"[78]. E para Lya Cavalcanti, ainda em 1954: "Como podia eu imaginar que um texto insignificante, um jogo monótono, deliberadamente monótono, de palavras causasse tanta irritação...?"[79].

É neste ponto que a leitura de "No Meio do Caminho", tal como tem sido aqui elaborada, cai numa espécie de encruzilhada semântica: de um lado, a repetição surge como recurso enfático que galvaniza o evento descrito, e o fixa na memória visual do narrador; de outro, o efeito de monotonia, tédio, desgaste, também gerado pela reiteração ou ênfase reiterativa, tende a automatizar a percepção do enunciado recorrente, cujo sentido vai gradualmente perdendo intensidade. No primeiro caso, já vimos como *repetição com efeito enfático* e *memorialismo* estabelecem uma relação de coerência argumentativa no poema. Resta-nos agora tentar compreender um pouco melhor a relação entre repetição e frequência, e por fim o elo, no poema de Drummond, entre recurso reiterativo, corrosão gradativa do sentido e o lugar da memória.

---

77. Carlos Drummond de Andrade, *Uma Pedra no Meio do Caminho...*, *op. cit.*, p. 185.
78. *Idem, ibidem.*
79. *Idem, Prosa Seleta*, Rio de Janeiro, Nova Aguilar, 2003, p. 1 227.

REPETIÇÃO (IV)

No romance existencialista *Aparição*, de Vergílio Ferreira, publicado em 1959, o narrador Alberto Soares relembra o tempo em que chegou a Évora, recém-formado, para trabalhar como professor de Liceu. Um de seus alunos, Carolino, é um jovem com ideias extravagantes. Uma delas consiste na experiência de *"mastigar as palavras"*:

> – Também fiz outra experiência, senhor doutor.
> – Que experiência?
> – Bem... Não sei como explicar. É assim: *mastigar as palavras*.
> – Mastigar as palavras?
> – Bem... É assim: a gente diz, por exemplo, *pedra, madeira, estrelas* ou qualquer coisa assim. E repete: *pedra, pedra, pedra*. Muitas vezes. E depois, *pedra* já não quer dizer nada[80].

Pode-se dizer que a experiência de Carolino nega a postulação de Bousoño segundo a qual "toda reiteração possui virtudes intensificadoras do significado". E não apenas a nega, mas inverte seu postulado: a reiteração esvazia a carga semântica da palavra, que assim se reduz a um mero feixe de sons dessemantizado[81]. A diferença entre as duas hipóteses, ou o que lhes altera o resultado, reside na frequência da repetição. Bousoño decerto não considera uma frequência alta ou excessiva ao referir-se à reiteração intensificadora, e Ferreira, com sua personagem, especula sobre a repetição que, automatizada e levada à exaustão, automatiza a percepção do sujeito e exaure o sentido do enunciado. Além disso, vale lembrar que ambos utilizam em seus

---

80. Vergílio Ferreira, *Aparição*, São Paulo, Difel, 1983, p. 67.
81. Esse parece ser o efeito de sentido do poema "Persienne", de Louis Aragon, publicado em 1920, que repete o vocábulo "persienne" vinte vezes, num sistema irregular de repetição, em que o lexema se reduplica ora quatro, ora três, ora duas, ora uma vez no verso. Ora com inicial maiúscula, ora com minúscula. Ao final, o vigésimo termo surge isolado no último verso com um ponto de interrogação: "persienne?". Drummond cita o poema de Aragon nas entrevistas a Lya Cavalcanti, de 1954, ao falar sobre o "poema da pedra" (em *Prosa Seleta, op. cit.*, pp. 1228-1229).

76   MATÉRIA LÍTICA

exemplos categorias morfológicas distintas: Bousoño trabalha com um qualificativo, e Ferreira se vale de um termo nominal. De todo modo, o ponto que se quer destacar aqui é o *nível de frequência como elemento controlador do efeito da repetição*.

Em outro momento anterior à composição de "No Meio do Caminho", preocupação análoga comparece no ensaio "A Arte como Procedimento", de Victor Chklovski, escrito em 1917. Partindo do conceito hoje clássico de *ostranénie* – estranhamento, desfamiliarização ou singularização –, Chklovski concebe a arte como uma forma autêntica e intensa de ver e representar o mundo, que se opõe ao modo plano e limitado com que o homem comum, em sua experiência empírica, o vê e o representa em sua consciência. Esta limitação, segundo Chklovski, deriva da alienação imposta pelo cotidiano moderno, em que a repetição inconsciente de ações moldadas pela força do hábito obscurecem a consciência e automatizam a percepção. Nesse quadro, o efeito de estranhamento próprio da linguagem artística funciona como força reativa capaz de reverter ou relativizar esse processo: "A língua poética", diz Chklovski, "é criad[a] conscientemente para libertar a percepção do automatismo"[82]. Em outros termos, se o cotidiano moderno de atos repetitivos e maquinais leva o homem a estabelecer uma relação inumana consigo mesmo e com o mundo, reduzido assim a contornos sem substância, "eis que para devolver a sensação de vida, para sentir os objetos, *para provar que pedra é pedra*, existe o que se chama arte. O objetivo da arte é dar a impressão do objeto como visão e não como reconhecimento"[83].

Pela narrativa até aqui desenvolvida, ou pelos argumentos teóricos expostos, "No Meio do Caminho" continua a provocar o pensamento pela formulação implícita de um paradoxo. Como arte moderna, o poema deveria atuar como polo restaurador de um mundo alienado na consciência do homem, contrapondo-se, assim, ao processo de esvaziamento do sentido da realidade

---

82. Victor Chklovski, "A Arte como Procedimento", em B. Eikhenbaum *et al.*, *Teoria da Literatura: Formalistas Russos*, trad. Ana Filipouski *et al.*, 4. ed., Porto Alegre, Ed. Globo, 1978, p. 54.

83. *Idem*, pp. 44-45 (grifo nosso).

(Chklovski); como discurso, porém, a estratégia textual de serialização extensiva da mesma imagem nega o pressuposto anterior na medida em que a repetição de alta frequência tende a produzir efeito de alienação do sentido reiterado (Ferreira). Para resolver esse impasse, duas observações – que a Lotman talvez não passassem despercebidas – podem ser úteis. Primeiro, o nível de repetição no poema de Drummond *não é* excessivo, e sim *torna-se* excessivo durante o processo de leitura – uma diferença sutil mas significativa. Segundo, o sentido dessa excessividade só pode ser investigado dentro de uma perspectiva intratextual que considere *1*) todas as unidades constituintes do poema, sobretudo as relações entre partes iteradas e não iteradas, e *2*) o contexto comunicativo (estético) e cultural (modernista) dentro dos quais o recurso da repetição opera.

Considerando mais atentamente a primeira observação, já vimos que é possível estabelecer uma relação de coerência narrativa entre repetição-ênfase-memória, e que o memorialismo seria o ponto de equilíbrio dessa equação, já que os dois primeiros elementos confluem para ele, que os justifica. No passo seguinte, concluímos que a repetição em alta frequência inverte o efeito de intensificação semântica, pois corrói progressivamente o sentido reiterado. Isso porque a acumulação reiterativa, associada ao tédio, à monotonia, ao cansaço, que dela derivam, compromete a percepção do objeto em série. Assim, no poema de Drummond, a reduplicação progressiva do sintagma inicial e suas variantes constroem um espectro semântico que vai do realce ao desgaste do sentido reduplicado. Nesse processo, o memorialismo continua a desempenhar papel crucial em relação à exaustão semântica causada pela repetição, tal como já o havia desempenhado no tocante à reiteração enfática. A referência às "retinas tão fatigadas", que não esquecem o evento reiterado, pode ser vista como uma reação da memória ao mundo que se desintegra diante dos olhos do sujeito lírico. Na primeira parte do espectro semântico, portanto, a reiteração enfática articula-se *de modo coerente* com a memória: repetir para enfatizar; enfatizar para não esquecer; na segunda, o desgaste reiterativo mantém *vínculo de tensão* com a memória: se a repetição extenuante dissolve ou tende a dissolver o sentido da elocução e do evento narrado, a memória funcionará como refúgio que os abrigará contra a dissolução.

Por fim, passemos ao exame do contexto cultural partindo do pressuposto de que um dado recurso de expressão ou procedimento estilístico pode ter seu sentido alterado dependendo do sistema de valores que o envolvem. No contexto ritualístico-religioso, por exemplo, a repetição implica reafirmação e revivência de um tempo mítico. Na prática ritual religiosa, repetir significa evocar e reviver o sagrado para sua glorificação e perpetuação. A tradição oriental dos mantras e ocidental das litanias são apenas alguns exemplos associados a esse modelo retórico-religioso. Desde a segunda metade do século xx, a antropologia do mito e da religião tem se ocupado da relação entre *ritual e repetição*, como demonstram trabalhos de Claude Lévi-Strauss, Edmund Leach, e mais recentemente Harvey Whitehouse. Esses estudos dialogam de algum modo – no caso de Whitehouse, de modo direto, embora independente – com o ensaio "Obsessive Actions and Religious Practices", de Sigmund Freud, publicado em 1907, que compara obsessões repetitivas de práticas cotidianas e repetições ritualísticas de cerimônias religiosas, ambas em termos patológicos, tratando-as como formas de neurose obsessiva[84]. Ou seja, dependendo do enquadramento, mítico-religioso ou psicanalítico, o efeito da repetição pode ter seu sentido alterado.

No plano estético, é consenso afirmar que a repetição como padrão de expressividade está presente na linguagem da arte desde suas origens mais remotas. No século xix, e na virada para o xx, a conduta da repetição obedece, sobretudo na poesia, às regras de um estilo que se postula como elegante ou de bom-tom. O efeito da repetição, em qualquer nível que ela ocorra, deve ser o da criação de padrões de harmonia, segundo modos

---

84. Sigmund Freud, "Obsessive Actions and Religious Practices", *The Freud Reader*, ed. Peter Gay, New York, ny, W.W. Norton Co., 1989, pp. 429-436.

de percepção estética então vigentes. Isso decerto exclui repetições literais de alta frequência. Portanto, pode-se argumentar que o sistema tautológico desenvolvido em "No Meio do Caminho" questiona e problematiza normas de elegância finisseculares, contra as quais, aliás, já se havia levantado o movimento modernista de 1922. Por essa perspectiva, o discurso acumulativo de "No Meio do Caminho", alienante na sua forma, opera de fato como elemento consciente de problematização do modo discursivo dominante, que os modernistas consideravam historicamente esgotados.

REPETIÇÃO E PARÓDIA

Além das relações intratextuais e contextuais, um poema também estabelece diálogos intertextuais situados ou não, isto é, reconhecíveis em sua superfície na forma de segmentação paródica ou simplesmente disseminados por sua estrutura. Exemplos de intertextualidade situada são o "Soneto" de Octavio Armand, que incorpora um verso de José Martí, e "Julia's Wild", de Zukofsky, que cria variações permutativo-combinatórias para um verso de Shakespeare. A segmentação paródica serve de sustentação cultural do qual um dos fins é validar o experimento formal. Assim, José Martí é convocado a validar o "Soneto" de Armand, e Shakespeare, o poema de Zukofsky. Sem autores canônicos na base, esses experimentos, em tese, e imaginando-os tal como foram concebidos, perderiam densidade e significação, que no caso resùltam, em grande medida, do deslocamento e da manipulação paródica de um original consagrado.

Em "No Meio do Caminho", o primeiro nível paródico, o mais evidente, se estabelece com o canto primeiro de *La Divina Commedia* (século XIV), de Dante Alighieri, que se abre com o célebre verso "Nel mezzo del cammin di nostra vita", e cuja narrativa se inicia com o protagonista numa floresta sombria, cujo caminho lhe é obstruído por uma colina. Desse modo, "No Meio do Caminho" pode ser lido como uma espécie de redução

80 MATÉRIA LÍTICA

paródica modernista das estrofes iniciais do canto primeiro da *Commedia*. A Arnaldo Saraiva, Drummond declarou que "na data em que escreveu 'No Meio do Caminho' ainda não tinha lido a *Divina Comédia*, mas que, sendo o verso inicial deste livro tão popularizado e glosado pela literatura ocidental, é lícito admitir que deixava eco em seu poema"[85].

Outra referência intertextual possível, porém elusiva, é ao episódio do Gigante Adamastor, inserto no canto quinto de *Os Lusíadas* (1572), de Luís de Camões. Como se sabe, a épica camoniana narra a viagem marítima de Vasco da Gama e sua esquadra a terras do Oriente. Quando as caravelas atingem o ponto mais ao sul do continente africano, os portugueses se deparam com um gigante de pedra, personificação do cabo das Tormentas. É Adamastor. Nesse momento da viagem, Vasco da Gama e seus marinheiros estão geograficamente no meio do caminho para as Índias, e os leitores do poema camoniano, composto de dez cantos, no meio do caminho da leitura. Em suma, o poema de Drummond pode ser associado no plano intertextual a Dante e a Camões por combinar dois elementos narrativos presentes nas referidas obras desses autores: o *topos* da viagem, do *homo viator*, do deslocamento espacial, e a cena da obstrução do percurso do viajante por uma forma pétrea (supondo que houve obstrução do percurso do caminhante em "No Meio do Caminho"). Tais associações se dão, pois, por enquadramento narrativo, reforçado, no caso da *Commedia*, pela referência textual[86].

---

85. Carlos Drummond de Andrade, *Uma Pedra no Meio do Caminho...*, *op. cit.*, p. 10.

86. Apenas como referência secundária, lembro que as épicas homéricas, *Ilíada* e *Odisseia*, ambas compostas de 24 cantos, possuem nos seus respectivos cantos 12 (meio da narrativa, pois), um episódio em que a pedra surge como componente expressivo. Na *Ilíada*, Heitor arrebenta os portões de uma fortaleza aqueia com uma pedra que "dois homens, os mais fortes do exército, não a levantariam facilmente com uma alavanca" (trad. Frederico Lourenço). Na *Odisseia*, Circe adverte Ulisses sobre o caminho dos "Rochedos Errantes", que destroem os viajantes que por ela passam. No primeiro exemplo, a pedra funciona como fator de desobstrução de uma passagem; no segundo, como obstrução de um caminho.

A PEDRA POROSA DE DRUMMOND 81

Outra possibilidade de aproximação intertextual ocorre entre a pedra de Drummond e as pedras de outro poeta mineiro, Cláudio Manuel da Costa (1729-1789). Antonio Candido talvez tenha sido o primeiro a examinar o sentido da recorrência – apontada, aliás, com dados estatísticos – da imagem da pedra e suas variantes na lírica de Cláudio[87] (*Formação*, pp. 88-106). Para Candido, a paisagem pedregosa e montanhosa que surge com frequência na obra do poeta inconfidente pode ser vista como manifestação de dois elementos opostos e imbricados na sua poesia: o sentimento nativista, traço que a afastaria de padrões europeus, e a permanência de um certo barroquismo, implícito, por exemplo, na silhueta irregular dessa paisagem mineral, traço que a vincularia a convenções da literatura europeia. O fato é que a constante presença de formas pétreas na poesia de Cláudio faz com que Candido utilize expressões como "imaginação da pedra" e "imaginação rochosa"[88] para definir-lhe certos aspectos. A partir do estudo de Candido, e apesar dos riscos que tal generalização implica, tornou-se comum associar a pedra de Drummond às de Cláudio, unidas que estariam pela mesma origem empírica ou não literária: a paisagem natural de Minas, e pelo mesmo sentimento partilhado: o de apego à terra natal – embora esses postulados não estejam manifestos no "poema da pedra" de Drummond, e sejam apenas uma inferência de leitura na poesia de Cláudio.

No que concerne ao recurso estilístico da repetição, Emanuel de Moraes insere o poema de Drummond dentro da tradição trovadoresca, em que o paralelismo funciona como princípio estrutural das cantigas[89]. Numa perspectiva mais original e criativa, Ivan Teixeira analisa correlações textuais entre "No Meio do Caminho" e o soneto de Olavo Bilac "Nel mezzo del

---

Por esse argumento, a pedra-obstáculo da *Odisseia* estaria mais próxima da colina dantesca e do cabo pétreo camoniano.

87. Antonio Candido, *Formação da Literatura Brasileira*, vol. I, 6. ed., Belo Horizonte, Itatiaia, 1981, pp. 88-106.

88. *Idem*, pp. 88, 106.

89. Emanuel de Moraes, *Drummond: Rima, Itabira, Mundo*. Rio de Janeiro, José Olympio, 1972, pp. 151-152.

82 MATÉRIA LÍTICA

camin..." (*camin* com um *m*), e vê aquele como uma "imitação irônica" deste pela assimilação estilizada do "esquema retórico" redundante, em quiasmo, presente na primeira estrofe do soneto de Bilac:

> Cheguei. Chegaste. Vinhas fatigada
> E triste, e triste e fatigado eu vinha.
> Tinhas a alma de sonhos povoada,
> E a alma de sonhos povoada eu tinha...[90]

Pelo argumento de Teixeira, "No Meio do Caminho" atualiza o soneto de Bilac por meio da prática de preceitos modernistas. Essa hipótese é reforçada por outros índices textuais cruzados, como a atitude de um olhar marcante no centro dos dois poemas, o sentimento de fadiga que envolve os personagens e a interrupção de uma trajetória em que parte do caminho já fora trilhada[91]: "E paramos de súbito na estrada / Da vida"[92]. Os desdobramentos do Modernismo posteriores ao período iconoclasta, sua assimilação e releitura da tradição clássica, mostram que a alardeada oposição entre modernistas e parnasianos teve muito de postulação de circunstância. Além disso, é notória a admiração que Drummond nutria pela poesia de Bilac[93].

Mais recentemente, José de Paula Ramos Jr., via Ivan Teixeira e Haroldo de Campos[94], retomou o tema das relações intertextuais entre o poema de Drummond e a poesia de Dante. Mas não por meio da *Commedia*, e sim das canções batizadas de "Rimas Pedrosas" ou "Pétreas". Essas composições retratam a figura feminina a partir do modelo arquetípico da *femme fatale* e desenvolvem o *topos* clássico do *amor tyrannus*, ou *amor fe-*

---

90. Olavo Bilac, *Poesias*, ed. Ivan Teixeira, São Paulo, Martins Fontes, 1997, p. 127.
91. Ivan Teixeira, "Em Defesa da Poesia (bilaquiana)", em Olavo Bilac, *Poesias*, ed. Ivan Teixeira, São Paulo, Martins Fontes, 1997, pp. XXXVI-XXXVII.
92. Olavo Bilac, *op. cit.*, p. 127.
93. José Maria Cançado, *Os Sapatos de Orfeu*, São Paulo, Scritta Editorial, 1993, pp. 38-39.
94. Haroldo de Campos, "Petrografia Dantersca", art. cit.

rus. Parte de sua estrutura textual se constrói à base de um sistema permutativo-tautológico e de palavras-rimas que criam uma elocução poética dura e dissonante, isomórfica, pois, em relação à musa e ao *topos* das canções. Na série dantesca, a dama perversa e insensível é metafórica e metamorficamente associada à imagem da pedra. Embora Bilac não faça menção ao mundo mineral em "Nel mezzo del camin...", há no poema uma referência à amada impassível, mulher-pedra, como a das canções dantescas, dominada pela frieza na hora da separação: "Na partida / Nem o pranto os teus olhos umedece, / Nem te comove a dor da despedida"[95]. Segundo Ramos Jr., o soneto de Bilac "é a ponte que põe Drummond e Dante em conexão. Drummond parodia Bilac, que alude a Dante" em dois momentos: na referência ao verso inicial da *Commedia*, e à amada fria, de coração-de-pedra, como a das canções das "rimas pétreas". Por meio dessa transferência intertextual, Ramos Jr. entende a pedra de Drummond como impregnada de cortesia (no sentido medieval) amorosa, ou, nas palavras do ensaísta, de uma "arte amorosa cifrada"[96].

As tentativas de aproximar "No Meio do Caminho" de matrizes canônicas ocidentais (Dante, Camões, Cláudio Manuel da Costa, tradição trovadoresca, Bilac), a despeito dos resultados, que não serão aqui discutidos, criam um efeito de dignificação do poema de Drummond. Na segunda metade do século xx, o viés de análise intertextual, de raiz bakhtiniana, substitui o viés intersubjetivo[97]. Este, em última instância, constrói uma imagem do autor, o *ethos* autoral, na consciência do leitor; aquele, ao substituir a noção de autor pela de texto, cria uma espécie de *ethos* textual. As análises aqui mencionadas apresentam como argumento implícito a ideia de que, se "No Meio do Caminho" dialoga de maneira criativa com a mais alta tradição da literatura ocidental, logo a ela pertence. Trata-se, pois, de argumen-

---

95. Olavo Bilac, *Poesias, op. cit.*, p. 127.
96. José de Paula Ramos Jr., "Amor de Pedra", *Revista USP*, 56 (2002-2003), p. 105.
97. Julia Kristeva, *Desire in Language: A Semiotic Approach to Literarture and Art*, ed. Leon Roudiez, New York, Columbia University Press, 1980, p. 66.

to que, ao garantir ao poema um lugar canônico, parece ainda responder à contenda sobre a condição estética do texto, isto é, se o texto deveria ou não ser considerado um objeto estético. A resposta no plano intertextual, no entanto, não deixa dúvidas: "No Meio do Caminho" possui em sua genealogia uma linhagem de nobre estirpe. Trata-se, portanto, de um autêntico poema sangue azul.

SANGUE AZUL OU VERMELHO?

A crítica que analisou "No Meio do Caminho" pela via da intertextualidade buscou encontrar uma genealogia nobre para o poema. No entanto, como já referido, "No Meio do Caminho" participa de um seleto grupo de textos da cultura brasileira que possuem confortável trânsito entre o ambiente acadêmico e o popular. Assim, se as raízes eruditas do poema já foram algumas delas apontadas, falta-lhe indicar algo sobre sua dimensão popular. Nesse sentido, a história, a etimologia, mitos antigos e a Bíblia podem nos ajudar.

"Governar é construir estradas." Sob esse lema, Washington Luís assumiu a presidência do Brasil em 1926. Desde então, políticos brasileiros têm utilizado o bordão, ou sua ideia, com maior ou menor destaque, em plataformas eleitorais. Tal conceito, no entanto, remonta ao Império Romano. Na Roma antiga, as estradas foram inicialmente construídas com objetivos político-militares (facilitar o deslocamento e a comunicação) e econômicos (facilitar a coleta de impostos). Com o passar do tempo, a malha viária que partia de Roma se expandiu por praticamente todo o império, com o seu uso sendo ampliado para o comércio. Com isso, as vias romanas passaram a ser um fator crucial para o poder de Roma. Na famosa Coluna de Trajano (113 d.C.), cujas gravuras em baixo-relevo narram campanhas militares, há quadros de soldados e escravos romanos construindo estradas. Historiadores do século IV descrevem o declínio do império junto com a decadência das estradas, que se tornaram abandonadas e intransitáveis[98]. O provérbio antigo "todos os caminhos levam a Roma" registra e preserva esse ideário romano que associa poder e estradas.

A etimologia também nos auxilia a compreender essa questão. Nas línguas neolatinas, *via* (*voie*, fr.) e *veia* (*vena*, esp. e it.; *veine*, fr.), derivados respectivamente do latim *via* e *vena*, possuem mesma origem latina (*vehere*, lat., transportar, carregar). Um possível paralelo aproximativo entre esses termos cognatos poderia ser assim formulado: via e veia são caminhos que levam vitalidade ao organismo social e animal, respectivamente. Por conta dessa relação etimológica, o vocábulo *via*, suas variantes sinonímicas: *estrada, caminho, trilha, senda, vereda*, e o cognato *viagem* e seus sinônimos: *jornada, peregrinação, travessia*, passaram a corresponder figuradamente ao sentido de *vida*. Essa correspondência, aliás, está presente na primeira estrofe da *Commedia*, em que o verso inicial, "Nel mezzo del cammin di nostra vita" ["No meio do caminho de nossa vida"], associa *caminho* e *vida* para aludir à idade de 35 anos do narrador (metade dos 70 mencionados no livro dos *Salmos* como o ciclo completo ideal de uma vida, 89:10), e em que o terceiro verso refere-se à "diritta via" – "ché la diritta via era smarrita" ["quando a via correta se perdera"] – expressão em que o termo *via* assume sentido de caminho, vida, existência.

A pedra como metáfora de obstáculo, dificuldade, resistência, está presente na cultura ocidental desde a mitologia antiga, na qual a história de Sísifo constitui um exemplo modelar. Nos livros da Bíblia, a pedra pode aparecer associada a caminho e à ideia de obstrução: "Fechou os meus caminhos com pedras de silharia, subverteu minhas veredas" (*Lam.* 3:9). Com pedras se fechavam poços e sepulturas. Também havia o risco de tropeçar nelas: "Porque escrito está que mandou aos seus anjos que cuidem de ti, e eles te tomarão nas palmas, para que não suceda tropeçares em pedra com o teu pé" (*Mt.* 4:6). A pedra de tro-

---

98. Paul Louis, *Ancient Rome at Work: An Economic History of Rome from the Origins to the Empire*, transl. by E. B. F. Wareing. New York, Alfred A. Knopf, 1927, pp. 200-203; 307.

86   MATÉRIA LÍTICA

peço era também a pedra de escândalo, o pecado, o desvio do caminho: "Eis aí ponho eu em Sião o que é a pedra de tropeço, e a pedra de escândalo; e todo aquele que crê nele não será confundido" (*Rom.* 9:33).

Tanto os mitos antigos como a Bíblia são fontes inesgotáveis que alimentam a cultura erudita e popular. Por influxo dessas fontes, pedra e caminho frequentam o imaginário da cultura ocidental como metáforas respectivamente de obstáculo e existência, vida como um processo progressivo e temporal. Mas, além dessas narrativas, outro fator responde à recorrência dessas metáforas na cultura: o elo entre imagem e conceito, ou entre mundo natural e conceitual, ocorre como associação lógica ou primária entre propriedades da imagem e o conceito correspondente, tal como em pássaro-liberdade, noite e lua-mistério, sol e água-fecundidade, mar-imensidão, ovo-origem, fogo-paixão, neve e gelo-frieza. Nesse sentido, caminho-vida e pedra-obstáculo formam núcleos semânticos de sentido estável na língua, ocupando uma posição intermediária entre a metáfora e a catacrese, ou constituindo o que se poderia chamar metáfora de nível primário ou símbolo. Sem negar, pois, a estirpe nobre do sintagma "no meio do caminho" (Dante, Bilac) e sua relação com a pedra, a associação dessas imagens e seu sentido metafórico primário ou simbólico guardam ainda um cariz de filosofia popular, de conhecimento empírico e de expressão proverbial. Por esse argumento, "No Meio do Caminho" cria um espaço onde o erudito e o popular convergem. E dada a amplitude dessa convergência, esse é talvez o grande mérito do poema.

A RESPOSTA DE DRUMMOND: "O ENIGMA"

Além das relações intratextuais, contextuais e intertextuais, um dado texto também pode dialogar criativamente com outros do mesmo autor. Trata-se de *intertextualidade interna* ou *fechada*. No caso do "poema da pedra", desde o ensaio supracitado de Haroldo de Campos ("Drummond"), tornou-se algo comum aproximar "No Meio do Caminho" do soneto "Legado", inserto em *Claro Enigma* (1951). Neste, a voz lírica, assumindo a identidade do autor, reflete sobre a permanência de sua obra na posteridade e fecha sua reflexão, cheia de ceticismo irônico, com a célebre estrofe: "De tudo quanto foi meu passo caprichoso / na vida, restará, pois o resto se esfuma, / uma pedra que havia no meio do caminho"[99]. Essa reescritura do verso modernista serviu para opor o Drummond radical dos primeiros livros ao classicizante dos anos 1950. Essa "guinada neoclássica", apontada por Haroldo, criou nova cisão entre os leitores do poeta, que viram nessa mudança avanço, uns, e retrocesso, outros (p. 41). E não deixa de ser curioso que essa nova polêmica – que ainda provoca debate – tenha se criado uma vez mais em torno do "poema da pedra".

No entanto, entre "No Meio do Caminho" e "Legado", o "poema da pedra" surge como referência em duas outras composições: "Consideração do Poema" (*Rosa do Povo*) e "O Enigma" (*Novos Poemas*). Este, em particular, mantém um diálogo mais prolífico com "No Meio do Caminho" na medida em que pode ser lido como sua releitura à luz da polêmica provocada pelo "poema da pedra", e uma resposta crítica e criativa a essa polêmica – que, aliás, parece reverberar de modo oblíquo em alguns momentos da poesia de Drummond, sobretudo em seus poemas de teor filosófico. Sobre a hipótese de reverberação da polêmica na obra de Drummond, uma declaração do poeta, feita numa entrevista de 1944, parece esclarecedora quando posta em paralelo com alguns de seus poemas posteriores. Na entrevista, aliás já aqui referida, Drummond afirma que a pedra de "No Meio do Caminho" "não tem sentido algum, a não ser o que lhe dão as pessoas que a atacam e com ela se irritam". Com isso, o poeta evidencia o modo como o poema era lido à época: como metáfora aberta, ou signo polissêmico, à disposição para que o leitor lhe moldasse um sentido. Essa modelagem

---

99. Carlos Drummond de Andrade, *Poesia e Prosa, op. cit.*, p. 202.

semântica do objeto como resultado de uma apropriação cultural do sujeito (leitor), que lhe empresta valor e sentido, aparece como tema da poesia drummondiana posterior, interessada no problema da realidade (em si) e sua representação (na cultura). No poema "A Folha", por exemplo, de *A Paixão Medida* (1980), a voz lírica indaga na estrofe de abertura:

> A natureza são duas.
> Uma,
> tal qual se sabe a si mesma.
> Outra, a que vemos. Mas vemos?
> Ou é a ilusão das coisas?[100]

A natureza dual das coisas, composta de uma que "se sabe a si mesma", e outra "que vemos" como efeito, ou "ilusão", do nosso olhar abstraizante, remete-nos à "natureza" também *dual* de "No Meio do Caminho". Ou seja, para Drummond, ou segundo seu testemunho, "a pedra não tem sentido algum", é uma realidade em si: pedra como natureza primária. No entanto, a essa é agregada uma segunda natureza, concebida pela "ilusão" do olhar: os sentidos que à pedra "lhe dão as pessoas que a atacam e com ela se irritam". Ainda em "A Folha", Drummond questiona o ato autoritário de apropriação do olhar, que inventa e impõe uma natureza secundária às coisas, violando assim a "autonomia" delas: "Quem sou, para ser senhor / de uma fechada, sagrada / arca de vidas autônomas?"[101].

Em outro poema de *A Paixão Medida*, intitulado "A Suposta Existência", Drummond retoma o tema da coisa-em-si ou para-si (como o númeno kantiano) *vs.* coisa como fenômeno cultural (percebida pelos sentidos e abstraída pela mente racional). Sobre a primeira, o sujeito lírico questiona:

> Como é o lugar
> quando ninguém passa por ele?

---

100. *Idem*, p. 740.
101. *Idem, ibidem.*

Existem as coisas
sem ser vistas?[102]

E sobre as coisas *quando são vistas*, descreve-as em termos de
uma "batalha" entre "mundo inventor" e "ser inventado":

Eis se delineia
espantosa batalha
entre o ser inventado
e o mundo inventor[103].

E nessa "batalha" ressoa também a história do embate impla-
cável entre o "poema da pedra" ("ser inventado") e seus leitores
("mundo inventor"): o embate dos leitores entre si pela domina-
ção do poema, ou por sua submissão a seus argumentos.

A hipótese de que a polêmica em torno de "No Meio do Ca-
minho" deixou marcas na poesia de Drummond, e contribuiu
para abrir caminho na direção de seu lirismo filosófico, pode
ser mais concretamente reivindicada na análise de "O Enig-
ma", poema em prosa publicado no dia 3 de agosto de 1947, no
Correio da Manhã, e incluído, no ano seguinte, em *Novos Poe-
mas*, inserido no volume *Poesia até Agora*. Por esse tempo, a
polêmica já se fazia histórica e abrasava ânimos. José Condé,
por exemplo, ainda em agosto de 1947, afirma que "quando há
alguns anos atrás (*sic*) o poeta Carlos Drummond de Andrade
publicou aquele poema 'No Meio do Caminho', estava longe de
imaginar que com isso provocaria um dos mais discutidos 'es-
cândalos' da vida literária"[104]. Visto dentro desse contexto, "O
Enigma" pode ser lido como uma releitura em chave filosófica
de "No Meio do Caminho", e como intervenção poética do autor
na discussão em torno do poema.

Essa releitura se dá na forma de parábola antropomórfica e
hermética, na qual ressoam, voluntária ou involuntariamente,

---

102. *Idem, ibidem.*
103. *Idem, ibidem.*
104. *Idem, Uma Pedra no Meio do Caminho..., op. cit.*, p. 45.

90 MATÉRIA LÍTICA

ecos kafkianos. O modo narrativo dessa releitura é o da inversão: em "O Enigma", as pedras caminham e têm sua trajetória barrada por uma forma "obscura" e "deambulante", que lhes é desconhecida. No "esforço de compreender" esse objeto que se interpõe no caminho, as pedras se imobilizam e "fixam-se... para sempre no chão, compondo montanhas colossais, ou simples e estupefatos e pobres seixos desgarrados"[105]. Essa estrutura invertida ocorre, de fato, em vários níveis em "O Enigma". No plano da forma, o uso da prosa ao invés do verso; no plano narrativo, o protagonismo das pedras sencientes ao invés do homem; no plano da ação narrativa, o caminhar das pedras, e seu percurso interrompido; no plano estilístico, o uso do padrão culto da língua, que evita por meio da sinonímia e do emprego de pronomes a repetição de vocábulos; no plano da modulação, o tom uniformemente grave, apesar de a ironia permear certas passagens da narrativa. Por essa lógica de inversão, a "coisa sombria", a "enorme Coisa", que intercepta o caminho das pedras é o Homem. Ou seja, é o Homem o enigma real e indecifrável que paralisa as pedras e "tende a paralisar o mundo"[106].

Outras inversões ocorrem no plano do desenvolvimento temático: a transcendência do enigma – "Todo aspecto enigmático das coisas expressa sua transcendência"[107] –, que deveria impelir o intérprete a uma atitude ativa e reativa, atua ao contrário como força medúsica, paralisante. Ou seja, o enigma que se expõe e convida o intérprete à decifração, ao invés de pavimentar uma via de superação e autossuperação, cria, de fato, uma situação aporética – bem ao gosto, aliás, da poética drummondiana. Uma aporia cujo resultado final é a punição do intérprete: pelo "esforço de compreender" o enigma, as pedras antropomórficas se petrificam e tornam-se imóveis. É como se a tentativa de desvendar o enigma representasse um ato de *hybris*, e a petrificação, a punição por esse excesso – "petrificação sim-

105. *Idem, Poesia e Prosa, op. cit.*, p. 197.
106. *Idem, ibidem.*
107. Juan Eduardo Cirlot, *Diccionario de Símbolos, op. cit.*, p. 189.

boliza a punição ao excesso humano"[108]. Por fim, o enigma não se decifra – "É mal de enigmas não se decifrarem a si próprios" – nem se deixa decifrar, pois para tanto depende do outro, que o enigma repele – "Carecem de argúcia alheia que os liberte de sua confusão amaldiçoada. E repelem-na ao mesmo tempo, tal é a condição dos enigmas"[109]. Tal, também, é a condição dos homens: enigmas criadores de enigmas, que não transcendem, nem se resolvem, apenas paralisam o mundo com seu impasse intransponível. Enfim, com essa parábola das pedras e do enigma, Drummond parece responder à polêmica em torno de "No Meio do Caminho", poema que Wilson Martins, aliás, chamou de "enigma figurado"[110]. Para Drummond, em suma, o verdadeiro enigma do poema é seu leitor, essa "Coisa interceptante [que] não se resolve"[111].

TEMPO CÍCLICO, FILOSOFIA MORAL E A PRESENÇA DE MÁRIO PEDERNEIRAS

Na montagem da estrutura redundante de "No Meio do Caminho", a reprodução invertida do início do poema em seu final cria uma imagem de circularidade, ou, nas palavras de Ramos Jr., "um diagrama circular, em que os antípodas são a imagem do mesmo"[112], como no símbolo taoísta do *yin-yang*. Nesse sentido, há no poema de Drummond um movimento circular que forma uma representação simbólica do tempo cíclico, ou mítico, o tempo do eterno retorno. Esse tempo envolve a narrativa e empresta-lhe um caráter, em princípio, sagrado. Com isso, cria-se uma vez mais o efeito de conflito extremo entre o

---

108. Jean Chevalier & Alain Gheerbrant, *A Dictionary of Symbols*, transl. by John Buchanan-Brown, Oxford/Cambridge, MA, Blackwell, 1994, p. 941.

109. Carlos Drummond de Andrade, *Poesia e Prosa, op. cit.*, p. 197.

110. Wilson Martins, *O Modernismo (1916-1945)*, 4. ed., São Paulo, Cultrix, 1973, p. 270.

111. Carlos Drummond de Andrade, *Poesia e Prosa, op. cit.*, p. 198.

112. José de Paula Ramos Jr., "Amor de Pedra", art. cit., p. 102.

prosaísmo do conteúdo da narrativa e o tempo que o consagra. Outro efeito do tempo sobre a narrativa é o de acentuar sua dimensão alegórica e moral. Como vimos, na cultura popular, pedra significa obstáculo, e caminho, vida. Uma tradução da primeira parte da alegoria moral de "No Meio do Caminho" poderia ser assim expressa: *há na vida muitos obstáculos*. Ou, *a vida é um caminho repleto de obstáculos*. O sentido absoluto ou universal dessa alegoria, bem como o da repetição – obstáculos que se repetem – associado a seu conteúdo, provêm da estrutura redundante e circular do poema. Quanto ao conteúdo da alegoria, sua fonte parece ser, de modo mais direto, o discurso filosófico moralizante, de sabor popular, praticado por poetas parnasianos e finisseculares, que o poema de Drummond parodia.

Os exemplos são conhecidos, e foram muito populares em sua época. O soneto "Mal Secreto", de Raimundo Correia, opõe aparência e essência para mostrar como aquela pode muitas vezes mentir esta. Sua estrofe final é antológica:

Se se pudesse, o espírito que chora,
Ver através da máscara da face,
Quanta gente, talvez, que inveja agora
Nos causa, então piedade nos causasse![113]

Mais próximo de "No Meio do Caminho", por sua estrutura em quiasmo, é o fecho do célebre soneto "Velho Tema", de Vicente de Carvalho, em que o sujeito lírico, ao tratar da felicidade, afirma que ela "Existe, sim: mas nós não a alcançamos / Porque está sempre apenas onde a pomos / E nunca a pomos onde nós estamos"[114].

Do ponto de vista do conteúdo narrativo, enfim, o "poema da pedra" apropria-se desse modelo de lirismo de filosofia moral,

---

113. Raimundo Correia, *Poesias*, 6. ed., Rio de Janeiro, Livraria São José, 1958, p. 107.
114. Vicente de Carvalho, *Poemas e Canções*, 12. ed., São Paulo, Editora Nacional, 1944, p. 3.

amplamente praticado na virada do século xx, de feição popular, que em alguns casos beira o truísmo, e o parodia em linguagem modernista. Ainda para reforçar essa hipótese, na primeira parte de "Quadrilha", poema também de *Alguma Poesia*, ecoa a "filosofia" de Vicente de Carvalho exposta em "Velho Tema". Também ali a felicidade existe mas nunca está onde estão os personagens, que com ela constantemente se desencontram. No caso de "No Meio do Caminho", enfim, dos poetas desse período com qual o poema mantém um diálogo mais estreito e produtivo, ainda que talvez inconsciente, é Mário Pederneiras.

Pederneiras foi um dos fundadores da prestigiada revista *Fon-Fon!*, que circulou no Rio de Janeiro de 1907 a 1958. Foi também o primeiro poeta de renome praticante do verso assimétrico ou polimórfico rimado na literatura brasileira. Seu nome é em geral associado à fase final do Simbolismo, quando as marcas mais características do movimento sofriam um processo de atenuação. Daí ser a dicção da poesia de Pederneiras simples, natural, próxima em muitos momentos da oralidade. Esse estilo algo despojado fez com que Tristão de Athayde o considerasse "porventura, o maior elo entre a poesia pré-modernista e a poesia modernista"[115]. Da poesia parnasiana, Pederneiras guarda o gosto por um moralismo leve, de feição estoica, reflexivo e edificante. Esses traços vão se tornando mais evidentes à medida que sua poesia vai amadurecendo. Em 1912, Pederneiras lança sua obra mais conhecida: *Ao Léu do Sonho e à Mercê da Vida*. No ano seguinte, conquista o terceiro lugar no concurso nacional para "Príncipe dos Poetas", atrás de Olavo Bilac, eleito, e de Alberto de Oliveira.

Na poesia de Pederneiras, as imagens do caminho, da caminhada e do caminhante como símbolos da existência humana possuem expressiva recorrência. Uma síntese possível que articule essas imagens na sua poesia poderia ser assim formulada: a vida é uma estrada e o homem, seu explorador. Dessa estrada e desse homem, enfim, nascem muitos dos poemas de Pedernei-

---

115. Alceu Amoroso Lima, *Estudos Literários*, *op. cit.*, p. 524.

94 MATÉRIA LÍTICA

ras, quase todos variantes de um tema comum e geral: a vida e os caminhos que ela oferta ao homem. Um levantamento feito em *Ao Léu do Sonho e à Mercê da Vida* mostra o nível de recorrência dessas imagens. Dos 26 poemas do volume, quatro levam a palavra "caminho" em seus títulos. quatorze usam o termo, ou a variante "estrada", em seu corpo textual. Nesses quatorze poemas, o vocábulo "caminho" aparece 26 vezes; "estrada", dezessete vezes; e o substantivo "passo", 23 vezes. Isso, além de termos afins, como "caminhar", "caminheiro", "caminhada", "jornada", "atalho", "palmilhar", "andar"...

A estrada da existência de Pederneiras, além de recorrente, apresenta algumas vezes obstáculos ao caminhante, como pedras. O soneto "Eterna", por exemplo, exemplifica esse argumento. Em outra composição, "Caminhos da Vida", o sujeito lírico sonha que a vida possui dois caminhos: "Um – fácil, regular, direito e plano, / Outro – cheio de curvas e de espinhos, / Íngreme, rude, cansativo e ermo". Aquele que, por amor ao vulgar, trilha a primeira estrada, ao final, "Nada a passagem do seu passo indica... / Tudo o que fez foi breve e se esquece, / Tudo com ele, enfim, desaparece". Já aquele que escolhe percorrer a via "íngreme e rude", e portanto rejeita o comum e o fácil, "Tudo a passagem do seu passo indica / E dela sempre qualquer coisa fica / Na memória dos homens esculpida..."[116]. E tendo em mente o poema de Drummond, afigura-se curiosa a associação entre memória e matéria resistente, como a mineral, implicada no verbo *esculpir* do último verso.

Em *Ao Léu do Sonho e à Mercê da Vida*, Pederneiras põe em versos duas fábulas de Esopo, associando-as à figura do poeta e à criação poética, "A Cigarra e a Formiga" e "A Bilha de Leite". Nesta, a humilde e jovem camponesa Germana sai um dia com a bilha de leite à cabeça para ir vendê-lo na vila. "A longa estrada larga palmilhando", Germana vai, enquanto, entretida com a

---

116. Mário Pederneiras, *Poesia Reunida*, org. Antonio Carlos Secchin, Rio de Janeiro, Academia Brasileira de Letras, 2004, pp. 147-150.

paisagem, começa a sonhar com uma vida melhor[117]. Vender o leite, e depois vender mais, e mais, e mais… Seu sonho avança e cresce, quando de repente a bilha de leite cai e se parte em pedaços. "E agora?", pergunta o narrador.

Nem bilha, nem leite… nem castelos.

No rumo ao Sonho, a que a Visão te impele,
Em cuja estrada medra
A fugaz Ilusão que teu olhar te empana
E a tua alma inquieta,
A tua vida é assim, Poeta!

Uma bilha de leite, um'Alma de Germana,
Um caminho vulgar… E sempre nele
O eterno trambolho de uma pedra[118].

117. *Idem*, p. 211.
118. *Idem*, p. 231.

2

A Pedra Narcísica de João Cabral

Algum tempo antes de morrer, Guimarães Rosa me telefonou. Tinha uma ideia formidável para uma de minhas reportagens literárias. Considerava que a pessoa real não existe – o que existem são as versões dessa pessoa pelos seus íntimos. Assim, sugeria que eu fizesse uma grande reportagem sobre Guimarães Rosa, baseada em depoimentos de amigos seus, cujos nomes invocou então.

LÊDO IVO, CONFISSÕES DE UM POETA

INTRODUÇÃO

João Cabral de Melo Neto estreou na literatura em 1942, aos 22 anos, quando publicou os poemas de *Pedra do Sono*. O título desta coletânea alude a uma extinta localidade pernambucana, à imitação de *Brejo das Almas*, extinto povoado mineiro, e título do segundo livro de Carlos Drummond de Andrade. Em *Pedra do Sono*, Drummond está presente não apenas no título, como também na dedicatória, que divide com Willy Lewin e os pais do autor, e em diversas composições que denunciam a influência do poeta mineiro. Drummond era dezoito anos mais velho que Cabral, e em 1942 lançou o primeiro conjunto de sua obra por uma editora de grande circulação, a José Olympio. Em 1945, Drummond publicou, pela mesma editora, *A Rosa do Povo*; e Cabral, em edição particular, custeada por Augusto Frederico Schmidt, *O Engenheiro*. Por esse tempo, apesar da amizade (depois, ao que parece, estremecida) e da admiração mútua, os poe-

98 MATÉRIA LÍTICA

tas tomaram caminhos distintos. Drummond continuamente renovando-se, expandindo-se, rompendo com seu sistema poético, ou operando *guinadas* – como a "guinada neoclássica" citada no capítulo anterior –, até pelo menos *Boitempo*, de 1968, quando o ciclo das rupturas parece cessar, e Drummond passa então, por esse argumento, a repetir-se. Cabral, por sua vez, desde *O Engenheiro* repete-se obsessivamente, depurando-se a cada livro, perseguindo uma atitude de coerência extremada com sua poética do rigor. Tal repetição depurativa, a que Cabral alude num poema como "rechover-se"[1], pode ser considerada um dos aspectos constitutivos de sua "estética mineral", expressão de que se vale o poeta para referir-se ao próprio estilo, numa carta a Drummond, de 1944[2].

Uma das propostas do presente capítulo é definir postulados dessa estética, ou, talvez melhor, *poética mineral*, e examinar suas implicações na obra cabralina. Por *poética* entenda-se aqui o conjunto de manobras recorrentes que envolvem a execução de um poema. Ou seja, poética como projeto que se realiza no poema. No caso de Cabral, tal poética se define muito cedo. Embrionária nos poemas de *Pedra do Sono*, ela começa a se esboçar em 1943, com o poema em prosa e drama estático "Os Três Mal--Amados", ganha consistência com os poemas de *O Engenheiro*, e se consolida no livro seguinte, *Psicologia da Composição com a Fábula de Anfion e Antiode*, publicado em 1947. Nesse ano, portanto, Cabral é um poeta com uma poética, ou um projeto poético definido, cujos princípios fundamentais se manterão inalterados até seu último livro. Que princípios, afinal, são esses? Para uma abordagem inicial, vejamos quatro.

O primeiro é o caráter individual dessa poética. Cabral não parece interessado em criar ou liderar ou difundir um movimento, como fizeram modernistas antes dele, e concretistas, de-

---

1. João Cabral de Melo Neto, *Obra Completa*, Rio de Janeiro, Nova Aguilar, 1995, p. 517. O poema é "A Augusto de Campos". Salvo indicação em contrário, todas as citações de João Cabral foram extraídas dessa obra.
2. Flora Süssekind (org.), *Correspondência de Cabral com Bandeira e Drummond*, Rio de Janeiro, Nova Fronteira, Fundação Casa de Rui Barbosa, 2001, p. 206.

pois. A poética concebida por Cabral é, por assim dizer, para seu uso exclusivo. Nesse sentido, Cabral se assemelha a poetas como Augusto dos Anjos e Cesário Verde, que, com um estilo visceralmente pessoal, fundaram seu próprio "movimento", com consequências marcantes na literatura, mas sem produzir propriamente adeptos ou seguidores. O segundo ponto consiste no princípio construtivista dessa poética. Por esse princípio, a realização do poema implica esforço e disciplina extremados do poeta, que trava uma batalha diária e "sangrenta" com a linguagem para executar o poema. O terceiro ponto refere-se a uma ética da composição. Trata-se do aspecto acima mencionado da repetição depurativa. Cabral reafirma sua poética a cada livro, a cada poema, sem abrir concessões que possam descaracterizar seu projeto estético, baseado no rigor da construção e na objetivação do mundo físico. O quarto elemento reside na fusão de lirismo e crítica, na qual o verso é veículo de pensamento crítico sem renunciar à sua carga lírica. Como Pound, Eliot, Valéry, Pessoa e Paz, Cabral também se insere na linhagem moderna de poetas críticos. No entanto, à diferença daqueles, Cabral não divide sua obra em poesia *e* crítica, mas opera uma coalizão de ambos os discursos no enunciado de sua *poesia crítica*, que assim apresenta uma natureza híbrida. Tal hibridez singulariza a obra de Cabral, que por esse prisma poderia ser comparado a Jorge Luis Borges, em cuja prosa ficcional se mesclam ficção e ensaio num amálgama também coeso e indivisível. Nessa poética mineral, enfim, o conceito de mineralidade associa-se às ideias de consistência (individualidade), racionalismo (rigor construtivista), permanência (coerência programática) e objetividade (consciência crítica).

Um dos efeitos da poesia crítica de Cabral foi o de criar para a obra cabralina um impasse de leitura. Na poesia crítica, Cabral reflete sobre artistas e a própria poesia. Ao refletir sobre a própria criação, constrói um discurso metapoético que se descreve, cria para si um vocabulário crítico e, contida nesse vocabulário, encaminha uma perspectiva de leitura. O impasse, pois, a que me refiro é o da leitura da obra cabralina por sua metapoe-

MATÉRIA LÍTICA

sia. Ou seja, com frequência, lê-se Cabral pelas lentes do poeta, explora-se sua poesia com o mapa que ela fornece. Com isso, repete-se o poeta. Por vezes, a leitura crítica da obra cabralina resulta num eco de sua metapoesia, no qual se diluem conceitos e ideias. Ao descrever-se, enfim, a poesia cabralina tornou-se vulnerável ao reducionismo crítico, no qual abundam clichês de nomenclatura e juízos pré-elaborados. A poesia de Cabral concebeu para si um tipo de leitor passivo, que responde à leitura dos poemas tomando-os como espelhos da especulação. Cabral, aliás, tinha consciência dessa vulnerabilidade que criara para a própria poesia. E reclamava disso. Talvez por esse motivo, manifestava apreço a uma das poucas obras que leem Cabral *contra* Cabral: o ensaio "A Pedra e o Rio", de 1973, do amigo e também diplomata Lauro Escorel, que empreende uma leitura alternativa, junguiana e psicocrítica da poesia cabralina[3].

UM CLICHÊ: A DESPERSONALIZAÇÃO LÍRICA, OU A IDENTIDADE DO NÃO-EU

Um clichê repetidamente evocado para descrever a poesia de Cabral é o da despersonalização do sujeito lírico. Um momento paradigmático na obra do poeta em que esse conceito é enunciado encontra-se no dístico de abertura de "Psicologia da Composição" – título, aliás, em que o termo associado ao universo subjetivo (psicologia) desloca-se sintomaticamente para o âmbito textual (composição): "Saio de meu poema / como quem lava as mãos"[4]. A intertextualidade com os evangelhos sugere que o autor, figura imbricada na enunciação lírica, renuncia, como Pilatos, à sua autoridade, para deixar a audiência livre para analisar e determinar o destino (valor e sentido) de sua obra. Essa renúncia, portanto, define leitor e texto como

3. *Apud* José Castello, *João Cabral de Melo Neto: O Homem sem Alma*, Rio de Janeiro, Rocco, 1996, p. 157.
4. João Cabral de Melo Neto, *Obra Completa, op. cit.*, p. 93.

polos do processo de leitura crítica, que não deveria idealmente sofrer a interferência do *ethos* do autor. Ao mesmo tempo, essa proposta problematiza o método da hermenêutica romântica, centrado – como vimos no capítulo anterior – no *ethos* autoral, e que à época da publicação do poema, 1947, constituía o modelo de análise predominante no Brasil.

Em 1952, Cabral retoma esse tema no ensaio "Poema e Composição". Nele, o poeta contrasta "inspiração e trabalho de arte". Sobre aquela, afirma: "No autor que aceita a preponderância da inspiração o poema é, em regra geral, a tradução de uma experiência direta". Partindo dessa ideia, Cabral se opõe ao paradigma do poeta inspirado, "que espera que a poesia aconteça", e à poesia de inspiração, "que se lê mais com a distração do que com a atenção". Pela teoria da inspiração, enfim, "o poema é um depoimento [...] a obra é um simples transmissor [...] é a expressão de uma personalidade [... e] o autor é tudo. *É o autor que [o poema] comunica por debaixo do texto*" (grifo nosso). O trabalho artístico, por sua vez, ocupa o extremo oposto desse padrão. Sua prática é "muito menos frequente", e "na literatura brasileira, então, é raríssima". Nesse polo, a consciência do poeta busca o controle da expressão, a organização, a proporção, a objetividade. O poema dotado desses valores impõe-se por si, ganha "uma vida objetiva independente, uma validade que para ser percebida dispensa qualquer referência posterior à pessoa de seu criador ou às circunstâncias de sua criação"[5].

Enfim, o afastamento da figura do sujeito-autor, enunciado em "Psicologia da Composição", também a conveniência de ocultá-lo, analisada em "Poesia e Composição", bem como consequências dessas postulações na obra de Cabral levaram Lauro

---

5. *Idem*, pp. 728-730. Embora sujeito lírico e sujeito autoral não componham necessariamente uma imagem especular perfeitamente simétrica, este ensaio os considerará como uma unidade inscrita no texto, e dele derivada. Essa unidade justifica-se pelo fato de que o discurso lírico, tomado como conteúdo e modo da enunciação, associado a outros discursos produzidos por um autor (no caso de Cabral, entrevistas, cartas, ensaios) criam-lhe uma imagem (*ethos*) que afeta a recepção de sua obra. O capítulo 1 deste livro já apresentou e discutiu essa ideia, que será retomada neste capítulo.

102 · MATÉRIA LÍTICA

Escorel a caracterizá-la em termos de antinarcisismo: "Cabral de Melo é, na verdade, um poeta antinarcisista [... e] o antinarcisismo de Cabral de Melo o conduzirá a uma crescente objetividade poética"[6]. A princípio, a inferência de Escorel procede: a recusa ao discurso de tipologia confessional, à abertura sentimental, ao enfoque autobiográfico direto, ao "dar-se em espetáculo" criou, de fato, uma poesia da outridade, um "falar com coisas", ou sobre coisas. No poema cabralino, a outridade (as coisas) ocupa o espaço deixado pelo sujeito lírico, cuja ausência voluntária requer uma presença compensatória. Assim, o *outro* substitui o *eu* – que *saiu de seu poema como quem lavasse as mãos.*

Mas quem são, de modo mais específico, os outros, como categoria de outridade, na poesia cabralina? Os outros são imagens externas, concretas, visuais, objetivas, espaciais, que, em tese, representam no discurso lírico o *não-eu*, ou a negação de um discurso lírico centrado no eu. A objetivação da outridade na obra de Cabral configura, pois, o que se poderia conceituar de *impulso ao não-eu*. E para essa ideia converge o conceito de despersonalização lírica, que Escorel, evitando o uso do clichê, o relê sob uma perspectiva psicológica, associada portanto ao autor, e o renomeia "antinarcisismo". O objetivo primário deste capítulo será o de discutir e pôr em perspectiva o conceito de impessoalidade na poesia cabralina. O argumento central deste ensaio reivindicará que o efeito da despersonalização da voz lírica na poesia de Cabral é, sob certos aspectos, instável e problemático. Para desenvolver esse argumento, a primeira parte abordará poemas críticos de Cabral, em que a objetivação impessoal constitui um pressuposto de análise. Na segunda parte, serão examinados poemas que incorporam a imagem da pedra bruta, síntese da poética mineral cabralina, e um de cujos sentidos metafóricos na cultura e na obra de Cabral associa-se ao conceito de impessoalidade.

6. Lauro Escorel, *A Pedra e o Rio*, Rio de Janeiro, Academia Brasileira de Letras, 2001, p. 25.

O OUTRO COMO O MESMO:
MIGRAÇÃO E METAMORFOSE DE IMAGENS

Na poesia cabralina, a renúncia do sujeito lírico a expor-se no poema, e a exercer influência sobre o leitor, é compensada pelo impulso ao não-eu, em que a objetivação do outro ocupa o espaço renunciado pelo eu poemático. Essa objetivação, no entanto, relativiza-se e torna-se suspeita quando a imagem do outro, em suas variadas formas – obras de arte, objetos, paisagens –, remete com frequência à imagem da poética cabralina. O impulso ao não-eu na obra de Cabral é conduzido para fazer o outro coincidir com a poética que o objetiva, e que, assim, ao mesmo tempo, *se* objetiva. Esse processo dialético de objetivação do outro que termina por também produzir efeito de auto-objetivação começa a se definir desde a coletânea de estreia do poeta.

Em *Pedra do Sono*, há dois poemas que objetivam pintores: o cubista Pablo Picasso e o surrealista, mas de linhagem também cubista, André Masson. A combinação das vanguardas cubista e surrealista, associada aos pintores, mostra-se sintomática na medida em que aponta para certo surrealismo *sui generis*, de tipo construtivista, isto é, não automático, que Cabral desenvolve nos poemas desse livro, e que Antonio Candido detecta na pioneira resenha de 1943, a que voltarei mais adiante. Abaixo, transcreve-se a composição a Picasso:

Homenagem a Picasso

O esquadro disfarça o eclipse
que os homens não querem ver.
Não há música aparentemente
nos violinos fechados.
Apenas os recortes dos jornais diários
acenam para mim como o juízo final[7].

---

7. João Cabral de Melo Neto, *Obra Completa, op. cit.*, p. 53.

104 MATÉRIA LÍTICA

A abordagem do poema a Picasso não contém os elementos típicos da poesia crítica cabralina tal como esta se definirá a partir de *O Engenheiro*. No entanto, o poema também não é uma composição de viés impressionista, comum então em poetas que abordavam artistas e suas obras[8]. A proposta de *homenagear* Picasso, por exemplo, enunciada no título do poema, não corresponde ao enquadramento crítico que a poesia de Cabral desenvolve a partir de 1945 (Cabral retornará ao termo "homenagem" em títulos de poemas posteriores, mas não propriamente com esse sentido, e apenas quando sua poesia crítica e o modo como ela opera já estiverem totalmente estabelecidos em sua obra). Ainda assim, "Homenagem a Picasso" pauta-se por um olhar mais escrutinador do que afetivo, sobretudo nos quatro versos iniciais.

Desses, os versos 3 e 4 sugerem, através da imagem dos "violinos fechados", a ideia de musicalidade contida, embutida ou silenciosa, ou de uma potência que não se realiza em ato sonoro, pois os "violinos" estão "fechados", ou que, se essa potência de alguma forma é consumada, não se entrega ao observador como ato realizado ("Não há música *aparentemente*"). Há nessa musicalidade fechada dos violinos de Picasso dois aspectos que remetem à poética cabralina, ainda em processo de definição. O primeiro diz respeito ao conceito de lirismo antimelopeico, ou antiencantatório (não confundir com antimusical), em que a sonoridade do verso vibra áspera e dissonante. O segundo expõe o que Fábio Lucas chama de "princípio da interatividade entre os diversos códigos artísticos"[9], isto é, a pintura de Picasso retratando um elemento musical, e a poesia de Cabral incorporando as artes plásticas. Esses dois elementos, em suma, dispõem-se no entroncamento das obras de Picasso e Cabral.

Outra imagem evocada para "homenagear" o pintor espanhol, mas que também recai sobre o estilo cabralino e seu modo

---

8. João Alexandre Barbosa, *A Imitação da Forma,* São Paulo, Duas Cidades, 1975, pp. 24-29.
9. Fábio Lucas, *O Poeta e a Mídia: Carlos Drummond de Andrade e João Cabral de Melo Neto*, São Paulo, Editora Senac, 2003, p. 121.

de composição, é o "esquadro". A mesma imagem reaparece no poema "O Engenheiro", do livro homônimo:

O lápis, o *esquadro*, o papel;
o desenho, o projeto, o número:
o engenheiro pensa o mundo justo,
mundo que nenhum véu encobre[10].

O esquadro do engenheiro projeta uma nova *interatividade* que vai além da interdiscursividade das artes, e que terá enormes consequências na poesia de Cabral. Refiro-me à aliança entre arte e ciência, que se estabelece também, de modo sistemático, a partir do livro de 1945. É de fato numa ideia ampla de ciência que Cabral encontra alguns dos postulados básicos de sua poética do rigor, do cálculo, da razão, da técnica, do trabalho, da matéria, da objetivação. Como um instrumento de precisão, o esquadro divide-se entre a geometria da arte cubista e a da engenharia. Assim também a régua, imagem vizinha à do esquadro, que aparece nas mãos do pintor pernambucano Vicente do Rego Monteiro, num poema dedicado à sua obra, e também incluído em *O Engenheiro*. Na estrofe transcrita abaixo, a última do poema, a evocação de uma estética solar remete à luminosidade do mundo do engenheiro: "A luz, o sol, o ar livre / envolvem o sonho do engenheiro"[11]:

– É inventor,
trabalha ao *ar livre*
de *régua* em punho,
janela aberta
sobre a *manhã*[12].

Nesse processo de migração de imagens paradigmáticas, o esquadro e a régua ressurgem juntos num poema sobre outro pintor, Piet Mondrian, incluído em *Serial*, de 1961. Ali, esses ins-

10. João Cabral de Melo Neto, *Obra Completa, op. cit.*, p. 70 (grifo nosso).
11. *Idem*, p. 69.
12. *Idem*, p. 81 (grifo nosso).

trumentos, imaginariamente enxertados no braço do pintor, dirigem o traço na tela reprimindo qualquer gesto de improviso:

Fez-se enxertar *réguas, esquadros*
e outros utensílios
para obrigar a mão
a abandonar todo improviso[13].

Em "Dois Castelhanos em Sevilha", da coletânea *Sevilha Andando*, de 1990, o par esquadro e régua retorna na abordagem de outra afinidade eletiva da poética cabralina, o poeta espanhol Jorge Guillén. Na arte de Guillén, o par metafórico é evocado para aludir ao estilo rigoroso e despojado de quem "soprou sempre a poesia / que fez, com *régua* e com *esquadro*"[14].

Ao lado da migração, há em Cabral também uma dinâmica da transformação ou metamorfose das imagens, alteradas na aparência, mas não na função de descrever um aspecto peculiar do modo composicional do outro, que remete, ao mesmo tempo, ao modo da poética cabralina. Assim, por exemplo, o esquadro e a régua se metamorfoseiam em outro instrumento de uso científico e de precisão, o bisturi, no poema que descreve o estilo da poeta Marianne Moore, da série "O Sim contra o Sim" (título, aliás, que aponta para a ideia especular do outro como o mesmo), da qual também participa o poema sobre Mondrian. Na composição sobre Moore, as metáforas aproximam poesia e medicina cirúrgica, poeta e cirurgião, reiterando assim a inter-relação entre arte e ciência:

Marianne Moore, em vez de lápis,
emprega quando escreve
instrumento cortante:
bisturi, simples canivete[15].

No poema a Marianne Moore, o "bisturi", o "canivete", a "lâmina", como "instrumento[s] cortante[s]", "disseca[m]" a superfície ("an-

13. *Idem*, p. 299 (grifo nosso).
14. *Idem*, p. 672 (grifo nosso).
15. *Idem*, p. 297.

verso") "das coisas" para compor o "verso cicatriz", "econômic[o], ret[o]". Essa escrita cirúrgica tem como finalidade não a escrita em si mesma mas o aperfeiçoamento do processo de sua decodificação: "para ler textos mais corretos". Para o leitor da poesia cabralina, enfim, imagens e conceitos do poema constroem uma via de mão dupla que percorre igualmente as poéticas de Moore e de Cabral, num movimento incessante de encaminhamento e retorno.

POESIA E DRAMA

A poesia crítica de Cabral elege seu cânone por afinidades estéticas. O livro *Serial* pode servir para ilustrar esse argumento. Nele, o amigo José Lins do Rego aparece na dedicatória, e outro prosador de ficção nordestino, que Cabral pouco conhecia pessoalmente, surge como tema de um poema crítico: Graciliano Ramos, cujo estilo, em sua áspera economia e perfil regionalista, converge para o de Cabral. Entre os poetas, Vinicius de Moraes e Lêdo Ivo estão entre os amigos cujas obras não foram contempladas por uma leitura crítica cabralina. Ao primeiro, Cabral dedicou *Uma Faca Só Lâmina*, um de seus livros mais importantes; ao segundo, *Museu de Tudo*. Nessa coletânea, Cabral responde a Vinicius, que havia escrito um poema no qual retratava o amigo, parodiando o estilo cabralino. Trata-se, pois, de um poema- -resposta, e não crítico. Também não constitui poema crítico "A Ilustração para a 'Carta aos Puros' de Vinicius de Moraes", inserto em *A Educação pela Pedra*, em que Cabral transfere a noção de pureza dos homens, desenvolvida em chave irônica no poema de Vinicius, para a cal, cuja "pureza" é, no sentido prático, um sinal de menos. O caso de Manuel Bandeira é também bastante exemplar. Cabral e Bandeira eram primos e amigos próximos, e Cabral admirava a poesia de Bandeira (como, aliás, admirava a prosa regionalista de José Lins do Rego). No entanto, apesar da amizade e admiração, este não participa do cânone da poética cabralina. A Bandeira, Cabral dedicou seu livro talvez mais importante, *A Educação pela Pedra*, de 1966, e um poema incluído em *Museu de*

108   MATÉRIA LÍTICA

Tudo, de 1975: "O Pernambucano Manuel Bandeira". Essa composição, no entanto, retrata o homem, e não o poeta, cujas ideias sobre o processo de criação de seus poemas, sintetizadas na célebre noção de alumbramento, se afastam diametralmente dos postulados da poética cabralina[16]. A presença de Graciliano na poesia crítica de Cabral se dá, pois, por aproximação ou afinidade estética:

Graciliano Ramos:

Falo somente com o que falo:
com as mesmas vinte palavras
girando ao redor do sol
que as limpa do que não é faca:

de toda uma crosta viscosa,
resto de janta abaianada,
que fica na lâmina e cega
seu gosto da cicatriz clara[17].

Em versos predominantemente octossílabos, que produzem efeito de prosa estilizada[18], a primeira série de quatro falas de Graciliano Ramos destaca seu estilo seco e cortante, representado pe-

---

16. Como ilustração do argumento, leia-se a seguinte passagem, extraída de *Itinerário de Pasárgada*: "Na minha experiência pessoal fui verificando que o meu esforço consciente só resultava em insatisfação, ao passo que o que me saía do subconsciente, numa espécie de transe ou alumbramento, tinha ao menos a virtude de me deixar aliviado de minhas angústias. Longe de me sentir humilhado, rejubilava, como se de repente me tivessem posto em estado de graça... A partir de *Libertinagem* é que me resignei à condição de poeta quando Deus é servido" (*Itinerário de Pasárgada*, 3. ed., Rio de Janeiro, Editora do Autor, 1966, p. 24).
17. João Cabral de Melo Neto, *Obra Completa, op. cit.*, p. 311.
18. "Para o ouvido brasileiro o verso de oito sílabas, sobretudo se você não acentua na quarta sílaba, soa como prosa. [...] Veja você no *Auto do Frade*. O frei Caneca fala em sete sílabas, mas quando o povo está falando na rua, muda para oito. O verso de sete sílabas dispara melhor. Para os comentários do povo, tenho a impressão de que o verso de oito sílabas, mais próximo da prosa, era melhor. Eu prefiro o verso de oito sílabas porque para o nosso ouvido ele não soa como verso, soa como prosa" (Cabral, *apud* Félix de Athayde, *Ideias Fixas de João Cabral de Melo Neto*, Rio de Janeiro/ Mogi das Cruzes, Nova Fronteira/FBN/Universidade de Mogi das Cruzes, 1998, p. 93). No poema "A Augusto de Campos", Cabral afirma sobre a presença do octossílabo em sua obra: "o pouco-verso de oito sílabas / (em linha vizinha à prosa) / que raro tem oito sílabas, / pois metrifica à sua volta" (*Obra Completa, op. cit.*, p. 517).

A PEDRA NARCÍSICA DE JOÃO CABRAL

las "vinte palavras / girando ao redor do sol", que as esteriliza para que não se multipliquem. As "vinte palavras" da enxuta estética graciliana recuperam a "Lição de Poesia" cabralina, exposta em *O Engenheiro*: "E as vinte palavras recolhidas / nas águas salgadas do poeta"[19]. Também o aspecto solar esterilizante, que já havia sido associado ao traço contido e preciso de Rego Monteiro, posiciona-se na intersecção da poética de Cabral e da prosa de Graciliano. As imagens da "faca" e da "lâmina", tão obsessivamente cabralinas, e que servem para destacar no mesmo livro o estilo cirúrgico de Marianne Moore, são evocadas para caracterizar a linguagem cortante do autor de *Vidas Secas*. Dessas imagens deriva a metáfora da "cicatriz clara" da linha da prosa graciliana, na qual ressoa a "limpa cicatriz" do verso marianno.

O dois-pontos do título produz efeito de ambiguidade, mas de ambiguidade complementar. O sinal gráfico, ao final do título, pode indicar um discurso explicativo – Graciliano Ramos [é]: – ou introdutório, como num drama, da fala do romancista tornado então personagem do poema – Graciliano Ramos [diz]: Esta última hipótese parece mais próxima do texto, dados seu conteúdo e sua estrutura centrada na primeira pessoa. Além disso, essa hipótese se coaduna com a tendência dramática da poesia cabralina, manifesta desde "Os Três Mal-Amados" até o *Auto do Frade*, de 1982, passando pelo monólogo de *O Rio*, pelo poema dramático *Morte e Vida Severina*, sua obra de maior alcance popular, e por poemas líricos que se valem do recurso do diálogo, como "As Infundiosas", ou "O Exorcismo". Nesse poema autobiográfico, Cabral reconstrói seu encontro, em 1960, com o psiquiatra espanhol López Ibor, e cujo argumento central – o outro como o mesmo – reforça a hipótese de leitura deste ensaio[20].

---

19. *Idem, Obra Completa, op. cit.*, p. 79.

20. Em 1960, trabalhando em Madrid e sofrendo de leve depressão, Cabral consultou-se com o psiquiatra espanhol López Ibor. Na oportunidade, ao saber que Cabral escrevia, Ibor lhe pediu um livro. Cabral então lhe deu uma edição de *Duas Águas*. Depois da leitura, o psiquiatra mostrou-se impressionado com a obsessão do poeta pelo tema da morte: "'Doutor López Ibor – respondeu Cabral – o senhor naturalmente está se referindo a *Morte e Vida Severina*, esse tipo de coisa. A morte de que falo não é a morte individual, rilkiana: é a morte social.'

A partir dessa presença marcante da linguagem dramática na obra cabralina, pode-se reivindicar a ideia de que os poemas críticos encenam uma espécie de *drama oblíquo*. Isto é, que Cabral recorre a outros artistas para, sob pretexto de falar deles, fazê-los falar da própria poética. Tal artifício, no entanto, não descumpre o que promete: o exercício crítico. Este é efetuado com resultados coerentes, não apenas pela fusão criativa e bem acabada dos discursos tramados (poesia e crítica), mas também pela análise em si, que desmonta e revela o processo e o modo composicional do artista sob exame. Todavia, os aspectos críticos revelados pelo poema cabralino, embora pertinentes ao autor analisado, desembocam também, de forma dissimulada, na obra do analista. Como se, por pudor, Cabral falasse ao leitor de si (sua poética, seus preceitos estéticos) por meio de pessoa interposta: pintores, poetas, prosadores, toureiros...

"ALGUNS TOUREIROS":
TAUROMAQUIA E POÉTICA NEGATIVAS

Ao lado do universo erudito e especializado das artes, Cabral evocou em seus poemas o mundo da cultura popular brasileira e espanhola. É dentro desse grupo que se encontram poemas dedicados ao futebol e às touradas, a jogadores e a toureiros. Do futebol, Cabral cantou a habilidade astuciosa, a surpresa

---

Disse ele: 'Aí é que você está enganado. Isso é uma maneira pela qual você está falando na sua morte sem falar, como Rilke, na primeira pessoa. De forma que a sua obsessão pela morte é tão grande que o senhor é interessado pela miséria.' [...] 'Realmente – respondeu Cabral – talvez seja esse meu pavor da morte que me dê sensibilidade para essa miséria social.' É uma possibilidade psicológica. Ele disse: 'O senhor pensa que está falando na morte dos outros, o senhor está falando é na sua morte'" (Cabral, *apud* Félix de Athayde, *op. cit.*, pp. 61-62). Sobre "As Infundiosas", citadas ao lado de "O Exorcismo", a conclusão de Carlos Felipe Moisés segue nessa mesma linha – a dissimulação do eu no outro – ao afirmar que só depois de ler os últimos versos do poema "o leitor percebe que as três viúvas são também o próprio poeta e que essa conversa interminável representa, também, sua própria poesia" ("Tradição Reencontrada: Lirismo e Antilirismo em Cabral", *Literatura Para Quê?*, Florianópolis, Letras Contemporâneas, p. 36).

A PEDRA NARCÍSICA DE JOÃO CABRAL 111

calculada, a transgressão consciente, as "aritméticas de circo"[21], que fazem do futebol um espetáculo de engenho e arte, como a poesia. Mas é com as touradas que Cabral parece ter mais se identificado, ou identificado a poesia. A solidão do toureiro-poeta, a frieza diante do touro-linguagem desafiador e terrível, a luta para submeter o perigoso contendor, o cálculo para subjugá-lo, o gesto preciso, o golpe certeiro, tudo isso fascina Cabral, para quem tourear significa existir "no extremo do ser, / no limite entre a vida e a morte", e "escrever é estar no extremo / de si mesmo"[22].

O primeiro poema de Cabral sobre touradas, "Alguns Toureiros", publicado em *Paisagens com Figuras*, de 1956, é também sua composição mais conhecida sobre o tema. Seu verso de abertura – "Eu vi Manolo González" –, desviando-se do modo impessoal típico cabralino, estabelece um enquadramento testemunhal que, por conta da presença de um ponto de vista textualmente demarcado, tende a intensificar a carga sensível, mas não emocional, do discurso. É curioso que o primeiro poema de Cabral sobre futebol, "A Newton Cardoso", incluído em *O Engenheiro*, também se valha do mesmo modo de enunciação, o do relato--testemunho: "Eu vi a bola / de futebol / correr no campo"[23]. Nos dois poemas, um eu lírico se posiciona como observador de um espetáculo de habilidade e técnica, que lhe serve de matéria lírica. Em "Alguns Toureiros", o poema passa em revista toureiros célebres, caracterizando-lhes os estilos por meio da figuração metafórica de uma flor. Assim, Manolo González e Pepe Luís são "precisão doce de flor / graciosa, porém precisa"; Julio Aparício é "ciência fácil de flor / espontânea, porém estrita"; Miguel Báez "cultiva uma outra flor: angustiosa de explosiva"; Antonio Ordóñez "cultiva flor antiga: / perfume de renda velha". Esses toureiros, enfim, cada qual com sua flor-estilo, formam o preâmbulo da entrada do mítico Manuel Rodríguez, ou simplesmente *Manolete*, cuja figura ocupa sete das onze estrofes do poema:

21. *Idem, Obra Completa, op. cit.*, p. 557.
22. *Idem*, pp. 671, 413.
23. *Idem*, p. 81.

Mas eu vi Manuel Rodriguez,
Manolete, o mais deserto,
o toureiro mais agudo,
mais mineral e desperto,

....

o que melhor calculava
o fluido aceiro da vida,
o que com mais precisão
roçava a morte em sua fímbria,

....

sim, eu vi Manuel Rodríguez,
Manolete, o mais asceta,
não só cultivar sua flor
mas demonstrar aos poetas:

como domar a explosão
com a mão serena e contida,
sem deixar que se derrame
a flor que traz escondida,

e como, então, trabalhá-la
com mão certa, pouca e extrema:
sem perfumar sua flor,
sem poetizar seu poema[24].

A partícula adversativa "mas", que abre a última parte do poema, anuncia um contraste entre *Manolete* e os demais toureiros. A pontuação e a estrutura sintática também contribuem para essa oposição. As quatro primeiras estrofes, em que são descritos cinco toureiros, formam uma oração cada, que se finda com ponto final. Já as sete estrofes dedicadas a Manuel Rodríguez compõem, um pouco ao modo parnasiano, comum, aliás, em outros poemas cabralinos, um longo período sintaticamente encadeado, que se finda apenas no último verso do poema. O sujeito lírico, que *viu* os toureiros em ação, mostra admiração

24. *Idem*, pp. 157-158.

A PEDRA NARCÍSICA DE JOÃO CABRAL   113

crescente em relação ao primeiro grupo. Assim, a "flor" de Manolo González e Pepe Luís é "graciosa, *porém* precisa"; a de Julio Aparício, "espontânea, *porém* estrita". Na sequência, o eu lírico alude às flores de Miguel Báez e Antonio Ordóñez já de modo mais incisivo. O crescendo atinge seu ápice no retrato de *Manolete*. Esse era o toureiro "mais deserto", "mais agudo" (como Graciliano, Moore), "mais mineral", oposto, pois, à graciosidade da flor de Manolo González e Pepe Luís. *Manolete* era o que "melhor calculava", o geômetra (como Picasso, Rego Monteiro, Guillén), o "mais asceta", oposto, pois, à "ciência fácil de flor", de Julio Aparício. Era "o de nervos de madeira", que sabia "como domar a explosão / com mão serena e contida", oposto, pois, à "flor angustiosa de explosiva" de Miguel Báez. Era, em suma, o antitoureiro, que trazia sua flor "escondida", e que não a perfumava, como Antonio Ordóñez, cuja flor rescendia a "perfume de renda velha". É essa tauromaquia negativa, isto é, desértica, aguda, mineral, matemática, ascética, serena, contida, que esconde e não perfuma sua flor, que Manuel Rodríguez pratica e demonstra aos poetas para que estes, "com mão certa, pouca e extrema", escrevam poesia "sem poetizar [o] poema".

Cabral viu *Manolete* em ação, por duas vezes, em julho de 1947, quando trabalhava em Barcelona[25] – no mês seguinte, Manuel Rodríguez morreu toureando, vítima de uma cornada. Em "Alguns Toureiros", Cabral retrata *Manolete* como um modelo da tauromaquia negativa, e faz dele uma encarnação da poética negativa cabralina. O estilo de *Manolete* era, com efeito, minimalista nos movimentos e calculado nos gestos. Daí um jornalista, contemporâneo do toureiro, tê-lo descrito como "estatua de piedra y, como la piedra, frío, grave, señorial..." ["estátua de pedra e, como a pedra, frio, grave, senhoril..."][26]. De fato, nos testemunhos sobre *Manolete* escritos em sua época, abundam qualificativos como *ascético, áspero,*

---

25. Félix de Athayde, *Ideias Fixas de João Cabral de Melo Neto, op. cit.*, pp. 135-136.
26. Anne Plantagenet, *Manolete, el Califa Fulminado*, trad. Tomás Gascón, Madrid, Algaba Ediciones, 2007, p. 224.

duro, sereno, que descrevem tanto o toureiro como o homem. Assim, a leitura que Cabral faz da tauromaquia de *Manole-te* destaca-lhe aspectos, de fato, determinantes. No entanto, como ocorre em outros poemas aqui comentados, o efeito de sentido dessa leitura é ambíguo, pois o resultado da inquirição do outro, apesar dos diferentes "discursos" sobre os quais se aplica essa leitura – poesia e tauromaquia –, revela uma dupla imagem sobreposta: a do inquirido e a do inquiridor.

A princípio, com sua arte, poder-se-ia dizer que Manuel Rodríguez ensina o poeta a não poetizar o poema. Essa relação didático-pedagógica, em que o outro *ensina* e o poeta *aprende* e *imita*, é um modo pelo qual João Alexandre Barbosa analisou a poesia de Cabral. Vejamos, agora, como esse argumento, sem ser negado, pode ser talvez invertido.

POESIA, EDUCAÇÃO E ESQUECIMENTO

Em carta de 1948, comentando a "Fábula de Anfíon" e a "An-tiode", Drummond antevê um aspecto da poesia cabralina que será decisivo em seu desenvolvimento: "acho que sua poesia está adquirindo um valor didático (nada de confusões quanto a essa palavra)"[27]. Por "valor didático", Drummond refere-se ao fato de Cabral estar abrindo caminhos novos na poesia brasileira, por meio de seu estilo idiossincrático, bem demarcado em seus princípios e procedimentos. Nesse sentido, o didatismo da poe-sia de Cabral é do tipo estético, e se manifesta sobretudo – mas não somente – na sua metapoesia. No caso dos poemas críticos, tal metapoesia emerge do outro, que é investigado pelo poema, e funciona, num segundo momento, como seu intermediário, ou porta-voz indireto.

João Alexandre Barbosa entende essa dinâmica entre poe-ma-objeto (outro) em termos de uma inter-relação didática, ou

---

27. Flora Süssekind (org.), *Correspondência de Cabral com Bandeira e Drummond*, *op. cit.*, p. 225.

A PEDRA NARCÍSICA DE JOÃO CABRAL 115

seja, um processo que envolve ensinar-aprender-imitar. Nesse processo, o objeto atua como fonte (ensina), e o poema como consciência (aprende) que refaz (imita) o objeto. Nas palavras de Barbosa, "João Cabral, operando um incessante direcionamento para a linguagem, [...] foi literalmente *aprendendo* com os objetos uma forma de *imitar* a realidade"[28]. Nos poemas de *Quaderna*, de 1960, essa aprendizagem parece atingir sua maturidade: "a imitação do real se faz agora amplamente porque a sua linguagem parece ter *aprendido* com os objetos uma certa forma de realização"[29]. Imitar, nesse caso, não significa aproximar-se servilmente do objeto, reproduzi-lo, ou emulá-lo; "não [implica] uma tradução de conteúdos, mas", sempre segundo Barbosa, "uma recuperação de elementos de articulação que possibilitam esses conteúdos"[30]. Em outros termos, a imitação cabralina refunda o objeto na linguagem, baseando-se na ideia moderna de que o poema não é um discurso *sobre*, mas uma realidade em si, um objeto verbal autônomo; ou, simplesmente, o poema *é*. Cabral mostra-se, assim, afinado com outras poéticas do século XX, como a de Archibald MacLeish, que propõe em 1926: "A poem should not mean / but be"[31] ["Um poema não deve significar / mas ser"], ou a de Vicente Huidobro, que dez anos antes sugere: "Por qué cantais la rosa, ¡Oh Poetas! / Hacedla florecer en el poema"[32] ["Por que cantais a rosa, Oh Poetas! / Fazei-a florescer no poema"]. Para Barbosa, em suma:

> [...] há uma espécie de educação em toda a sua [de Cabral] obra, que se manifesta em termos de uma singular imitação: aprendendo com os objetos, coisas, situações, pessoas, paisagens, etc., a sua lin-

28. João Alexandre Barbosa, *A Imitação da Forma, op. cit.*, p. 153.
29. *Idem*, p. 158.
30. *Idem*, "João Cabral ou a Educação pela Poesia", *A Biblioteca Imaginária*, Cotia, SP, Ateliê Editorial, 1996, pp. 241-242.
31. Archibald MacLeish, *Collected Poems: 1917-1982*, Boston, Houghton Mifflin Co., 1985, p. 107.
32. Vicente Huidobro, *Antología Poética*, org. Oscar Hahn, 7. ed., Santiago de Chile, Editorial Universitária, 2004, p. 17.

guagem foi, aos poucos, montando uma nova forma de ver – que o leitor, por sua vez, aprende ao apreendê-la –, jamais permitindo-se a facilidade de um dizer didático, desde que sempre dependente do fazer poético[33].

A conclusão desse processo, para Barbosa, é a de que a poesia cabralina "empresta a linguagem de seus objetos para com ela construir o poema"[34].

Sem contestar o argumento de Barbosa, de impecável coerência, talvez seja possível, no entanto, invertê-lo sem pôr em risco essa mesma coerência. Se essa inversão for de fato viável, abrir-se-ão dois caminhos, não para que o leitor escolha ou exclua um deles, e sim para que tome esse contraste como uma possibilidade em si de aproximação crítica da obra de Cabral. Parte dessa ideia de inversão encontra-se nos comentários acima sobre o modo como a poesia cabralina se apropria do objeto e lança-lhe um olhar crítico-descritivo. Refiro-me à parcialidade do recorte que o poema opera no objeto sob exame. Esse recorte, como vimos, trabalha para ajustar o objeto a fim de que este se assemelhe à imagem da poética cabralina. Daí, se há assimilação do objeto pelo poema, há também ação do poema para tornar o objeto "assimilado". Dessa forma, o objeto *imita* o poema mais do que este àquele, dado que a integridade do objeto é sacrificada para que seu perfil caiba nos limites da poética cabralina. Decerto que o convívio da poesia de Cabral com o outro – "objetos, coisas, situações, pessoas, paisagens etc." –, convívio intelectual, em que o outro funciona como fonte de conhecimento, alimenta essa poesia. Mas a construção do poema constitui fato *a posteriori*, resultado desse convívio. Portanto, ao se fazer, se o poema mostra que aprendeu, também mostra que ensina. E, creio, ensina mais do que aprende. Ensina o quê, enfim? Ensina o outro a ser poema, ou melhor, a ser poema cabralino.

33. João Alexandre Barbosa, "Balanço de João Cabral de Melo Neto", *As Ilusões da Modernidade*, São Paulo, Perspectiva, 1986, p. 108.
34. *Idem, ibidem.*

Assim, o sol cabralino seca, e não frutifica; torna a terra esté-
ril, e não fecunda; ilumina as coisas, e não os sonhos; dá nitidez
às formas, e não brilho; desperta a atenção, e não cega; está,
pois, associado à retórica cabralina pelas noções de concisão,
aridez, clareza, racionalismo, lucidez. Assim também, o Capi-
baribe de Cabral é descrito, no início de "O Cão sem Plumas",
por meio de um jogo antinômico, característico do autor, que
põe em paralelo os eixos cabralino *vs.* não cabralino. "Aquele
rio", diz o narrador:

> *nada sabia* da chuva azul,
> da fonte cor-de-rosa,
> da água do copo de água,
> da água de cântaro,
> dos peixes de água,
> da brisa na água.

E complementa:

> *Sabia* dos caranguejos
> de lodo e ferrugem.
> *Sabia* da lama
> como de uma mucosa[35].

Nesse jogo entre saber *vs.* não saber, formam-se os eixos de
oposição: a consciência do rio cabralino estabelece uma espé-
cie de aliança identitária com elementos "impuros" do rio, ao
mesmo tempo em que rejeita associar-se a qualquer imagem
de pureza. Esse Capibaribe impuro e pobre, dos caranguejos,
e não dos "peixes de água"; do lodo e da lama, e não da "água
de cântaro", é um rio poético e antilírico (no sentido de não
sublime), onde fluem imagens que refletem o estilo peculiar
de seu criador.

Tal paralelismo antinômico, também associado à temática da
educação, reaparece de modo mais evidente e marcado no poe-

---

35. João Cabral de Melo Neto, *Obra Completa, op. cit.*, p. 105 (grifo nosso).

ma de abertura de *A Educação pela Pedra*: "O Mar e o Canavial" (e também em seu *duplo*, "O Canavial e o Mar"). Dividido em duas estrofes, o poema possui uma divisão interna em quatro partes, cada uma se iniciando com um verso-preâmbulo que anuncia o conteúdo da seção: *1*) "O que o mar sim aprende do canavial:", *2*) "O que o mar não aprende do canavial:", *3*) "O que o canavial sim aprende do mar:", *4*) "O que o canavial não aprende do mar:". Os eixos "sim aprende" apresentam por metáforas metalinguísticas aspectos da poética cabralina: "a elocução horizontal", "o espraiar-se minucioso". Em oposição, os eixos "não aprende" expõem elementos anticabralinos: "a veemência passional", "o desmedido do derramar-se"[36].

Na poesia de Cabral, ou na educação cabralina, o ato de "não aprender / não saber" representa um modo deliberado de esquecer e um procedimento central de sua poética. O esquecimento cabralino não se limita a elementos não pertinentes a seu estilo. Em seu esforço de individualização, esse esquecimento se estende também a fontes do poema cabralino. Ou seja, para se tornar independente, o poema e o poeta lutam para se afastar de seus precursores, apagar seus rastros, ou, em outros termos, para que na criação literária o esquecimento supere a memória. Essa superação se dá de modo gradativo, e o ciclo que vai desde "Os Três Mal-Amados" até a "Fábula de Anfion", período em que Cabral busca encontrar e definir sua própria voz, expõe de modo marcado esse embate do poeta e seus precursores. Em "Os Três Mal--Amados" (1943), Cabral relê a "Quadrilha" drummondiana em termos de emulação assimilativa, isto é, toma o poema de Drummond e cria sobre suas bases e aberturas, mantendo os personagens, o tom, que oscila entre o cotidiano e o trágico, com toques de humor, mas alterando o gênero textual para o do poema em prosa e o do drama estático. Nos poemas de *O Engenheiro* (1945), como assinala John Gledson, Cabral parece opor-se deliberadamente a Drummond, ao problematizar, ou reler em chave inverti-

---

36. João Cabral de Melo Neto, *Obra Completa, op. cit.*, p. 335.

A PEDRA NARCÍSICA DE JOÃO CABRAL   119

da alguns dos temas e marcas estilísticas do poeta mineiro[37]. Esse gesto emulador denegatório, oposto à emulação assimilativa, se repete na obra seguinte, "Fábula de Anfion" (1947), aqui em relação a Valéry, outra fonte decisiva na formação de Cabral. O Anfião de Valéry (*Amphion*, 1931) reescreve o mito antigo da aliança entre Música e Arquitetura, por meio da qual nasce a cidade fortificada de Tebas, e mantém os componentes mágicos e divinos da fábula original. Cabral, como veremos melhor mais adiante, reescreve o mito despojando-o de todo misticismo, opondo-se assim tanto à sua versão original quanto à moderna de Valéry. Com a "Fábula de Anfion", em suma, Cabral parece cumprir seu rito de passagem, abandonando, nos termos da teoria da influência de Harold Bloom, a condição de *poeta efebo* para postular a de *poeta forte*, através da *desleitura* que opera, primeiro em Drummond e depois em Valéry, dois de seus precursores mais influentes.

"NUNCA A NINGUÉM CUSTOU TANTO ESCREVER COMO A MIM"

A dinâmica entre memória e esquecimento na criação artística aparece, ainda associada ao discurso da educação, em dois poemas críticos da série "O Sim contra o Sim". No já mencionado poema a Mondrian, o enxerto de "réguas, esquadros" no braço, para conter o improviso, impõe uma disciplina ao pintor holandês: "fazer o que sabia / como se o aprendesse ainda"[38]. Miró, o outro "sim" de Mondrian, "sentia a mão direita / demasiado sábia", e por isso "já não podia inventar nada". Daí que o pintor catalão

> quis então que [sua mão direita] desaprendesse
> o muito que aprendera,

---

37. John Gledson, "Epílogo", *Influências e Impasses: Drummond e Alguns Contemporâneos*, trad. Frederico Dentello, São Paulo, Companhia das Letras, 2003, pp. 246-262.
38. João Cabral de Melo Neto, *Obra Completa, op. cit.*, p. 299.

120 MATÉRIA LÍTICA

a fim de reencontrar
a linha ainda fresca da esquerda[39].

Nesse processo, desaprender – uma desaprendizagem contínua e consciente, na qual ecoa a "aprendizagem de desaprender" reivindicada por Alberto Caeiro[40] – se mostra tão importante quanto aprender. Tal argumento, aplicado a Miró, já havia sido apresentado por Cabral no ensaio que escreveu sobre o pintor catalão em 1949 e publicado no ano seguinte. Nele, Cabral afirma:

> O trabalho de criação de Miró, eu o imagino como o de um homem que para somar 2 e 2 contasse nos dedos. Não por ignorância de sua tabuada – como se dá com a pintura infantil. Mas – *e nessa capacidade de esquecer sua tabuada está uma das coisas mais importantes de sua experiência* – pelo desejo de colocar seu trabalho, permanentemente, num plano de invenção da aritmética[41].

Esquecimento em Miró não implica anulação, e sim depuração da memória, processo que Cabral descreve no ensaio em termos bélicos, de luta, batalha, esforço, embate, contenda, entre consciência da tradição e dever histórico de renovação: "Sua [de Miró] pintura é a expressão desse fazer com luta, desse fazer em luta". Com que finalidade? "Miró luta para que, em nenhum momento, possa vir a reconhecer, na sua, harmonias obscuramente aprendidas"[42].

Em "Poesia e Composição", de 1952, Cabral repete esse argumento em relação ao poeta artífice, com o qual se alinha, em oposição ao poeta inspirado. Com isso, o argumento aplicado a Miró aplica-se também a Cabral:

> Ao escrever, ele [poeta artífice] não tem nenhum ponto material de referência. Tem apenas sua consciência, a consciência das dicções de

39. *Idem*, p. 298.
40. Fernando Pessoa, *Poesia / Alberto Caeiro*, São Paulo, Companhia das Letras, 2001, p. 60.
41. João Cabral de Melo Neto, *Obra Completa, op. cit.*, pp. 715-716 (grifo nosso).
42. *Idem*, p. 716.

A PEDRA NARCÍSICA DE JOÃO CABRAL   121

outros poetas que ele quer evitar, a consciência aguda do que nele é eco e que é preciso eliminar, a qualquer preço. [...] Seu trabalho é assim uma violência dolorosa contra si mesmo, em que ele se corta mais do que se acrescenta, em nome ele não sabe muito de quê[43].

Um exemplo prático dessa "violência [...] contra si mesmo" ocorre em "O Rio". Nesse poema, Cabral se vale primitivamente da expressão "mar de couro". Ao reler, um dia, *España en el Corazón*, de Pablo Neruda, encontra Castela descrita como "océano de cuero". Como resultado, decide alterar o sintagma de seu poema para "mar de cinza". O sintagma original havia se mostrado um eco nerudiano inconsciente que, ao ser detectado, foi prontamente suprimido[44]. E o que poderia ser visto como efeito de colaboração foi modificado na busca de outro efeito, o da individualização. (Há também o fato de que Cabral se via como um poeta antinerudiano. Chegou, inclusive, a escrever um poema em que expõe sua oposição à poesia de Neruda, "España en el Corazón", incluído em *Agrestes*. Em sua constante preocupação com a coerência de sua obra, é compreensível que não quisesse ter sua poesia de alguma forma associada ao nome do poeta chileno.)

Enfim, essa atitude de censura crítica que ocorre na arte de Miró, e que também comparece na do poeta artífice, Cabral a denomina "processo mental negativo": "Não é o rigor para reproduzir o visto, para criar variações novas dentro de harmonias vistas, mas uma depuração de todo costume". Depuração que não deriva da memória neutralizada. "Trabalhar contra seus hábitos visuais", diz Cabral sobre Miró, "não significa anulá-los". "Limpar seu olho do visto e sua mão do automático", observa o poeta, significa "colocar-se numa situação de pureza e liberdade diante do hábito e da habilidade"[45]. A batalha do artista contra seus precursores ocorre não para negá-los, ou pela batalha em

---

43. *Idem*, p. 734.
44. Fábio Freixeiro, "Depoimento de João Cabral de Melo Neto (adaptado a 3ª. pessoa)", *Da Razão à Emoção II*, Rio de Janeiro, Tempo Brasileiro/INL, 1971, p. 186.
45. João Cabral de Melo Neto, *Obra Completa, op. cit.*, pp. 716; 711.

si, mas para o artista construir sua própria identidade, seu estilo particular, sua voz inconfundível. "Esse esforço para vencê--los [hábitos, costumes, tradição] terá de renovar-se cada dia. O mínimo gesto criador será, necessariamente para ele, uma luta aguda e continuada"[46], diz Cabral sobre Miró, e veladamente sobre si mesmo.

Nesse ponto, Cabral aborda uma questão crucial de sua obra, que poderia ser resumida nos seguintes termos: se toda a poesia lírica pressupõe um *conflito subjetivo* que sustente o poema, e se a poesia cabralina suprime esse conflito no plano linguístico ao substituir o sujeito lírico pela objetivação do outro, pode-se concluir que o "processo mental negativo", atribuído a Miró, e extensivo a Cabral, represente um conflito subjetivo, de âmbito extratextual, subjacente ao processo de criação do poeta (outro conflito subjetivo, nesse caso textual, será discutido na última seção deste capítulo). O conflito derivado do "processo mental negativo" constitui um fator, entre outros, implícito no tema, sobre o qual o poeta insiste em entrevistas, da criação poética como um ato extenuante e penoso. Em 1966, por exemplo, pouco antes do lançamento de *A Educação pela Pedra*, Cabral afirma a Temístocles Linhares: "para mim, cada dia é mais difícil escrever". E conclui: "o que penso que posso deixar à literatura brasileira é isso: nunca a ninguém custou tanto escrever como a mim"[47]. O legado dessas palavras denota um sentido mais ético do que estético, que, no entanto, possui implicações na recepção da obra do poeta. Ao leitor de Cabral, o discurso da criação poética como um ato aflitivo acompanha em paralelo a leitura dos poemas, como um pressuposto narrativo associado ao *ethos* autoral e sua ética da composição. Na obra cabralina, em suma, a ética do autor, como fator subjetivo da criação, e a estética da

---

46. *Idem*, p. 716.
47. Temístocles Linhares, *Diário de um Crítico*, vol. II, Curitiba, Imprensa Oficial do Paraná, 2001, p. 296. Cito mais dois exemplos de Cabral: "Escrever é um negócio que me esgota" (José Castello, *João Cabral de Mello Neto...*, *op. cit.*, p. 256). "Escrever para mim é uma coisa infernal" (Félix de Athayde, *Ideias Fixas de João Cabral de Melo Neto*, *op. cit.*, p. 29).

composição, que determina o caráter objetivo e impessoal do poema, formam um núcleo complexo e indivisível.

"O SIM E O DESAGRADO"

Em Cabral, o discurso sobre a ética da composição relativiza o conceito de despersonalização lírica na medida em que projeta a figura do autor em seu processo criativo, e com isso o insere, como componente extratextual, no processo de leitura dos poemas. Dito de outra forma, não há como dissociar da fatura do texto cabralino a disciplina, a luta e o sofrimento do poeta, que condicionaram, segundo essa ética, a criação do poema. Outro discurso que desestabiliza a noção de impessoalidade é o da metapoesia, que, a despeito de proclamar a autonomia do poema, regula seu modo de leitura, ao defini-lo. Mas como ocorre essa regulação da leitura?

A metapoesia cabralina, seja como autodescrição direta, seja através da objetivação do outro pela qual ela se auto-objetiva, cria um círculo em que se fecha, ou parece se fechar, a poesia de Cabral. Desse círculo emerge um paradoxo: ao se descrever, ao demarcar seus limites, ao definir um vocabulário próprio, a metapoesia refuta, a princípio, uma aproximação crítica alheia, externa, independente. Por outro lado, essa mesma metapoesia lança ao leitor um desafio: ler a poesia cabralina com premissas outras que não as do poeta e sua poética – desafio a que se lançou, por exemplo, Lauro Escorel. Uma vez aceito esse argumento, poder-se-ia dividir a poesia crítica de Cabral em quatro dimensões: *1)* a propriamente *crítica*, que se manifesta sobretudo no exame de artistas, mas também na objetivação do mundo exterior; *2)* a *metacrítica, metalinguística*, ou *metapoética*, que estabelece os princípios da poética cabralina e seu método crítico; *3)* a *anticrítica*, que, ao descrever-se extensiva e sistematicamente, ensina o leitor a se aproximar da poesia cabralina, para a qual cria uma espécie de barreira refratária a outras formas de aproximação; e *4)* a *crítico-provocativa*, que, em oposição

124 MATÉRIA LÍTICA

ao aspecto anterior, convida o leitor a ultrapassar os limites do discurso metacrítico.

De fato, esse último aspecto não apenas se opõe ao anterior, mas com ele forma um par integrado, um conflito complementar, que pressupõe um leitor independente como ponto de vista ideal para reconhecer a independência da poesia de Cabral. Dito de outra forma, ao fundir no mesmo discurso poesia e poética, ou digamos, *máquina* e *manual de instruções*, a poesia de Cabral forma seu leitor, ensinando-lhe o modo cabralino de se aproximar dela, isto é, com rigor, serenidade, discernimento. No entanto, a independência dessa poesia, sua autonomia e originalidade, depende para ser reconhecida e valorizada como tal de um outro que é o mesmo, isto é, de um leitor *independente*. E independência do leitor, aqui, implica uma conduta de compreensão e distanciamento, aprovação e questionamento, ou, como registram os versos finais de "A Willy Lewin Morto", uma postura que envolve "tanto / o sim e o desagrado"[48].

"A Willy Lewin Morto" traça o perfil do leitor ideal da poesia cabralina, e elege para ocupar esse lugar alguém que participou diretamente da formação literária do jovem Cabral[49]. A análise desse componente expõe outro binômio imbricado na obra de Cabral, o da liberdade *vs.* repressão. Todo texto literário *pressupõe* a figura do leitor ideal, uma espécie de consciência virtual capaz de concretizar um tipo de leitura que corresponde à que

48. João Cabral de Melo Neto, *Obra Completa, op. cit.*, p. 397.
49. O pernambucano Willy Lewin foi poeta bissexto, crítico literário e ensaísta. Em torno dele se juntaram um grupo de jovens interessados em cultura no Recife do fim dos anos 1930. Nesse grupo estavam, entre outros, Cabral, Gastão de Holanda, Lêdo Ivo e Vicente do Rego Monteiro. O primeiro poema conhecido de Cabral, escrito aos dezessete anos e intitulado "Sugestões de Pirandello" – um tríptico do qual restaram apenas as duas primeiras partes, e que já aponta na direção do futuro poeta crítico –, foi escrito a partir da leitura em francês da obra do dramaturgo italiano, a que Cabral teve acesso graças a Lewin. Homem de cultura e de posses, Lewin franqueava sua biblioteca ao grupo de jovens que buscavam sua orientação. Foi nessa biblioteca, e por sugestão de Lewin, que Cabral leu os franceses – Valéry, Mallarmé, Le Corbusier – que tanto influenciaram a formação de seu pensamento. Foi também Lewin quem lhe apresentou, pela primeira vez, um livro de Drummond: *Brejo das Almas* (José Castello, *João Cabral de Melo Neto: O Homem sem Alma, op. cit.*, pp. 44-48).

do texto faria seu autor. Ao mesmo tempo, o texto literário *cria* seu leitor ideal ao lhe impor padrões retóricos, estéticos, ideológicos, que o leitor incorpora e utiliza em seu processo de leitura. O resultado dessa interação texto-leitor surge na forma de uma simetria especular. Em Cabral, essa simetria ocorre entre rigor de escritura e rigor de leitura, e, no caso deste, o rigor demanda do leitor tanto compreensão empática ("sim") como insatisfação ("desagrado") – dualidade que repete, em certa medida, a da memória e esquecimento voluntário com que o poeta lida com seus precursores durante o processo de criação. A atitude do poeta diante de suas fontes, sua luta por incorporá-las e emudecê-las, descrita no conceito do "processo mental negativo", transfere-se agora ao leitor que, diante da "autoridade" do texto, deve executar uma leitura de assimilação e problematização. Há, portanto, no binômio "[d]o sim e [d]o desagrado" – bem como no "processo mental negativo" – uma tensão entre repressão e liberdade.

O constructo do leitor ideal pode ser considerado em si um fator de repressão na medida em que ele presume a existência de uma *leitura ideal* do texto literário – daí alguns críticos, como Jonathan Culler, condenarem-no[50]. Ao retratá-lo, personalizá-lo e indicar-lhe uma conduta em "A Willy Lewin Morto", Cabral reforça esse sentido repressor, de controle da leitura. Todavia, como compensação desse controle, o vislumbre da leitura insubordinada, enunciada no termo "desagrado", a concebe como um ato de liberdade, de autonomia crítica.

Esse embate entre repressão e liberdade cria um equilíbrio de forças que, em certo sentido, regula o sistema poético cabralino, constituído em grande medida de dualismos compensatórios. Nesse sistema se inserem, de um lado, as postulações de autonomia: *1*) do texto, desonerado da presença do eu lírico e autoral, que abandonou o poema *como quem lavasse as mãos*, e *2*) do leitor ideal, cuja independência no ato da leitura deve combinar necessariamente aprovação e dissensão. Na base dessas autono-

---

50. Jonathan Culler, *The Pursuit of Signs*, Abingdon, Oxon, Routledge, 2001, p. 56.

mias, há, pois, um discurso de fundo liberal, de anticoerção. No entanto, de outro lado, essa concepção liberal colide com outra, digamos, menos complacente: a do discurso da poética cabralina com seu traçado rígido de limites, sua estética da precisão, sua ética do rigor, aspectos que, como um todo, se associam à ideia de inflexibilidade, que termina por exercer, em alguma extensão, controle sobre a leitura dos poemas. Desse discurso, enfim, emerge uma espécie de face controladora e autoritária da poesia de Cabral, ou em termos abstratos, uma *persona* a quem a parte constritora da consciência textual da poética cabralina empresta sua voz.

Na recepção da obra do poeta, o discurso da autonomia tem prevalecido sobre o da constrição. Ambos, porém, estão formulados na poesia cabralina. E, por essa formulação, o conceito de impessoalidade, associado à noção de autonomia, deve ser colocado em perspectiva. Se, no plano textual, o poema desloca o foco do sujeito para o objeto, no plano temático a recorrência da metapoesia e seus efeitos intervencionistas desestabilizam o postulado da despersonalização lírica. Se o sujeito poético foi anulado no poema – "Eu me anulo me suicido"[51] –, o vigor e a obstinação com que a *"persona"* da poética cabralina e suas máscaras (artistas, objetos, lugares, leitor ideal) despontam a cada poema fazem de sua presença um evento incontornável, e da poesia um discurso em que a aparência de descentralização disfarça uma determinação autocentrada.

NARCISISMO, ANTINARCISISMO E HERMETISMO

No seu ensaio de 1973, Lauro Escorel aceita o pressuposto da despersonalização do sujeito lírico na poesia de Cabral e o interpreta, numa perspectiva psicanalítica, em termos de antinarcisismo:

---

51. João Cabral de Melo Neto, *Obra Completa, op. cit.,* p. 44.

Cabral de Melo é, na verdade, um poeta *antinarcisista* [...] . Não o seduz, antes lhe repugna, a contemplação da própria imagem na inquietante corrente da própria existência. À complacência de Narciso, enamorado do seu reflexo no espelho líquido, opõe Cabral de Melo, vencida sua fase adolescente, à severidade de uma objetivação crescente, mediante a qual procura despojar-se de tudo o que possa indiscretamente revelar sua intimidade[52].

Trinta anos antes, e tomando como referência apenas a leitura de *Pedra do Sono*, Antonio Candido expede julgamento que, apesar da distância no tempo e das mudanças ocorridas na poesia de Cabral, pode ser aproximado da perspectiva de Escorel. Diz Candido, em certo momento de sua resenha:

O erro da sua [de Cabral] poesia é que, construindo o mundo fechado de que falei [refere-se ao conceito mallarmaico de poesia pura, ao qual o crítico filia os poemas de *Pedra do Sono*], ela tende a bastar-se a si mesma. Ganha uma beleza meio geométrica e se isola, por isso mesmo, do sentido de comunicação que justifica neste momento a obra de arte. Poesia assim tão autonomamente construída se isola em seu hermetismo. Aparece como cúmulo de *individualismo*, de *personalismo narcisista* que, no Sr. Cabral de Melo, tem um inegável encanto, uma vez que ele está na idade dessa espontaneidade na autocontemplação[53].

A princípio, os dois excertos não se contradizem. Ambos partem do autor para caracterizar a obra, e ambos associam o conceito de narcisismo a uma experiência juvenil. Escorel afirma que Cabral é "um poeta antinarcisista [...], vencida sua fase adolescente", referindo-se decerto à *Pedra do Sono*, e Candido alude ao "personalismo narcisista" de Cabral nessa obra, associando-o à juventude do poeta, "idade dessa espontaneidade na autocontemplação". Para Escorel, portanto, que escreve em 1973, passada a etapa inicial de sua carreira, Cabral optou pela "severidade da objetivação". Por essa perspectiva, o argumento de

---

52. Lauro Escorel, *A Pedra e o Rio*, op. cit., p. 25 (grifo nosso).
53. Antonio Candido, "Poesia ao Norte", *Textos de Intervenção*, org. Vinicius Dantas, São Paulo, Duas Cidades/Ed. 34, 2002, pp. 140-141 (grifo nosso).

128 MATÉRIA LÍTICA

Candido, formulado em 1943, estaria, três décadas depois, datado. Ocorre que, do ponto de vista histórico, Candido nessa resenha anteviu, ou viu prematuramente, vários aspectos que se tornaram centrais na poesia de Cabral a partir de *O Engenheiro*. Um deles é a questão do hermetismo construtivista, noção na qual, segundo Candido, está implicado o conceito de narcisismo.

O hermetismo de *Pedra do Sono* é de raiz mallarmaica. Na prática, isso se traduz na instabilidade semântica do enunciado lírico pelo ato de subversão radical do código da comunicação utilitária. Tal subversão cria uma linguagem autônoma e única, baseada, entre outros recursos, na sintaxe imprevista das imagens. A decodificação dessa linguagem críptica, em parte onírica, depende da formulação, por parte do leitor, de um modo de leitura capaz de dar conta de camadas de significação que o poema conscientemente dissimula. A partir de *O Engenheiro*, e sobretudo nos poemas de *Psicologia da Composição*, o hermetismo cabralino afasta-se do modelo de Mallarmé e aproxima-se do de Valéry. Isso significa o abandono do recurso programático da desestabilização semântica do enunciado, para fixar-se no construtivismo da *clareza hermética* – paradoxo a que José Guilherme Merquior alude nos seguintes termos, referindo-se à linguagem da "Fábula de Anfion": "Claríssima, sua clareza deve entretanto ser conquistada"[54]. Além disso, o modelo de hermetismo valéryano, mais do que o mallarmaico, pressupõe o exercício crítico paralelo à prática da criação, aspecto que Cabral entreteceu num mesmo discurso. Dessa forma, pode-se concluir que o hermetismo sofre uma metamorfose na obra cabralina, sem, no entanto, perder sua condição de natureza hermética.

Em sua análise, Candido desaprova o hermetismo de *Pedra do Sono* – "o erro de sua poesia é que [...] ela tende a bastar-se a si mesma" –, tomando como parâmetro de avaliação uma

---

54. José Guilherme Merquior, "Nuvem Civil Sonhada", *A Astúcia da Mímese*, Rio de Janeiro, José Olympio, 1972, p. 128.

A PEDRA NARCÍSICA DE JOÃO CABRAL 129

perspectiva político-social: o caráter hermético da poesia de Cabral a isola "do sentido de comunicação que justifica neste momento a obra de arte". Apesar da mudança de direção que o hermetismo tomou na obra cabralina, o teor dessa censura será reiterado por outros críticos, sobretudo os de filiação marxista e antiestruturalista. Daí ser possível supor que a cisão da poesia de Cabral em "Duas Águas", uma crítica e outra social, esta surgindo com "O Cão sem Plumas", de 1950, e reafirmando-se com "O Rio", de 1954, tenha sido, ao menos em parte, motivada por essa reação da crítica. O que se pode, no entanto, afirmar com segurança é que no prefácio que Cabral escreveu para uma antologia de sua poesia crítica, publicada em 1982, o poeta responde à acusação de fazer da poesia um exercício de formalismo autotélico e estéril. Dirigindo-se ao leitor em terceira pessoa, Cabral escreve:

> Quem teve contacto com pouca parte de sua obra, sabe que ele nunca entendeu a linguagem poética como uma coisa autônoma, intransitiva, uma fogueira ardendo por si, cujo interesse estaria no próprio espetáculo de sua combustão: mas como uma forma de linguagem como qualquer outra. // Uma forma de linguagem transitiva, com a qual se poderia falar de qualquer coisa, contanto que sua qualidade de linguagem poética fosse preservada[55].

Enfim, se hermetismo pressupõe a possibilidade de narcisismo, como sugere Candido em sua resenha – e também Linda Hutcheon, em outro contexto, mas aplicável ao nosso: "hermetismo e narcisismo [...] são sempre possíveis na autorreferencialidade"[56] –, e se o hermetismo sofreu transformações na obra de Cabral, é válido admitir que o narcisismo de *Pedra do Sono*, reconhecido por Candido e insinuado por Escorel, acompanhou essas transformações. Na década de 1950, como vimos, a poesia cabralina cindiu-se em "Duas Águas",

55. João Cabral de Melo Neto, "Nota do Autor", *Poesia Crítica: Antologia*, Rio de Janeiro, José Olympio, 1982, pp. V-VI.
56. Linda Hutcheon, *The Politics of Postmodernism*, 2. ed., New York, Routledge, 2002, p. 28.

130 MATÉRIA LÍTICA

alcançando certa notoriedade por meio da "água" social[57]. Por essa cisão, pode-se inferir que o hermetismo também cindiu-se para se acomodar nessas duas linhas criativas, e para fazer com que a poesia social falasse mais diretamente ao público, sem que sua "qualidade de linguagem poética" fosse comprometida. Esse ajuste do hermetismo para otimizar a comunicabilidade corresponde na obra de Cabral a uma fluidificação do discurso autorreferencial, metacrítico ou metapoético. Por esse raciocínio, a poesia social cabralina constitui, de fato, o lugar temático onde outridade e objetivação (o outro como outro) se realizam na obra do poeta.

NARCISISMO POR CABRAL

O conceito de narcisismo aqui utilizado não possui nuances psicológicas como as que lhe atribuem Candido e Escorel, ou seja, não constitui um efeito de leitura associado diretamente ao autor, entendido como pessoa empírica. O emprego de tal conceito neste ensaio visa nomear manobras de autorreferencialidade na obra de Cabral, como *1*) tomar a alteridade como *alter-ego*, isto é, objetivar criticamente o outro (artistas, objetos, paisagens...) para enunciar princípios da própria poética; *2*) criar seu próprio vocabulário crítico, extraído do círculo fechado de sua metapoesia, e tentar, por meio desse vocabulário, exercer controle sobre o modo de leitura dos poemas; *3*) construir um discurso paralelo sobre a ética da composição, que põe foco no autor e em seu esforço para compor o poema. Todos esses as-

---

57. Em 1952, Houaiss reclama que Cabral "não é dos mais conhecidos poetas brasileiros da geração moderna" ("Sobre João Cabral de Melo Neto", *Drummond mais Seis Poetas e um Problema*, Rio de Janeiro, Imago, s.d., p. 203). Em 1954, "O Rio" ganha o prêmio José de Anchieta. Do júri que outorgou o prêmio participaram Candido, Drummond e Paulo Mendes de Almeida. Nesse mesmo ano, após a publicação de "O Rio", Houaiss escreve: "João Cabral de Melo Neto é já agora um dos mais conhecidos poetas brasileiros contemporâneos" (*Idem*, p. 216). Em 1956, o conjunto da obra de Cabral sai por uma editora comercial de grande circulação, a José Olympio.

A PEDRA NARCÍSICA DE JOÃO CABRAL   131

pectos, enfim, convergem para construir uma imagem do poeta e sua poética: o poeta intransigente em relação aos postulados de sua poética, que ele refaz a cada poema, depurando-a obsessivamente; e a poética autocentrada, que recorta à sua imagem os objetos que contempla, e que pretende, até onde seu poder de manipulação alcança, regular sua recepção.

Sobre o recorte do outro à sua imagem, ou a autocontemplação na alteridade, Cabral reconhece, ainda que obliquamente, esse procedimento de sua poética no poema "Dúvidas Apócrifas de Marianne Moore", de *Agrestes* (1985). Rastreando o tema, no entanto, pode-se ver indícios dele em ao menos três momentos anteriores: num trecho do *Auto do Frade* (1982), no poema "Para Selden Rodman, Antologista", incluído em *Museu de Tudo* (1975), e numa carta a Othon Moacir Garcia, de 1958. Nesta, ao refletir sobre seu estado de lucidez durante a criação, lucidez refratária a qualquer espontaneísmo, Cabral afirma: "como sou o menos passivo dos poetas, *prefiro ver os que admiro como pertencentes à família dos desespontâneos, como eu*"[58]. Nessa atitude, Cabral transfere ao outro, por afinidade eletiva, um traço composicional, o racionalismo criativo, que, de fato, lhe pertence, sem, no entanto, pertencer necessariamente ao outro, incluído na "família dos desespontâneos".

No poema "Para Selden Rodman, Antologista", que forma par, pela temática, com "Dúvidas Apócrifas de Marianne Moore", o antologista se revela no ato de *escolher* os integrantes de sua antologia. O poema faz referência à polêmica antologia da poesia moderna de língua inglesa, organizada por Rodman, em 1938. Na primeira parte do poema, a voz lírica afirma:

Há um contar de si no escolher,
no buscar-se entre o que dos outros,
entre o que outros disseram
mas que o diz mais que todos[59].

58. Othon Moacyr Garcia, "A Página Branca e o Deserto", *Esfinge Clara e Outros Enigmas*, 2. ed., Rio de Janeiro, Topbooks, 1996, p. 245 (grifo nosso).
59. João Cabral de Melo Neto, *Obra Completa, op. cit.*, p. 406.

Ao ser publicada, a antologia de Rodman causou polêmica não apenas por incluir composições não canônicas – "light verses", letras de canções "gospel" –, como também por incorporar textos considerados não poéticos, como o último discurso de Bartolomeo Vanzetti[60], proferido em corte, durante o julgamento porventura mais comentado do primeiro quartel do século xx nos Estados Unidos. Esse critério híbrido, não sistemático, de seleção pode ser atribuído a um *traço de cultura*, a uma *disposição de personalidade*, ou a ambos. O poema de Cabral prefere centrar-se na segunda hipótese: "Há um contar *de si*", e não de seu tempo, de sua cultura, embora o antologista esteja integrado nessas dimensões, "no escolher". Nesse sentido, Cabral, um pouco à Nietzsche, *individualiza* a cultura, ou ao menos parte dela, no ato de Rodman como antologista. Dito de outra forma, o ato cultural se manifesta através do indivíduo, Rodman, que busca sua própria imagem no discurso de outros poetas, ou outras pessoas: "no buscar-se entre o que dos outros".

O exemplo extraído do *Auto do Frade* consta da cena em que o frei Caneca acorda para a execução de sua pena. Durante o tempo na prisão, passado numa solitária, o frade esteve privado de qualquer luz. Ao sair para morrer, num dia ensolarado, seus sentidos se aguçam, sobretudo a visão. Essa agudez sensorial faz com que o frade desperte para a vida, ainda que "para um fiapo de vida". A experiência na escuridão é descrita como "vida apodrecida": "como fora nada eu via, / ficava dentro de mim / como vida apodrecida". A experiência solar é um viver para fora, um "reacordar-se / ao que em nosso redor gira". "Acordo fora de mim", diz o frade ao ter acesso ao mundo pela via dos sentidos, à beira da morte. E é, enfim, nesse jogo entre vida-fora *vs.* dentro-morte, que Caneca vê os objetos e neles se vê:

---

60. Bartolomeo Vanzetti e Nicola Sacco eram imigrantes italianos, trabalhadores e anarquistas, que foram condenados à morte por eletrocussão, sob acusação da morte de dois homens durante um assalto à mão armada, ocorrido em South Braintree, Massachusetts, em 1920. Ambos foram executados em 1927, após um julgamento repleto de controvérsias, que cruzaram fronteiras e atraíram a atenção da comunidade internacional.

Essas coisas ao redor
sim me acordam para a vida,
embora somente um fio
me reste de vida e dia.
Essas coisas me situam
e também me dão saída;
ao vê-las me vejo nelas,
me completam, convividas[61].

Na poética cabralina, a fala do Caneca remete ao postulado da objetivação do mundo exterior, que desperta a consciência do observador para a realidade das formas concretas. Essa realidade material, que *acorda* o frade *para a vida*, quem as observa é mais o Caneca professor de geometria do que o religioso (o frei Caneca histórico era os dois). Da mesma forma que é o geômetra e não o frade quem dispõe num mesmo plano, de modo a se confundirem, "a justeza e a justiça"[62]. Como quase todo elemento do qual se apropria a poética cabralina, o Caneca de Cabral não é falseado, e sim recortado a partir de seus próprios componentes para assemelhar-se ao ponto de vista que o concebeu.

No entanto, o poema capital dessa discussão, aquele em que Cabral examina mais frontalmente a dialética despersonalização-individuação, intitula-se "Dúvidas Apócrifas de Marianne Moore". Nele, o poeta parte de um aspecto conhecido da obra de Moore: a tensão entre a voz impessoal registrada nos poemas e sua inserção numa poesia extremamente idiossincrática. Como Cabral, Moore definiu os padrões retórico-estilísticos de sua poesia, dotando-a de uma dicção muito particular. Com isso, o enunciado com marcas de impessoalidade contrasta com o modo de enunciação marcadamente pessoal. Ao comentar com seus estudantes de Yale o poema "A Grave", por exemplo, Langdon Hammer aponta esse contraste no poema e na obra da poeta americana: "Os poemas de Moore são as-

---

61. João Cabral de Melo Neto, *Obra Completa, op. cit.*, pp. 468-469 (grifo nosso).
62. *Idem*, p. 482.

sim. Parecem impessoais e ao mesmo tempo são profundamente pessoais e individuais"[63]. Cabral toma essa ambiguidade do discurso marianno para discuti-la em "Dúvidas Apócrifas de Marianne Moore". O foco do poema, no entanto, não recai sobre o enunciado e o modo de enunciação, mas sobre o ato seletivo de escolha dos objetos que o discurso objetiva. Na primeira estrofe, a voz ficcional de Moore revela: "Sempre evitei falar de mim, / falar-me. Quis falar de coisas". E na sequência, questiona: "Mas na seleção dessas coisas / não haverá um falar de mim?" Tal questionamento introduz o núcleo temático do poema, que o sistema de palavras-rimas da primeira estrofe sintetiza ao opor, ou pôr em paralelo, "mim" (sujeito) e "coisas" (objeto). A partir da segunda estrofe, o eu lírico constrói variantes dessa pergunta, com o foco recaindo no sujeito, no objeto e na linguagem:

Não haverá nesse pudor
de falar-me uma confissão,
uma indireta confissão,
pelo avesso, e sempre impudor?

A coisa de que se falar
até onde está pura ou impura?
Ou sempre se impõe, mesmo impura-
mente, a quem dela quer falar?

Como saber, se há tanta coisa
de que falar ou não falar?
E se o evitá-la, o não falar,
é forma de falar da coisa?[64].

Como "Graciliano Ramos:", "Dúvidas Apócrifas de Marianne Moore" se estrutura como um poema lírico-dramático, em que a fala em primeira pessoa é atribuída ficcionalmente ao escritor enunciado no título. Como no poema sobre Gracilia-

---

63. LangdonHammer, em http://oyc.yale.edu/english/engl-310/lecture-17.
64. João Cabral de Melo Neto, *Obra Completa, op. cit.*, p. 554.

no, também no de Moore o conteúdo da fala do outro, bem como seu modo de enunciação, remetem à *persona* da poética cabralina, que parece falar por meio do enunciador nomeado. Dessa forma, as dúvidas *apócrifas* de Moore podem ser lidas como dúvidas *autênticas* de Cabral, ou de sua poética. E o que o poema questiona em chave irônica nas obras desses autores (Cabral e Moore) é a extensão do efeito da impessoalidade do discurso lírico, que emerge como recurso derivado da contenção do lirismo sentimental e confessional. O que o poema de Cabral, por fim, conclui é que o negativo fotográfico constitui uma outra forma de revelar a imagem, isto é, que o não confessar-se é um modo de confissão, e que a impessoalidade faz fronteira com os atos de escolha e descarte que um autor executa ao compor seu texto. Nesse sentido, mais do que metacrítico, "Dúvidas Apócrifas de Marianne Moore" é um poema autocrítico, que problematiza o conceito de despersonalização lírica. Cabral parece reconhecer não ser possível de todo ao autor ou ao sujeito discursivo *deixar o poema como quem lava as mãos*. A própria decisão de abandonar o texto personaliza o abandono.

A PEDRA CABRALINA

O outro na poesia de Cabral assume formas várias. Até aqui examinamos o conjunto dos artistas: pintores, poetas, prosadores, toureiros, e vimos como o poema os retrata para deles fazer emergir uma imagem crítica que coincide com a da poética cabralina. Assim, a múltipla alteridade que, a princípio, funcionaria como elemento descentralizador, acaba convergindo para o mesmo ponto, numa dinâmica, de fato, centralizada e centralizadora. Com particularidades específicas, mas ainda inserido no circuito alteridade-identidade, outro conjunto referencial da poesia cabralina é o das imagens concretas recorrentes. Fazem parte desse conjunto vocábulos-objetos, como faca, sol, relógio, pedra; e vocábulos-paisagens, como rio, mar, sertão, canavial, cemitério.

Os vocábulos-objetos se desdobram por contiguidade: a faca em lâmina, bisturi, metal; o sol em dia, luz, claridade; o relógio em tempo, existência, morte; a pedra em deserto, matéria, aridez. Os vocábulos-paisagens situam-se, geograficamente, no Nordeste ou na Espanha, que por sua vez se particularizam em Pernambuco, Recife, Andaluzia, Sevilha. Na dimensão macroestrutural da poesia cabralina, esses vocábulos se inter-relacionam e se conjugam: o sol identifica-se com a faca, e também com a pedra, ilumina paisagens nordestinas e andaluzas, seca ou dá vida, no sentido de nitidez, às formas; no plano metafórico, remete à lucidez da razão e ao discurso científico e, no âmbito da linguagem poética, à concisão e ao silêncio, estes também vinculados, por via metafórica, ao mundo mineral.

Por sua frequência, esses vocábulos compõem uma imagística da poesia cabralina, isto é, um conjunto de imagens concretas recorrentes que, quando acionadas no poema, remetem ao sistema que o concebeu, e que esse vocabulário particular ajuda a definir. Nessa imagística, a pedra ocupa lugar central por sua alta recorrência e pela extensão de suas implicações. Já em 1944, como já referido, às vésperas de publicar *O Engenheiro*, Cabral refere-se ao próprio estilo nos termos de uma "estética mineral". Dez anos depois, Vinicius de Moraes reafirma essa ideia no poema "Retrato, à sua Maneira", em que parodia o estilo seco de Cabral para compor o retrato do amigo. Nesse texto, Vinicius cria uma equivalência entre o modo do enunciado (árido, duro, antimelódico) e as imagens minerais que o poema evoca, e estende essa correlação à figura do poeta retratado – "magro entre pedras"; "camarada diamante!"[65] –, criando nessa correspondência homem-estilo (homem pétreo, estilo pétreo) uma espécie de versão literal e irônica da máxima do Comte de Buffon, "o estilo é o próprio homem". Essa "estética mineral", enfim, que desponta em "Os Três Mal-Amados" e ganha contornos com *O Engenheiro*, atinge a síntese mais bem acabada de sua

---

65. Vinicius de Moraes, *Antologia Poética*, Rio de Janeiro, Editora do Autor, 1960, p. 276.

expressão nos poemas de *A Educação pela Pedra*. Nesse período, que vai de 1943 a 1966, Cabral produz a parte mais radical de sua obra, aquela que se mostra mais eticamente comprometida com sua poética do rigor racional – ao mesmo tempo em que, como vimos, a partir da década de 1950, Cabral divide sua poesia em "Duas Águas", e assume também o papel de poeta social, ainda que *à sua maneira*. É nesse período, pois, que nos fixaremos – incluída aí uma breve observação sobre *Pedra do Sono* – para cronologicamente traçar uma trajetória do motivo da pedra, examinar suas implicações semânticas e compreender o modo como essa imagem medeia certos conceitos e recursos retóricos da poesia cabralina.

DE *PEDRA DO SONO* A *O ENGENHEIRO*

A imagística da poesia cabralina, com a pedra nela contida, começa a se formar de modo sistemático a partir de *O Engenheiro*. No livro de estreia de Cabral, a imagem da pedra surge como que por acaso. *Pedra do Sono*, como já mencionado, é o nome de um povoado extinto de Pernambuco, que faz par com *Brejo das Almas*, título do segundo livro de Drummond e nome de um vilarejo desaparecido de Minas Gerais. Além disso, há o fato de que Cabral apresentara no Congresso de Poesia do Recife, em 1941, a tese intitulada "Considerações sobre o Poeta Dormindo", na qual discute o "sono e suas relações com a poesia"[66]. Assim, Drummond e o sono parecem justificar o título do primeiro livro de Cabral, cuja epígrafe – "Solitude, récif, étoile…" – extraída de um poema de Mallarmé, também apresenta uma imagem mineral, a do arrecife. Tais ocorrências, no entanto, não parecem possuir maiores implicações nos poemas do livro, a não ser pelo fato de que constituem imagens concretas. Do modernismo de Drummond, e também do de Murilo Mendes, Cabral herdou o gosto pelo uso expressivo da

---

66. João Cabral de Melo Neto, *Obra Completa, op. cit.*, p. 685.

imagem concreta no poema, que Candido, aliás, destaca em sua resenha de 1943.

Esse gosto reafirma-se em "Os Três Mal-Amados", obra de um Cabral ainda drummondiano, mas cuja própria voz já se vai definindo. Na evocação da pedra por um dos personagens, a imagem apresenta um viés metafórico que reaparecerá em poemas de *O Engenheiro*. O personagem é Raimundo, que no drama personifica um modo de expressão poética que valoriza a metáfora construída a partir de imagens concretas. Em sua segunda fala, Raimundo observa sobre Maria, sua amada: "Maria era sempre uma praia, lugar onde me sinto exato e nítido como uma pedra – meu particular, minha fuga, meu excesso imediatamente evaporados"[67]. O discurso por assim dizer amoroso parte de uma dimensão espacial associada às ideias de claridade e amplidão – "praia" – para caracterizar um estado de sensibilidade que Raimundo deseja alcançar, e que esse espaço proporciona: o de sentir-se "exato e nítido", que implica ter "evaporados" o vago subjetivo, o devaneio e o descontrole do pensamento. Por sua exatidão e nitidez, a pedra figurativiza esses aspectos, ao mesmo tempo em que atua como metáfora de objeto autocentrado, no sentido de contenção do desbordamento da subjetividade.

Em *O Engenheiro*, esse sentido retorna em "A Paul Valéry" e na "Pequena Ode Mineral", composições que fecham a coletânea. No primeiro, o sintagma "Doce tranquilidade" abre quatro das sete estrofes do poema. Por ele, o texto alude a um estado mental de equilíbrio e concentração racionalistas que se opõe à dispersão sentimental. Na quarta estrofe, esse estado mental é metaforicamente associado ao mundo mineral:

Doce tranquilidade
do pensamento da pedra,
sem fuga, evaporação,
febre, vertigem[68].

---

67. *Idem*, p. 59.
68. *Idem*, p. 82.

O tema dessa estrofe é desenvolvido na "Pequena Ode Mineral", primeiro poema em que a pedra constitui a imagem central na obra cabralina. É provável, ainda que totalmente especulativo, que Cabral tivesse em mente os trechos aqui abordados de "Os Três Mal-Amados" e "A Paul Valéry", mais a "Pequena Ode Mineral", quando alude à sua "estética mineral" na citada carta de 1944. Esses três textos estão articulados em torno de um mesmo tema, que a ode final de *O Engenheiro* desenvolve de modo mais direto, e teórico, em tom de quase manifesto, cujas diretrizes se expressam por meio de uma dicotomia opositiva.

Assim, a ode está dividida em duas partes, cada uma composta de seis estrofes. Nas seis primeiras, o sujeito lírico elege um interlocutor em estado de desaprumo dispersivo, uma espécie de antileitor ideal do poema, como destinatário do discurso. Esse interlocutor é descrito como um ser incapaz de autocentramento, que vive alienado de si, num mundo evanescente, em que tudo parece estar "solto no tempo":

Desordem na alma
que se atropela
sob esta carne
que transparece.

Desordem na alma
que de ti foge,
vaga fumaça
que se dispersa,

informe nuvem
que de ti cresce
e cuja face
nem reconheces.

....
Tua alma escapa
como este corpo
solto no tempo
que nada impede[69].

69. *Idem*, p. 83.

140 MATÉRIA LÍTICA

Na primeira parte da ode, a voz lírica traça o perfil do que, ao longo da obra de Cabral, e em termos metalinguísticos, será o grande antagonista da poesia cabralina: a *consciência abstracionista*. A esta se opõe a segunda parte do poema, na qual o sujeito lírico aponta ao seu interlocutor o caminho oposto ao da dispersão abstracionista:

> Procura a ordem
> que vês na pedra:
> nada se gasta
> mas permanece[70].

Imagem-síntese de uma mentalidade apolíneo-estoico-materialista, que é a mentalidade da poética cabralina, a pedra emerge como protagonista do poema pelos aspectos que ela comunica ou incorpora. Entre esses aspectos contam-se a "ordem" e a permanência, opostos à "desordem" e à fugacidade da consciência abstracionista. Na segunda parte da ode, à pedra também se associam valores como – e remeto ao texto sem havê-lo transcrito – reconhecimento ("Essa presença / que reconheces"), solidez prospectiva ("pesado sólido / ... que sempre ao fundo / das coisas desce"), silêncio eloquente ("Procura a ordem / desse silêncio / que imóvel fala")[71]. Tais valores formam pares opositivos com os que se vincularam anteriormente à consciência abstracionista: irreconhecibilidade ("informe nuvem / que de ti cresce / e cuja face / nem reconheces"), inconsistência dispersiva ("vaga fumaça / que se dispersa"), linguagem fugaz ("palavras ditas // que não se sabe / onde se perdem"). Em suma, nessa dicotomia opositiva formam-se dois eixos metalinguísticos em que a imagem da pedra, oposta à consciência abstracionista, condensa valores que representam, no plano conceitual e discursivo, os que a poética cabralina advoga para si.

Outra composição em que a "estética mineral", por meio do uso de um vocabulário relacionado, se faz presente em *O En-*

70. *Idem, ibidem.*
71. *Idem*, p. 84.

genheiro é "Os Primos". Nesse poema, Cabral desenvolve uma temática familiar, no rastro da que Drummond desenvolvia então na sua obra. O tratamento do tema, no entanto, difere substancialmente. Cabral toma um assunto que pressupõe expansão afetiva e transforma o que nele deveria ser matéria sentimental em matéria lítica, petrificando os primos e a si (sujeito lírico) em praça pública:

> Meus primos todos
> em pedra, na praça
> comum, no largo
> de nome indígena[72].

Tal gesto de petrificação familiar, ou "medusamento da subjetividade", na feliz expressão de Benedito Nunes (p. 169), não implica anulação do afeto, e sim sua condensação na forma nítida e imóvel das estátuas, que se olham e partilham entre si um "amor mineral"[73].

Para Gledson, que faz uma leitura de *O Engenheiro* baseada no conceito de influência, proposto por Harold Bloom, sem no entanto mencionar o crítico americano, a "estética mineral" cabralina funciona como fator de ruptura em relação à poesia de Drummond, que lhe serve de modelo. Para embasar seu argumento, Gledson toma a última estrofe do poema "A Carlos Drummond de Andrade", que associa o poeta mineiro a imagens de fluidez – "... tempo, / rio fluindo sob a casa, correnteza / carregando os dias, os cabelos"[74] –, imagens que parecem figurativizar a inquietação típica do lirismo drummondiano, e conclui que a pedra e a petrificação indiciam um ato de individuação da poesia cabralina diante de seu precursor mais influente. Para Gledson, enfim, a estética mineral cabralina parece "formulada em grande parte exatamente para evitar o 'fluxo', a 'transigência' sobre os quais a poesia de Drummond se baseia

---

72. *Idem*, p. 70.
73. *Idem*, p. 71.
74. *Idem*, p. 79.

142   MATÉRIA LÍTICA

nessa época"[75]. No encalço desse raciocínio, o crítico inglês vê "Os Primos" como "uma 'réplica' deliberada a Drummond"[76], um poema que reescreve a poesia familiar drummondiana sob outros pressupostos estéticos. Tal reescritura, pela qual Cabral busca seu próprio estilo, não significa negação da influência do precursor, e sim influência que opera por negação, ou consciente desleitura (Gledson não usa esse termo), como a que ocorre na "Fábula de Anfion" em relação a Valéry. Vale lembrar que, para esse ato criativo de desleitura, convergem o conceito de "processo mental negativo" e a dialética memória-esquecimento, acima examinados.

Dos sentidos metafóricos que a pedra assume nesses textos, o mais paradigmático, o mais cabralino é o de um estado mental específico, propício à criação da obra de arte. Tal estado é o da "doce tranquilidade / do pensamento da pedra", o da "ordem" ou unidade da pedra, oposta à "desordem na alma". A pedra, assim, adquire uma dimensão metalinguística singular, que não está, a princípio, associada ao poema, e sim às condições de sua composição, ao processo que envolve sua realização, ao estágio preparatório à sua existência. A poética cabralina tende a valorizar modos e meios de execução do poema mais do que seus resultados. Daí ser ela, em grande medida, uma *poética do pré-poema*. Em "A Paul Valéry", e sobretudo na "Pequena Ode Mineral", a imagem metapoética da pedra mostra-se intrinsecamente cabralina na medida em que comunica uma metáfora de *encaminhamento do poema*, que, por fim, se realiza na fatura do verso curto, concentrado e agudo.

"FÁBULA DE ANFION"

Uma das passagens mais conhecidas do mito original de Anfião (que Cabral preferiu grafar com a terminação *on*, como no es-

---

75. John Gledson, "Epílogo", *Influências e Impasses...*, *op. cit.*, p. 252.
76. *Idem*, p. 253.

A PEDRA NARCÍSICA DE JOÃO CABRAL 143

panhol, no francês e no inglês) é a das pedras encantadas, à qual se atribui um sentido relacionado ao ato da criação poética. O mito antigo narra a história dos irmãos gêmeos Zeto e Anfião, que, para vingar sua mãe, Antíope, encarcerada em Tebas por vinte anos, atacaram a cidade e mataram seus reis, Lico e Dirce, que a haviam aprisionado. Conquistada Tebas, os irmãos decidem fortificá-la, construindo-lhe ao redor uma muralha. Durante a construção, Zeto carrega pedras, enquanto Anfião toca sua lira, que Hermes lhe havia dado de presente, e com sua música encanta pedras, que seguem o músico, e vão suavemente se encaixar no lugar apropriado. A tradição crítica lê esse episódio em chave metapoética: assim como Anfião tomou pedras soltas e as encantou com sua lira divina, dando-lhes um sentido novo e humano ao ordená-las na forma arquitetônica de muralha, o poeta toma palavras desgastadas ou mortas e as encanta no poema ao emprestar-lhes uma forma organizada e renovar-lhes seu sentido e poder expressivo. Ao ingressar no poema, as palavras se vitalizam e ganham uma existência única, a serviço da Beleza, mas também da coletividade para a qual se dirigem. No entanto, segundo essa tradição, para realizar o poema, o poeta precisa estar em conexão direta com o divino sobrenatural, com o qual se confunde. Daí Anfião mover as pedras ao som da lira que lhe fora dada pelo deus Hermes, que também o ensina a tangê-la. Em sua "Fábula de Anfion", Cabral contrapõe-se a essa aura de forças e fatores sobrenaturais que envolve a criação poética, à qual busca dar um sentido puramente humano.

Em seu poema, Cabral dispõe seu protagonista numa moldura antimetafísica, só rompida pela edificação de Tebas, a que o texto faz menção sem descrever. Em termos narrativos, Anfião é um personagem em busca do deserto estéril e silencioso, que ele deseja habitar e cultivar "como um pomar às avessas"[77]. Quando pensa tê-lo enfim encontrado, o acaso intervém e toca

---

77. João Cabral de Melo Neto, *Obra Completa, op. cit.*, p. 96. Esse verso foi extraído de "Psicologia da Composição".

144   MATÉRIA LÍTICA

sua flauta primitiva, fazendo com que Tebas seja criada. Na cidade, Anfião a nega, não pelo que ela é, mas pelo modo como foi edificada, à revelia de sua consciência e sob a égide do acaso. Em Tebas, Anfião volta a procurar o deserto para estar novamente "entre pedras", que, brutas e desérticas, formavam a "paisagem de seu / vocabulário"[78]. As pedras-vocabulário da arquitetura de Tebas, em sua ordenação mediada pelo mistério e pela imprevisibilidade, formam na perspectiva de Anfião uma "injusta sintaxe" – *injusto* como *impreciso, inexato* –, que o herói, por isso, rejeita[79].

Há duas posturas distintas em relação ao mito de Anfião, quando se comparam as reescrituras que dele fizeram Cabral e Valéry. Este atualiza o mito ao mesmo tempo em que preserva aspectos da tradição: personagens mitológicos, intervenções sobrenaturais, pressupostos metafísicos, atmosfera mística, clímax narrativo centrado no episódio das pedras moventes, glorificação do protagonista, que realiza uma aliança sagrada entre Música e Arquitetura, cuja fusão remete às raízes da poesia lírica. Cabral, por sua vez, reescreve o mito, tendo o *Amphion* de Valéry também como referência, mas operando neles uma redução radical no sentido de despojá-los de hipóteses metafísicas. No poema cabralino, o protagonista desce a uma dimensão humana: não há intervenções ou personagens divinos, a intervenção do acaso representa um instante de distração do herói; não há alusão às pedras moventes, embora sua ação esteja implícita no surgimento de Tebas; em oposição ao cenário de bosques e grutas que aparece em Valéry, Cabral situa sua narrativa no deserto ao sol do meio-dia; o sol natural substitui, por assim dizer, a figura mitológica de Apolo, que na obra de Valéry é o deus que presenteia Anfião com uma lira; esta enfim é reduzida a uma flauta seca e primitiva. Na "Fábula de Anfion", em suma, Cabral opera uma redução do mito à realidade para opor-se à mitificação da criação da poesia. Daí

78. *Idem*, p. 87.
79. *Idem*, p. 90.

o poema fixar-se, antes da aparição de Tebas, no espaço desértico sob o sol do meio-dia, que "não choca os velhos / ovos do mistério"[80], e que evidencia as formas do mundo, e as desveste de qualquer enigma. No deserto solar, a pedra que o habita reduz-se à condição de fenômeno de si mesmo. O Anfião de Cabral é, por isso, um mito contra o mito, e uma espécie de mitologia naturalista (na terminologia filosófica) da criação poética. E, se na "Pequena Ode Mineral", a unidade autocentrada da pedra refuta a consciência abstracionista, na "Fábula de Anfion", a pedra desértica, "lavada" de sol, coisa-em-si sem transcendência, recusa a consciência mítica, que sublima o poeta e o poema, elevando-os a órbitas sobre-humanas. O Anfião de Cabral, enfim, entende a criação poética dentro dos limites do humano, seja qual for o sentido e o resultado que isso implique.

"POEMA(S) DA CABRA"

A "Fábula de Anfion" representa uma tentativa interrompida de poesia mítica na obra de Cabral. Depois de Anfião, o poeta não volta mais à mitologia. Ao invés, prefere criar seu próprio vocabulário mítico, sua própria mitopoese, ou seus próprios marcos referenciais, imagens identitárias, extraídos da realidade circundante, mais conforme com a tendência realista de sua linguagem. Um desses marcos é a cabra, que Escorel conceituou de "animal-totêmico" da poesia cabralina[81], e que o poeta cabo-verdiano Daniel Filipe, num poema sobre Cabral, chamou de "cabra-mito"[82]. De fato, da zoopoética cabralina, formada de cães, pássaros, touros, cavalos, anfíbios, insetos, a cabra tornou-se o mais paradigmático. Isso apesar de sua frequência não ser tão alta quanto a de outros animais. Entre esses, por exemplo, a presença de pássaros ou cavalos

---

80. *Idem*, p. 88.
81. Lauro Escorel, *A Pedra e o Rio, op. cit.*, p. 26.
82. Daniel Filipe, *Pátria, Lugar de Exílio*, Lisboa, Editorial Presença, s.d., p. 65.

146 MATÉRIA LÍTICA

mostra-se mais frequente do que a de cabras. Todavia, a cabra se impôs sobre seus pares, e isso, talvez, por três motivos principais: por sua associação com o espaço árido e, por extensão, com a pedra, marco referencial e metalinguístico por excelência da poesia cabralina; por seu elo ambíguo com o autor, sendo o étimo *cabra* a um só tempo índice de alteridade e rastro do eu; e finalmente pelo "Poema(s) da Cabra", um dos mais característicos e estimados da obra do poeta, todo centrado na imagem do animal, e lugar onde aquelas relações se afirmam.

Antes do "Poema(s) da Cabra", a aproximação cabra-pedra já havia ocorrido numa das passagens mais conhecidas de "O Rio", a seção "Notícia do Alto Sertão":

> Por trás do que lembro,
> ouvi de uma terra desertada,
> vaziada, não vazia,
> mais que seca, calcinada.
> De onde tudo fugia,
> onde só pedra é que ficava,
> pedras e poucos homens
> com raízes de *pedra*, ou de *cabra*[83].

Tal aproximação é reelaborada em poemas-tributos a Cabral, ou poemas que simplesmente dialogam com a obra do poeta, e que, em muitos casos, como no de Vinicius, evocam imagens identitárias ou fortes da poesia cabralina. Vinicius, como vimos, evoca a pedra e o deserto. Numa das estrofes do poema intitulado "João Cabral", Arménio Vieira inclui o poeta pernambucano numa tradição iniciada em Dante (referindo-se talvez a uma poética da visualidade), e alinha feijão, pedra e cabra, combinando assim o vegetal, o mineral e o animal, como imagens-símbolos, ou imagens-sínteses da poesia cabralina:

> João Cabral, no entanto,
> sendo o Z de uma recta

---

83. João Cabral de Melo Neto, *Obra Completa, op. cit.*, p. 120 (grifo nosso).

em que Dante é o A,
encontra no feijão
e na pedra, mesmo
na cabra, isto é,
na pele da cabra
que a seca secou
sua musa e seu canto[84].

O "Poema(s) da Cabra" pode ser lido como uma reescritura, ou versão realista da "Fábula de Anfíon", com o caprino ocupando o lugar do herói mitológico. Este queria habitar o deserto para – segundo se pode inferir – manter com ele uma relação de simbiose, na qual ser e espaço se fundissem numa unidade desértica presidida pelo sol, símbolo da lucidez racionalista, e elemento associado à aridez asséptica e à parcimônia ascética do deserto, propriedades que Anfião aspira incorporar pela convivência. Na série de poemas que a retrata, a cabra é descrita como habitante da "terra magra", da "caatinga seca", da costa mediterrânea e do sertão nordestino, espaços que se justapõem por similaridade, embora suas diferenças sejam também registradas na parte final do poema. A cabra, enfim, se confunde com esse espaço ao assumir suas propriedades. Por esse prisma, a cabra cumpre o plano que o Anfião cabralino não chegou a realizar.

Considerando a validade desse argumento, a cabra pode ser vista como nova redução naturalista – do Anfião à cabra –, em consonância e em paralelo com as que Cabral opera na "Fábula de Anfíon", tomando o mito original e o drama de Valéry como referência, ou seja, dos jardins de Tebas ao deserto, dos deuses à sua ausência, da lira à flauta tosca, da música ao silêncio, ou, em suma, da metafísica à *physis*. Visto dessa perspectiva, isto é, considerando o "Poema(s) da Cabra" como reescritura realista da "Fábula de Anfíon", um elemento ausente na primeira surge na nova versão: o homem, ou, mais especificamente, o sertanejo – o mesmo, aliás, que em "O Rio" é descrito com "raízes de pedra,

---

84. Arménio Vieira, *Mitografias*, Lisboa, Nova Vega, 2011, p. 29.

148   MATÉRIA LÍTICA

ou de cabra". Se a cabra adquire traços do deserto, por habitá-lo, o "nordestino, convivendo-a [*convivendo a cabra*] / fez-se de sua *mesma casta*". Com isso, "o núcleo da cabra é visível / debaixo do homem do Nordeste"[85].

Assim, por via da convivência entre as partes, a pedra, partícula do solo árido da caatinga, transfere suas propriedades fundamentais à cabra, que, por sua vez, as transfere ao sertanejo. Há, pois, nessa cadeia de transferências, uma dinâmica determinista do espaço, que molda os seres que o habita. No "Poema(s) da Cabra", esse determinismo, de base científica, conjuga-se com duas dimensões: a estética e a moral. A negatividade da cabra, seu aspecto rude, arisco, insolente, demoníaco, recolhidos do meio físico por uma espécie de atavismo, é incorporada no poema como fato estético. Ao mesmo tempo, esses aspectos quando moralmente enquadrados tornam-se virtudes, pois representam resistência ao espaço inóspito, veemência de existir contra a hostilidade da natureza, força que afronta a adversidade. A cor negra da cabra, descrita em três das onze seções do poema, capta essas dimensões: na seção 1, a voz lírica associa o negro da cabra ao "negro / do preto, do pobre, do pouco / ... negro da segunda classe". A seção seguinte, em contraste, evidencia a vitalidade da cor negra: "Se o negro quer dizer noturno / o negro da cabra é solar / ... *negro de vida*, não de morte"[86]. Assim, de um lado, tem-se a estética do ser marginalizado:

> Quem encontrou cabra que fosse
> animal de sociedade?
> Tal o cão, o gato, o cavalo,
> diletos do homem e da arte?[87].

Do outro, a ética de uma existência independente e indomável: "viva demais que é para ser / animal dos de luxo ou pajem"[88].

---

85. João Cabral de Melo Neto, *Obra Completa, op. cit.*, pp. 257-259.
86. *Idem*, p. 255.
87. *Idem*, p. 256.
88. *Idem, ibidem.*

O negro, enfim, afigura-se cor de uma poética negativa, e cor de uma moral afirmativa (esse é um exemplo do conflito entre *poética negativa* e *consciência afirmativa*, que será discutido mais adiante).

Ainda em termos de inter-relações físico-morais, a aparência rija da cabra revela o caráter vigoroso de sua obstinada existência. Assim, a "crosta" da cabra, seu "corpo couro", seu "couro sola", seu "armar-se em couraças, escamas", seu *"aço do osso*, que resiste / quando o osso perde seu cimento", toda essa rigidez epidérmica e óssea da cabra e também do sertanejo – "A cabra deu ao nordestino / esse esqueleto mais de dentro" –, empresta--lhes uma condição moral de seres obstinados, que se adaptaram e aprenderam a sobreviver num meio que lhes é hostil[89]. Essa força incisiva, física e moral, derivada do espaço e a ele contraposta, faz da cabra cabralina uma figura que, sem muito esforço, remete ao sertanejo "antes de tudo forte", de uma fortaleza também física e moral, de *Os Sertões*.

Em sua obra mestra, Euclides da Cunha define o sertanejo como "perfeita tradução moral dos agentes físicos da sua terra"[90]. A definição euclidiana ecoa na imagem dos "homens / com raízes de pedra", em *O Rio*, ou no paralelismo do "Poema(s) da Cabra":

O negro é o duro que há no fundo
da cabra ...

O negro é o duro que há no fundo
da natureza sem orvalho
que é a da cabra...[91].

No entanto, não é apenas pelo determinismo do meio físico, pelo fato de a cabra e o nordestino cabralinos poderem ser definidos em termos euclidianos como "perfeita tradução moral

---

89. *Idem*, pp. 258-259.
90. Euclides da Cunha, *Os Sertões*, ed. Leopoldo Bernucci, Cotia, SP, Ateliê Editorial/Imprensa Oficial do Estado/Arquivo do Estado, 2001, p. 214.
91. João Cabral de Melo Neto, *Obra Completa, op. cit.*, p. 256.

150 MATÉRIA LÍTICA

dos agentes físicos de sua terra", que é possível aproximar Euclides e Cabral. Tal aproximação é mais rica e complexa. Há, pelo menos, mais quatro argumentos, além do já apresentado, pelos quais Euclides e Cabral poderiam ser aproximados.

O primeiro é o mais distante e o mais decisivo: é Euclides quem abre caminho na literatura brasileira para uma *estética negativa* do sertão. O regionalismo naturalista, exemplo mais próximo dessa estética, dela se distancia pelo rescaldo de Romantismo que ainda reverbera no estilo de suas narrativas, e pelo cientificismo muitas vezes pautado por uma visão estereotipada e mecânica da ciência e suas teses. O comprometimento estilístico e científico em *Os Sertões* é de outra ordem, e, pelo século xx adentro, gerações de escritores exploraram os caminhos abertos por Euclides nessa obra. Entre eles, Cabral e sua poética negativa. O segundo argumento, derivado em parte do primeiro, é mais específico: Cabral e Euclides, juntamente com Augusto dos Anjos, realizaram no século xx o ideal moderno de conjugar na cultura arte e ciência, beleza e conhecimento, estética e crítica, sensibilidade e análise, invenção e realismo. Esse ideal tem suas raízes no Romantismo e ganhou contornos próprios durante o Realismo, sobretudo em sua vertente naturalista. Euclides, Augusto e Cabral são, nesse sentido, herdeiros e beneficiários do Realismo naturalista do século xix. No entanto, cada um a seu modo deu encaminhamento próprio, com enormes consequências na literatura brasileira moderna, a essa herança.

O terceiro argumento é uma especificidade do segundo: dos ramos das ciências naturais de que se vale Euclides em *Os Sertões*, a geologia constitui "a base ou fundação da estrutura do livro", no juízo de Leopoldo Bernucci, que complementa: "A presença da linguagem geológica [em *Os Sertões*] se faz de modo tão ostensivo que, ao ser utilizada pela primeira vez, não deixará de despontar novamente, para ressurgir uma vez mais, alternando-se sempre com as outras"[92]. É com Euclides, pois, que a geologia adquire, digamos, *status* de motivo literário no Brasil,

92. Leopoldo Bernucci, "Prefácio", em Euclides da Cunha, *Os Sertões, op. cit.*, p. 30.

com implicações decisivas para a arte brasileira do século XX. Na prática, isso significa que a paisagem calcinada do sertão, seu solo árido, inculto, devastado, seus elementos constitutivos, como pedra, cabra, sertanejo, e noções associadas, como infecundidade, seca, pobreza, resistência, tudo isso entrou no horizonte de possibilidades estéticas do Modernismo, não mais como fatores de exotismo regional, e sim como componentes de uma realidade histórica, que demanda do escritor um enfoque crítico e realista. Gerações de artistas e intelectuais, como já observado, atenderam a essa demanda. No caso específico da geologia, Euclides encontrará em Cabral e em sua "estética mineral" um reaproveitamento dessa temática, com diferentes escopos. No entanto, apesar das diferenças, a metáfora mineral que associa o sertanejo à terra do sertão ocorre em ambos. Em outra expressão de valor moral, que causou polêmica à época, e levou o autor a se defender em nota à 2ª edição de *Os Sertões*, Euclides alude ao sertanejo denominando-o "rocha viva da nossa raça"[93]. Por sua vez, no "Poema(s) da Cabra", referindo-se à resistência insolente da cabra-sertanejo, o eu lírico a compara com pedras íngremes do sertão: "Se a serra é terra, a cabra é pedra. / Se a serra é pedra, é pedernal"[94]. Em "pedernal" estão contidas noções de resistência e rebeldia: a primeira pela matéria mineral, a segunda pelo fato de o pedernal, em atrito com outra superfície similar, produzir faíscas. Daí *pedernal* ser também referido como *rocha viva*.

O quarto argumento possui uma articulação mais direta com a primeira parte deste ensaio: a impessoalidade inerente ao discurso científico faz com que Euclides, muitas vezes, exponha indiretamente ideias sobre seu próprio estilo ao comentar obras de outros escritores. Nesse sentido, Bernucci observa que, no prefácio a *Poemas e Canções*, de Vicente de Carvalho, as premissas de análise de que se vale Euclides para examinar a obra do poeta santista poderiam ser aplicadas também à própria obra.

---

93. Euclides da Cunha, *Os Sertões, op. cit.*, p. 766.
94. João Cabral de Melo Neto, *Obra Completa, op. cit.*, p. 257.

MATÉRIA LÍTICA

Diz Bernucci: "Ele [Euclides] que, metalinguisticamente, discorreu muito pouco sobre as construções e as técnicas de sua escritura, fê-lo de modo mais frequente com respeito a outros escritores, *num escrutínio que sempre pareceu ser uma forma velada também de autoanálise ou autodefinição das regras de compor*"[95].

Em suma, no "Poema(s) da Cabra", a imagem da pedra surge como fragmento da terra que cria e molda a cabra, que se mostra, assim, herdeira de fatores do solo. No poema, esses fatores se dividem e se confundem na cabra metalinguística e na cabra-sertanejo. A cabra metalinguística incorpora da pedra (terra, solo) valores que remetem à poética cabralina: o aspecto solar do verso claro, a dureza radical da sonoridade áspera, a rebeldia da marginalidade consciente, a insolência satânica de fazer o verso soar como prosa, a liberdade prisioneira da "canga" formal, a mirada objetivista que rejeita o "re-ruminar-se" da introspecção, a rudeza da aparência "realista", a vocação didática, a ossatura de aço de uma estrutura bem assente. Ao fundir-se com o nordestino no final do poema – "O núcleo da cabra é visível / debaixo do homem do Nordeste"[96] –, todos esses atributos da cabra metalinguística retroagem para serem recolocados no âmbito moral da cabra-sertanejo, o "homem do Nordeste", que também é solar, duro, marginal, insolente, livre para carregar sua "canga", de olhar voltado para o mundo exterior, rude, de estrutura física forte, que aprendeu a ser como a cabra "convivendo-a". A pedra, assim, se posiciona entre a cabra metalinguística e a cabra-sertanejo, moldando-as a ambas. Essa dicotomia poesia-homem, que remonta ao conceito de "duas águas" (poesia metalinguística-poesia social), mas que aqui aparece entrelaçada, reaparece novamente dividida em "A Educação pela Pedra".

---

95. Leopoldo Bernucci, "Prefácio", em Euclides da Cunha, *Os Sertões, op. cit.*, p. 30 (grifo nosso).

96. João Cabral de Melo Neto, *Obra Completa, op. cit.*, p. 259.

A EDUCAÇÃO PELA PEDRA

Em sentido estrutural, *A Educação pela Pedra* representa o paroxismo do projeto cabralino, empreendido desde *O Engenheiro*, de composição do livro orgânico, ou livro-organismo, ou "vertebrado", para usar o termo de que se vale Cabral no poema de abertura de *Museu de Tudo*[97]. No livro-organismo, as partes constituintes (poemas), ainda que podendo ser tomadas isoladamente, obedecem a rigoroso plano de organização pré-elaborado. Tal ideia não era nova em 1966, ano de publicação do livro; ela de fato remonta ao Simbolismo francês (Baudelaire, Mallarmé), lugar cultural onde a poética cabralina encontrou bases teóricas para formular alguns de seus principais postulados críticos. Em língua portuguesa, e anterior à *Educação pela Pedra*, o exemplo mais célebre de livro-organismo de poesia lírica é *Mensagem*, de 1934, de Fernando Pessoa.

Em princípio, o livro-organismo requer duas leituras: uma macroestrutural, baseada nos princípios que regem a organização dos poemas e lhe emprestam unidade, e outra, microestrutural, centrada nos poemas em si. No plano macroestrutural, *A Educação pela Pedra* é um livro binário, isto é, regido obsessivamente pelo número dois. Os poemas são sempre divididos em duas partes (e na edição original, repartidos em duas páginas, uma para cada parte); os assuntos divididos em dois blocos (a/A = Nordeste; b/B = não-Nordeste); o número de versos divididos em dois grupos (a/b = 16, A/B = 24); a articulação entre as partes dos poemas dividida em duas possibilidades, indicadas por asterisco (relação opositiva ou diferencial) ou pelo número 2 (relação complementar). Dos 48 poemas do livro, 24 são divididos por asterisco e 24 pelo número 2. Dessa dualidade articulatória, patente na macroestrutura, deriva o título primitivo do livro: *O Duplo ou a Metade*. A publicação, em 2000, do inédito plano dátilo-manuscrito do livro, reafirma e reforça a imagem de Cabral como um poeta "clássico", que planeja em de-

97. *Idem*, p. 371.

talhes a estrutura da expressão, para que esta cumpra objetivos anteriormente estabelecidos[98]. No moderno "classicismo" de *A Educação pela Pedra*, o planejamento dos objetivos antecede a estrutura expressiva, e esta, o conteúdo da expressão. Isso não apenas no plano dos poemas isoladamente, como também no plano macroestrutural, ou macrotextual, do livro. Por fim, essa estrutura fechada e perfeitamente simétrica representa – repito – a culminância do projeto poético de rigor racionalista de Cabral, que busca obstinadamente conter a intervenção do acaso, a expansão do devaneio, a imaginação escapista, que devem ser combatidos através do minucioso regramento da expressão. No plano macroestrutural, pois, *A Educação pela Pedra* encena o esforço do poeta metódico, que luta para construir um sistema estrutural de correspondências, por meio do qual possa expressar sua disciplina e, disciplinadamente, os temas que lhe são caros. Um desses temas é a própria disciplina, ou *educação*, tema que pressupõe um disciplinador-educador, e que, no caso do poema que dá nome ao livro, tem sua representação figurativizada na imagem da *pedra*.

"A EDUCAÇÃO PELA PEDRA"

O título do poema "A Educação pela Pedra" enquadra-o, a princípio, numa tradição lírica, cujas raízes históricas remontam à Antiguidade: a da poesia didática. Parte do sentido didático da poesia cabralina, discutimos acima, na seção "Poesia, educação e esquecimento", que se abre com a carta na qual Drummond, em 1948, atribui "valor didático" à obra de Cabral. Tal valor, como vimos, associa-se ao fato de essa poesia original estar destinada a abrir novos caminhos na poesia brasileira. Um dos aspectos dessa originalidade, não mencionado por Drummond, consiste na fusão de lirismo e crítica, em

---

98. Antônio Carlos Secchin, "Um Original de João Cabral de Melo Neto Apresentado por Antônio Carlos Secchin", *Colóquio-Letras* 157-158 (jul.-dez. 2000).

que um dos ramos, a metapoesia, já desponta em trechos de "Os Três Mal-Amados", e se desenvolve a cada livro de Cabral. Uma das funções dessa metapoesia é a de *ensinar* o leitor a se aproximar adequadamente do engenhoso e idiossincrático texto cabralino. Assim, além da originalidade, tal como Drummond a viu, e anteviu, a metapoesia constitui outra face da poesia didática de Cabral.

Mas, além desses dois, há ainda um terceiro sentido didático nessa poesia: o da afirmação vitalista do homem e do humano – aspecto sobre o qual, aliás, paira certa cosmovisão nietzschiana do homem e da existência, que será discutida, com alguma extensão, no capítulo 4 deste livro. Na carta a Drummond, de 1944, em que faz referência à sua "estética mineral", Cabral afirma que a literatura deve ser "veículo de alegria, saúde, não morbidez". E conclui: "Creio que a função mais importante da literatura não é refletir a miséria que a gente está vendo e sim *dar coragem* a esses que se está vendo na miséria. Manejar a melancolia e a morbidez é perigoso porque termina sendo criado um gosto por ela"[99]. Desde então, Cabral manteve-se fiel ao preceito da literatura saudável – metáfora aqui plenamente nietzschiana –, em que a saúde combate a doença, e deve prevalecer sobre esta. Esse combate, no entanto, se dá à maneira cabralina, isto é, sem condescender ao apelo sentimental, sem recorrer ao discurso de tipologia confessional, e expressando-se por meio de sua poética negativa, que valoriza elementos prosaicos e marginais da realidade social. Diferente de Drummond, Cabral não é um poeta da aporia, do impasse, do obstáculo, do mundo fechado, do conflito insolúvel; ao contrário, seu lirismo pauta-se pela clareza, lucidez e equilíbrio, que provêm de uma *consciência afirmativa* da vida e do homem. E mesmo a morte, com frequência evocada em sua poesia, não é mais do que um contraponto de que se serve o poeta para defender

---

99. Flora Süssekind (org.), *Correspondência de Cabral com Bandeira e Drummond...*, *op. cit.*, p. 206 (grifo nosso).

e afirmar a existência humana e valores de potencialização da vida. Se esse lirismo é denominado antilirismo, isso deriva da poética negativa de Cabral, e não de sua consciência afirmativa.

Um problema que a poesia de Cabral oferece ao leitor cuja sensibilidade ainda não está acondicionada a seu estilo é o da tensão lírico-discursiva que ocorre entre consciência afirmativa e poética negativa. Ou, dito de outra forma, em Cabral, a consciência afirmativa se expressa por meio da poética negativa, que assim produz um enunciado de tipo irônico, cuja ironia tende a não se manifestar se a noção de consciência afirmativa não estiver pressuposta. Assim, por exemplo, a busca do Anfião cabralino por um modo de vida ascético pode ser lida, e de fato foi lida, como um ato de negação da vida. No entanto, como resultante da expressão irônica da consciência afirmativa, tal busca traduz uma atitude essencialmente vitalista. Ou seja, pela ascese Anfião pretende potencializar todos os meios à sua disposição para fazer da vida uma experiência a mais intensa e criativa possível.

É por essa ponto de vista que é possível crer que a segmentação da poesia cabralina em "Duas Águas" tenha se dado, ao menos em parte, como resposta ao problema da consciência afirmativa implícita na poética negativa. Com a "água" crítica e metacrítica, o poeta volta-se mais para a expressão de sua poética negativa, acusada, como vimos, de ser hermética e intransitiva. Com a "água" social, Cabral não apenas defende sua poética negativa, como também se dedica a expor de um modo mais direto, mas não direto, valores de sua consciência afirmativa – e *Morte e Vida Severina* parece ser um exemplo claro disso. A dimensão didática, enfim, presente nessas "duas águas", poderia ser assim definida: os poemas críticos *ensinam* o leitor a lidar com princípios da poética negativa, *ensinam-no*, em suma, a ler e a apreciar as idiossincrasias do discurso cabralino; por sua vez, os poemas sociais *ensinam* o leitor a contemplar o mundo desde a perspectiva da poética negativa, que valoriza elementos rebaixados e marginais da existência social, como o sertão, o sertanejo, o retirante, a pedra, o deserto, a cabra, o urubu, a lama, o mangue, o cemitério, a morte. O *menos*, enfim, ao invés do *mais*. Tanto no plano social quanto no estilístico.

Um dos aspectos relevantes e reveladores de "A Educação pela Pedra" provém do fato de o poema sintetizar essas duas linhas didáticas, posicionando-se, no intervalo, ou meio do caminho, entre as "duas águas" cabralinas, que o poema incorpora.

"UMA EDUCAÇÃO PELA PEDRA": FREQUENTAÇÃO E DICÇÃO

"A Educação pela Pedra" divide-se em duas estrofes, separadas por asterisco, nas quais estão confrontadas duas educações pela pedra: "Uma Educação pela Pedra: por Lições" (primeira estrofe) e "Outra Educação pela Pedra: no Sertão" (segunda estrofe). O título do poema concentra ambas, ou seja, no determinante "a" de "A Educação pela Pedra" estão contidas uma e outra educação. Dito de outro modo, o título sugere que a dicotomia das estrofes constitui, de fato, uma unidade dicotômica. Tal ideia terá desdobramentos na narrativa do poema, como veremos. Por agora, cumpre perguntar: qual é, afinal, a mensagem educativa da pedra?

Na primeira estrofe, a pedra ensina a poética negativa de Cabral. A negatividade, ou antilirismo, dessa poética já se expressa desde a escolha do educador: a pedra, não lavrada nem preciosa, mas pedra bruta, prosaica e impessoal. Por meio dessa figura, o poema contrasta com certa tradição lírica e moral do século XIX, para a qual "todo grande Poeta é um Professor". A citação é de William Wordsworth, que conclui: "Quero ser considerado um Professor, ou não quero ser considerado nada"[100].

---

100. *Apud* Christopher Wordsworth, *Memoirs of William Wordsworth, Poet-Laureate*, vol. I, London, Edward Moxon, 1851, p. 342.

No poema de Cabral, a pedra desempenha papel de professor e de poeta, isto é, a impessoalidade da pedra é a máscara que o poeta veste para ensinar sua poética ao leitor. Como os artistas que a poesia crítica de Cabral analisa, a pedra atua como intermediário significativo, ou objeto interposto, por meio do qual o poeta e sua poética se expressam.

Na primeira estrofe, as lições da pedra são quatro, número emblemático da poesia cabralina: *1*) a de dicção; *2*) a de moral; *3*) a de poética; *4*) a de economia. O método pedagógico é o da frequentação, exposto no segundo verso: "para aprender da pedra, frequentá-la". Assim como o homem nordestino fez-se da "*mesma casta*" da cabra convivendo com ela, ou "convivendo-a", do mesmo modo o leitor deve "aprender da pedra" frequentando-a, isto é, tornado-se-lhe familiar pela convivência, pela experiência direta, madurada pelo tempo, que o verbo *frequentar* denota. A valorização da experiência presencial se manifesta na poesia cabralina através de imagens e lugares que o poeta conheceu, ou *frequentou*, em pessoa: Pernambuco, Espanha, África, engenho, sertão, touradas, jogos de futebol, rio Capibaribe... Só a experiência direta, sensorial, testemunhal, valida o conteúdo da expressão poética, tornando-o autêntico. Tal ideia, além de convencional da tradição lírica, Cabral deve ter aprendido com o Drummond de *Alguma Poesia*, que, no último poema da série "Lanterna Mágica", escreve: "É preciso fazer um poema sobre a Bahia... / Mas eu nunca fui lá"[101].

Por esse argumento, Cabral é o poeta da matéria lítica, da estética mineral, da poesia pétrea, por *frequentação da pedra*, por experimentá-la, por ter convivido com ela, assim como o fez com todos os lugares, e todas as paisagens, e obras de arte, e pessoas, sobre os quais escreveu. A pedra em Cabral pleiteia assim a condição de ente ficcional autêntico, e não apenas a de imagem ou artifício literário. A experiência sensorial é, pelo menos desde os empiristas britânicos, a principal, senão única, via de aces-

---

101. Carlos Drummond de Andrade, *Poesia e Prosa*, 8. ed., Rio de Janeiro, Nova Aguilar, 1992, p. 12.

so ao conhecimento, e para Cabral a criação estética constitui ou deve constituir um ramo da árvore epistemológica. Estética e experiência sensorial, pois, devem interligar-se no discurso da arte. Talvez por isso, Cabral tenha interrompido seu projeto de poesia mítica, com Anfião e Tebas, cuja fonte se concentra no universo da cultura letrada, sem correspondência imediata com a experiência empírica do poeta, ou cuja correspondência se resolve no plano da alegoria puramente imaginativa.

No entanto, é preciso diferenciar as noções de *experiência direta* e *expressão estética*, tal como Cabral faz no já citado "Poesia e Composição". Ali, sobre a primeira, diz: "No autor que aceita a preponderância da inspiração, o poema é, em regra geral, a tradução de uma experiência direta. O poema é o eco, muitas vezes imediato, dessas experiências. É a maneira que tem o poeta de reagir à experiência. O poema traduz a experiência, transcreve, transmite a experiência"[102]. No mesmo texto, Cabral opõe o "trabalho de arte" à tradução direta da experiência. Com isso, advoga que o poema deve ser a tradução *artística* da experiência, em que o princípio artístico equivale à elaboração, ao trabalho, à depuração das fontes, à imaginação estrutural. A expressão estética, pois, não prescinde da experiência individual, da qual com efeito se vale, mas a subordina à linguagem da arte, que não deve receber e transmitir passivamente conteúdos da experiência.

O ponto central dessa discussão, tal como aqui se apresenta, é que o discurso da experiência, ainda que ficcionalizado pela imaginação estrutural, tende a *personalizar* o conteúdo da expressão lírica, que é extraído, como matéria bruta, da vivência individual do poeta. As estratégias textuais de despersonalização da voz poética são assim concebidas como contraposição a essa tendência. Por esse argumento, o discurso poético cabralino dispõe-se na encruzilhada entre a experiência que "confessa" o poeta, e os recursos de linguagem do poema que lutam para transformar o conteúdo dessa experiência em "indireta confis-

---

102. João Cabral de Melo Neto, *Obra Completa*, *op. cit.*, p. 728.

160 MATÉRIA LÍTICA

são". Como em "Autocrítica", para ficar apenas num exemplo, cujo conteúdo remete ao poeta-pessoa-empírica, e o uso da terceira pessoa do discurso, também denominada *não-pessoa*, o dissimula:

Só duas coisas conseguiram
(des)feri-lo até a poesia:
o Pernambuco de onde veio
e aonde foi, a Andaluzia[103].

Feitas essas considerações, o ponto central da análise dos primeiros versos de "A Educação pela Pedra" é que, depois da exposição do método pedagógico, a frequentação, não parece casual que a primeira lição da pedra-educadora seja a de dicção:

Uma educação pela pedra: por lições;
para aprender da pedra, frequentá-la;
captar sua voz inenfática, impessoal
(pela de dicção ela começa as aulas)[104].

Ou seja, parece sintomático que a noção de frequentação, que *personaliza* o discurso, esteja imediatamente articulada com o conceito de impessoalidade da pedra, que a linguagem do poema imita para, entre outros efeitos, *despersonalizar* o sujeito poemático, e assim apagar suas relações com a figura do autor. Há, pois, uma tensão latente entre experiência e despersonalização, que de fato percorre, embora com graduações distintas, toda a obra cabralina. Em suma, a primeira lição da pedra refere-se à modulação da voz lírica, que deve evitar a personalização do discurso da experiência. Portanto, não se trata mais da tentativa de anulação do sujeito-autor – "Eu me anulo me suicido" –, ou de seu voluntário abandono dos limites textuais – "Saio de

103. *Idem*, p. 456.
104. *Idem, A Educação pela Pedra*, Rio de Janeiro, Editora do Autor, 1966, p. 20. Para o poema "A Educação pela Pedra", cito o texto dessa primeira edição, pois há discordância de pontuação entre este e o texto da edição Nova Aguilar, utilizada ao longo deste capítulo.

meu poema / como quem lava as mãos" –, e sim da transfigura-
ção da experiência do sujeito (no caso, a frequentação da pedra)
em objetivação discursiva ("voz inenfática, impessoal").

À medida que a obra de Cabral se desenvolve, essa busca da
ocultação do eu, lírico e empírico, vai gradualmente perdendo
força. Depois de *A Educação pela Pedra*, o memorialismo de
cariz autobiográfico mostra-se mais frequente, e mais evidente.
Ao mesmo tempo, em entrevistas, Cabral começa repetidamen-
te a anunciar o fim da sua poesia, por considerá-la esgotada em
sua expressão, e por considerar-se, ele mesmo, física e intelectual-
mente esgotado. Assim, por exemplo, no poema de abertura
de *A Escola das Facas*, Cabral diz ao editor: "Eis mais um livro
(fio que o último)"[105]. Depois de *A Escola das Facas*, o poeta pu-
blicará mais quatro livros. Finda, enfim, a trajetória ascendente
do rigor intelectualista com *A Educação pela Pedra*, o impas-
se derivado desse livro fez com que o poeta, sem abrir mão de
preceitos fundamentais de sua poética, se expusesse mais aber-
tamente ao leitor, seja em poemas memorialistas e autobiográ-
ficos, seja através de entrevistas. Nestas, o tema do *esforço para
escrever* torna-se recorrente, e foi, na observação de Carlos Fe-
lipe Moisés, "a maneira que o poeta elegeu para firmar sua per-
sonalidade, extremamente ciosa de seu *quid* diferenciador"[106].

O tema do esforço da expressão está, aliás, implícito na lição
de dicção da pedra, quando esta é lida em paralelo com outra
composição de *A Educação pela Pedra*: "O Sertanejo Falando".
Nesse poema, a fala do sertanejo, que a poesia de Cabral imita,
ou estiliza, é descrita numa perspectiva dialética. A princípio,
seu efeito imediato "engana" quem a ouve com sua "entonação
lisa, de adocicada". "No idioma da pedra" do sertanejo, porém,
por trás dessa doçura aparente, "se fala doloroso; / o natural
desse idioma se fala à força"[107]. Por esse argumento, que em certa
medida complementa o sentido da lição de dicção em "A Edu-

105. João Cabral de Melo Neto, *Obra Completa, op. cit.*, p. 417.
106. Carlos Felipe Moisés, "Tradição Reencontrada: Lirismo e Antilirismo em João
    Cabral", *Literatura Para Quê?, op. cit.*, p. 39.
107. João Cabral de Melo Neto, *Obra Completa, op. cit.*, pp. 335-336.

162   MATÉRIA LÍTICA

cação pela Pedra", pode-se inferir que o expressar-se no "idioma da pedra", com "sua voz inenfática, impessoal", representa uma conquista "dolorosa", alcançada "à força". Assim, a posse da impessoalidade, pelo sertanejo e pelo poeta, implica agonia e luta, além de disciplina e perseverança.

"UMA EDUCAÇÃO PELA PEDRA": A MORAL DA PERMANÊNCIA

A primeira estrofe de "A Educação pela Pedra" é composta de dez versos. Os dois primeiros funcionam como preâmbulo e introduzem, como já assinalado, o método pedagógico: a frequentação. Os dois últimos atuam como conclusão. Sobram, pois, seis versos para a exposição de quatro lições, que estão assim divididos: dois para a de dicção, dois para a de moral, um para a de poética e um para a de economia. Por essa divisão, dicção e moral sobrepõem-se à poética e à economia. Estas dizem respeito mais diretamente à textualidade do poema, isto é, palavras e estilo de escritura. Aquelas também, mas de forma mais tangencial: a lição de dicção aborda um *modo* de dizer, o modo impessoal, e a de moral, uma *atitude* do poeta perante a linguagem do poema. Se não de todo, ao menos em alguma extensão, esse argumento confirma a prevalência do processo sobre o resultado, ou da poética sobre a poesia, na obra de Cabral. Daí poder-se concluir, como já se fez aqui, que a poética cabralina é mais uma poética do pré-poema do que do poema.

O dístico que trata da questão moral, versos 5 e 6, diz: "A lição de moral, sua resistência fria / ao que flui e a fluir, a ser maleada"[108]. A noção de moral aplicada à poesia cabralina não implica valores como *bem* e *mal*, *certo* e *errado*. Também não estabelece oposição ao que seja *imoral*. Como lembra Terry Eagleton, ao abordar relações entre poesia e moralidade, e ao regressar à raiz do conceito, "moralidade tem a ver com comportamento,

108. *Idem, A Educação pela Pedra, op. cit.*, p. 20.

não apenas com bom comportamento"[109]. No caso de Cabral, o conceito está de fato comprometido com uma concepção de comportamento: o do poeta frente à sua poética. Por essa ótica, o sentido de moralidade *vs.* não moralidade se bifurca em binômios como consistência *vs.* inconsistência, coerência *vs.* incoerência, estabilidade *vs.* volatilidade. Assim, a moral do poema defende o consistente, o coerente, o estável, que coincide com a ideia, já aqui abordada, de uma ética da composição, que não se flexibiliza e se mantém fiel aos próprios valores.

Na passagem, o verbo *fluir* remete a dois conceitos básicos: o do tempo que *flui* e o do pensamento *fluido*. Em sua "resistência fria", a pedra confronta a fluidez do tempo e a do pensamento. E resistir a ambos consiste na sua atitude moral. No vocabulário crítico da poética cabralina, o fluido, o maleável, o evanescente se associam ao caráter disperso da consciência abstracionista e passivo da criação espontânea, em que o artista para criar sujeita-se ao acaso da inspiração, às forças do subconsciente. Para Cabral, como para Valéry, tudo o que é espontâneo em arte é falso. Na arte espontânea, por princípio, não há luta, batalha, sofrimento. E sem esse embate do poeta corpo a corpo com a palavra, a arte tende a tornar-se ou uma convenção formal pré-fabricada, como o ferro fundido na fôrma, do poema "O Ferrageiro de Carmona", ou simplesmente "a tradução de uma experiência direta". Sem esse embate, enfim, a ética ou moral da criação se dissolve na passividade do artista durante o ato criativo, na docilidade caprichosa com que a arte supostamente se entrega ao criador. Ao poeta, pois, cabe aprender a moral da pedra, sua "resistência fria", e incorporá-la a seu trabalho.

No sintagma "resistência fria", a frieza da pedra possui sinal positivo. A princípio, ela retoma o tópico anterior da impessoalidade, que pressupõe a articulação de uma voz discreta, plana, calma. Nesse sentido, a frieza mineral funciona como elo de conexão entre a lição de moral e a de dicção. Ou, em outros termos, assim como a moral da pedra resiste à expressão es-

---

109. Terry Eagleton, *How to Read a Poem*, Oxford, Blackwell, 2007, p. 28.

164   MATÉRIA LÍTICA

pontânea e fácil, sua frieza também resiste ao lirismo da autoexposição, da intensidade subjetiva. Em suma, a opção pela frieza impessoal, assim como pela negação do lirismo emotivo e adocicado, são ambas uma decisão moral, uma opção pela arte radical, e pela marginalidade. Assim, a noção de frieza da pedra remete a aspectos cruciais da poética cabralina, como racionalismo e antissentimentalismo. Tais conceitos, enfim, estão embutidos no adjetivo "fria", que nega o maleável, que flui e se esvai no tempo, e afirma, por oposição, o rigoroso, que permanece. Reforça esse argumento a posição de destaque do adjetivo no poema: o vocábulo finda o quinto verso, que divide a estrofe. Além disso, "fria" inicia um jogo aliterante, que se realiza no sintagma que lhe segue: "ao que flui e a fluir".

"UMA EDUCAÇÃO PELA PEDRA": POÉTICA, ECONOMIA E CONCLUSÃO

As lições de poética e economia da pedra se exprimem nos versos 7 e 8: "a de poética, sua carnadura concreta; / a de economia, seu adensar-se compacta"[110]. A organização paralelística dos versos os aproxima no ato de criar-lhes uma correlação estrutural. No entanto, no plano semântico essa correspondência, a princípio, não se reproduz, pois, se a noção geral de economia incorpora a ideia de compactação, a de poética não necessariamente engloba a da concretude da imagem, ou da linguagem. Para que "poética" e "carnadura concreta" estabeleçam vínculo de coerência, é necessário que o leitor reconheça no termo "poética" a especificidade da *poética cabralina*. Esta, uma vez reconhecida, faz com que ambos os versos estejam aproximados tanto no plano sintático quanto no da coerência semântica dos termos relacionados: poética-concretude, economia-compactação.

Poética, ou imagem concreta, e economia, ou linguagem concisa, são dois aspectos que dizem respeito mais diretamente

110. João Cabral de Melo Neto, *A Educação pela Pedra, op. cit.*, p. 20.

à estilística do texto cabralino. Talvez por isso, o dístico intensifique recursos estilísticos. Além do paralelismo sintático, outros recursos marcantes são a assonância de distribuição semiproporcional em /a/, com sete ocorrências no primeiro verso do dístico, e seis no segundo: *A de poéticA, suA cArnAdurA concretA; / A de economiA, seu AdensAr-se compActA*; a aliteração também semiproporcional em /k/: *a de poétiCa, sua Carnadura ConCreta; / a de eConomia, seu adensar-se CompaCta*; um jogo especular em /kõ/: *a de poética, sua carnadura CONcreta; / a de eCONomia, seu adensar-se COMpacta*; uma imantação nasal que se inicia no primeiro verso do dístico e se intensifica no segundo: *a de poética, sua carNadura coNcreta; / a de ecoNoMia, seu adeNsar-se coMpacta*; o emprego de metáfora orgânica para expressar a materialidade inorgânica da pedra: *carnadura*. Tal metáfora, por seu turno, articula-se com o sentido de humanização da pedra que se desenvolve na primeira estrofe: "sua voz", "sua resistência fria", "sua carnadura", e "cartilha muda" – "lições da pedra (de fora para dentro, / cartilha muda), para quem soletrá-la"[111] –, cuja *captação da voz* dar-se-á por quem *a soletrar*, isto é, o leitor.

A dinâmica "de fora para dentro" integra o discurso meta poético da primeira estrofe. Na poética cabralina, tal dinâmica se repete com alguma frequência, e nela "fora" remete ao mundo exterior, apreensível pelos sentidos, e "dentro", à consciência do observador, o poeta. Por ela, a poesia nasce da apreensão de formas físicas externas, que o poeta *imita* no poema. "Que a poesia não é de dentro / que é como casa, que é de fora", afirma o eu lírico em "Homenagem Renovada a Marianne Moore"[112]. Dessa dinâmica, enfim, advém o conceito de *retórica do objeto* proposto por João Alexandre Barbosa, e discutido acima (a expressão "retórica do objeto" tomo-a, com efeito, emprestada de um ensaio de Francis Ponge[113]). Em "A Educação pela Pedra", o

---

111. *Idem, ibidem.*
112. João Cabral de Melo Neto, *Obra Completa, op. cit.*, p. 558.
113. Francis Ponge, *Méthodes,* Paris, Gallimard, 1988, p. 214.

objeto, a pedra, ensina suas propriedades físicas ao poeta, que as transfere à linguagem do poema. Daí seu sentido metapoético.

"OUTRA EDUCAÇÃO PELA PEDRA": O SERTANEJO

O asterisco que divide o poema anuncia que a relação entre as estrofes é de conflito, oposição. O dístico inicial da segunda estrofe concentra sinais dessa disjunção: "Outra educação pela pedra: no Sertão / (de dentro para fora, e pré-didática)"[114]. Logo na abertura do primeiro verso, o determinante indefinido marca uma mudança: "*outra* educação pela pedra"; há, pois, no poema, como já mencionado, duas educações: *uma* e *outra*, ambas baseadas na pedra. Diferente da primeira (*uma*), na segunda educação (*outra*), tempo e espaço são demarcados: o espaço é o "Sertão", que a poesia de Cabral grafa, por convenção própria, com inicial maiúscula; o tempo é "pré-didático", isto é, anterior à pedra que ensina, a pedra metapoética da primeira estrofe. Assim, o tempo pré-didático é também pré-poético. Por fim, a dinâmica "de fora para dentro" se inverte, e a *outra* educação se faz "de dentro para fora".

O pré-didatismo, ou a pré-poeticidade, da pedra inverte também o tempo cronológico do poema. Ou seja, cronologicamente, a pedra pré-didática precede a pedra que ensina, mas na organização discursiva do poema, esta precede aquela. O efeito, pois, é o de quebra da lógica temporal do discurso, ou de retroação da temporalidade: do didático ao pré-didático, ou do poético ao pré-poético. "No Sertão" pré-didático, enfim,

.... a pedra não sabe lecionar,
e se lecionasse, não ensinaria nada;
lá não se aprende a pedra: lá a pedra,
uma pedra de nascença, entranha a alma[115].

114. João Cabral de Melo Neto, *A Educação pela Pedra*, *op. cit.*, p. 21.
115. *Idem, ibidem.*

"No Sertão" pré-didático, enfim, a pedra não ensina, e "não se aprende a pedra", porque lhe falta o elemento articulador da educação, tal como definida na primeira estrofe: o leitor. Na "outra educação", descrita na segunda estrofe, a pedra "entranha a alma" do pré-leitor, o homem sertanejo. O ato de *entranhar* ainda pressupõe um movimento de "fora para dentro", mas, uma vez lá entranhada, a pedra prepara o sertanejo para, num segundo momento, aprendê-la, *re*conhecendo-a. É esse processo de reconhecimento que se faz "de dentro", uma vez que a pedra esteja entranhada na alma do pré-leitor sertanejo, "para fora".

Também no verbo *entranhar* ecoa o princípio da frequentação evocado no verso 2: "para aprender da pedra, frequentá-la". Ou seja, num primeiro momento, chamado no poema de "outra educação", o homem sertanejo, pré-leitor, frequenta a pedra, que assim lhe entranha a alma. Trata-se da fusão do ser com o espaço que habita, em que este transfere suas propriedades àquele, como ocorre na narrativa do "Poema(s) da Cabra". Num segundo momento, denominado "uma educação", esse mesmo homem sertanejo, com a pedra entranhada em sua alma, e já alçado à condição de leitor, encontra-se, enfim, apto a extrair da pedra uma lição de poética. Ou, dito de outra forma, primeiro o sertanejo *apreende* por via da experiência direta o sertão, para depois *aprender*, como resultado de uma abstração de suas propriedades, a estética do sertão, que o poema imita. É talvez por conta dessa relação direta (apreensão) *vs.* indireta (aprendizagem) que o poema utiliza duas regências para o verbo "aprender": "aprender *da* pedra" (v. 2), quando essa aprendizagem implica pensamento abstrato, pelo qual, por exemplo, a permanência da pedra corresponde a um valor moral; e "lá não se aprende *a* pedra" (v. 15), cuja regência transitiva direta parece mimetizar a noção de experiência imediata, que não constitui aprendizagem, e sim apreensão, que é *outra* forma de educação, a educação preparatória.

"A Educação pela Pedra", em suma, se estrutura sobre uma base binária que, de fato, converge para uma unidade, ou dela deriva. São duas estrofes que formam um poema. Duas pedras, a didática e a pré-didática, que de fato são uma, cindida em duas. Também, duas educações que se complementam, a educação-aprendizagem e a educação-apreensão. E dois homens, que também são um só, o leitor e o pré-leitor sertanejo, duas dimensões do mesmo homem do sertão. Pode-se, portanto, inferir desse argumento que as duas pedras do poema, que de fato são uma, reproduzem em miniatura a cisão da poesia cabralina em "duas águas", que também, aliás, são uma – como se sabe, a expressão "duas águas" alude a um tipo de corte de telhado, comum nas casas do Nordeste. No poema de Cabral, a primeira "pedra" centra-se na sua poética, que simultaneamente expõe e pratica, enquanto a segunda volta-se para o espaço sertanejo e o homem do sertão, afirmando-os como seres em si, pré-estéticos, ou pré-literários, "pedra[s] de nascença", cuja inter-relação pela convivência formará uma unidade: a poética cabralina.

O SONO E O OUTRO CONFLITO
SUBJETIVO DA POESIA CABRALINA

Publicado na forma de separata pela revista *Renovação*, "Considerações sobre o Poeta Dormindo" reproduz a comunicação que Cabral apresentou no Congresso de Poesia do Recife, em 1941, quando tinha 21 anos. Cronologicamente, trata-se de sua primeira publicação, antes de estrear como poeta. Em geral, e por razões de proximidade histórica, costuma-se aproximar as ideias ali expostas dos poemas de *Pedra do Sono*, publicados no ano seguinte. Há nos argumentos do jovem Cabral alguns conceitos, de fato, datados, que, portanto, não se aplicam ao Cabral posterior. Por outro lado, há pelo menos dois postulados em que já desponta o futuro poeta crítico. Refiro-me à valorização do tempo intervalar entre a potência e o ato da realização artística, e à definição desse tempo como uma "zona obscura" na qual o sujeito está ao mesmo tempo presente e ausente[116].

116. *Idem, Obra Completa, op. cit.*, p. 688.

O aspecto algo original da comunicação de Cabral consiste no fato de o argumento crítico desviar-se de um elemento já então massivamente exposto na cultura, o sonho e suas relações com a poesia, e direcionar-se a outro, menos visado: o *sono* e suas relações com a poesia. Por sono, Cabral refere-se a um estado de transição entre a vigília e o sonho, o "sono como trampolim para o sonho", como "a parte 'não iluminada', a parte em que não existe a 'projeção' que é o sonho, um desses intervalos de sessão cinematográfica em que o filme se parte e ficamos inteiramente mergulhados no escuro"[117]. Nesse sentido, a relação entre sono e poesia ocorre de maneira indireta, isto é, "o sono predispõe à poesia", prepara o poeta, "aguçando nele certas aptidões", para realizar a poesia[118]. Esse aspecto preparatório recai, uma vez mais, sobre a noção de processo, ou modo de composição, que Cabral valoriza em sua poesia crítica, por ser esse processo, ou modo, uma dimensão do ato criador passível de análise objetiva.

Como zona intervalar, o sono se coloca entre o eu da vigília e o eu a que se assiste na projeção do sonho. O eu do sono não chega a ser um nem outro, embora mantenha contato com ambos. Num primeiro momento, Cabral entende o sono em termos de ausência: "O sono é um estado, um poço em que mergulhamos, em que estamos ausentes"[119]. Ausência relativa, já que nesse poço o sujeito está "mergulhado" e "ausente". Algumas linhas adiante, Cabral se corrige e alude ao sono como uma "presença que não é de nenhum modo apenas ausência de nossas vinte e quatro horas, mas visão de um território que não sabemos"[120]. Esse intervalo do sono em que o eu ocupa como que o meio do caminho entre duas imagens de si mesmo parece sintetizar figurativamente o conflito dialético entre a *descentralização* do sujeito lírico e a *centralização* da "*persona*" da poética cabralina – por *persona* entenda-se aqui uma imagem que a poé-

117. *Idem*, p. 685.
118. *Idem*, p. 687.
119. *Idem*, p. 686.
120. *Idem*, p. 687.

170 MATÉRIA LÍTICA

tica cabralina projeta de si, como um "*ethos* textual", cuja fonte primária é a figura do autor, ou o *ethos* autoral.

Se o sujeito lírico decidiu ocultar-se, a *persona* da poética cabralina, na contramão dessa decisão, expõe-se ostensivamente; seja de modo direto, pela metapoesia, seja indireto, pela poesia crítica, na qual a metapoesia, que já é uma máscara, veste a máscara de outros artistas, numa sobreposição de máscaras. Todas essas, no entanto, possuem a mesma fisionomia, que remete, em última instância, à fisionomia do autor. Assim, por esse argumento, a atitude centralizadora da *persona* da poética cabralina, que se afirma a cada poema, a cada livro, torna não apenas suspeita, e sim, falaciosa a despersonalização do sujeito lírico, que ocorre no plano do enunciado poético. Isso porque pressupostos da despersonalização, como distanciamento e objetivação, no poema se resolvem na forma de autorreferência, intervenção e controle da leitura. Em "A Educação pela Pedra", por exemplo, a pedra não ensina apenas sua lição. A pedra ensina sua lição *tanto quanto esta coincide* com a poética cabralina, ou para ela converge. E o sertanejo de alma pétrea, evocado na segunda parte do poema, evoca, por sua vez, a figura do autor, que também tem sua alma entranhada da pedra do sertão, e portanto, pode falar dela com a experiência de quem a *frequentou*. A noção de narcisismo aqui empregada baseia-se, enfim, nessa ideia de sobreposição de máscaras na qual todas expõem a mesma fisionomia, a de sua poética e, por extensão, a de seu autor.

"Mas acusar um escritor de ser narcisista é como acusar um pugilista de ser violento", diz Alejandro Chacoff sobre James Salter[121]. E o "problema" de Cabral, ou da poesia cabralina, tal como aqui se apresenta, não é o serem eles narcisistas. O problema é o proclamar-se descentralizados, o que equivale a uma forma de não narcisismo, ou antinarcisismo, que na prática, e pelos argumentos expostos, não se realiza. Ou se realiza no modo como o leitor lê a poesia cabralina. Isso porque Cabral, sempre "cioso

121. Alejandro Chacoff, em http://revistapiaui.estadao.com.br/edicao-106/obituario/o--dilema-de-salter

de seu *quid* diferenciador", buscou reiteradamente, em poemas, cartas, ensaios, entrevistas, construir para si o *ethos* do poeta descentralizador, preocupado com o rigor da linguagem e com o mundo das formas físicas. Tal *ethos*, enfim, como um componente extratextual de legitimação, medeia a leitura dos poemas e lhes agrega valor *a priori*.

Ocorre, porém, que, pela hipótese de leitura deste ensaio, tal imagem é falaciosa. Pois, ao ocultar-se, o poeta se expõe. Indiretamente, o que não deixa de ser uma forma, ainda que outra forma, de autoexposição. É, por fim, nesse jogo incessante de ocultar-se/expor-se que reside outro *conflito subjetivo* da poesia cabralina, além do anteriormente apontado entre o poeta e suas fontes. No espaço do sono, o poeta não chega a ser ele mesmo, nem a anular-se. Tal é o espaço que ocupa o poema de Cabral, o espaço entre o eu, que se nega, e o outro-eu, o *alter-ego* da poética cabralina, que se afirma.

3

A Pedra Desencantada de Neruda

*Y la pregunta para todo humano
es saber si se agota el mineral.*

PABLO NERUDA, *ELEGÍA*

INTRODUÇÃO

O poema XVII de *Las Piedras del Cielo*, livro de Pablo Neruda publicado em 1970, se abre com os seguintes versos: "Pero no alcanza la lección al hombre: / la lección de la piedra" ["Mas não alcança a lição ao homem: / a lição da pedra"][1]. À semelhança de "A Educação pela Pedra", o poema de Neruda também trata de relações entre pedra e educação: a pedra que ensina. No entanto, apesar desse aspecto em comum, uma aproximação dos textos, bem como dos projetos poéticos de Cabral e Neruda, resultaria mais em contraste do que em identificação. O próprio Cabral registrou num poema sua posição de divergência em relação ao Neruda da poesia social. Em "España en el Corazón", de *Agrestes*, de 1985, o antilirismo cabralino refuta a imagem do coração, usada por Neruda em seu célebre poema sobre a guerra

---

1. Pablo Neruda, *Las Piedras del Cielo*, Buenos Aires, Editorial Losada, 1970, p. 47.

174   MATÉRIA LÍTICA

civil espanhola, e propõe outras, mais realistas, como "tripa" e "colhão":

A Espanha é coisa de colhão,
o que o saburrento Neruda
não entendeu, pois preferiu
coração, sentimental e puta[2].

Esse posicionamento de Cabral em relação a Neruda se estende ao Drummond "nerudizado", o da chamada poesia participante, cuja trajetória se inicia com *Sentimento do Mundo*, de 1940, e culmina com *A Rosa do Povo*, de 1945 – obra, aliás, cujas provas tipográficas Cabral, a pedido de Drummond, revisou. É por esse tempo, como observado no capítulo anterior, que a poesia cabralina começa a se distanciar da drummondiana. Com o distanciamento, intensificado nos anos posteriores, e com o suposto estremecimento das relações pessoais, Cabral passou a referir-se em tom de reproche à "nerudização" de Drummond[3].

A influência de Neruda sobre Drummond, para além do fato de que ambos compuseram uma poesia social baseada em pressupostos socialistas e se dedicaram a um lirismo de feição erótico-amorosa, é difícil de ser medida, e talvez seja supervalorizada na crítica. Mais do que Cabral, Drummond soube apagar ou dissimular as fontes de sua poesia, para a qual parece ter buscado, em alguma medida, uma espécie de escrita neutra, como a descrita num apontamento de 1946: "Não há mais triste elogio que: 'Não é preciso assinatura, isto é de X!' Esplêndido

---

2. João Cabral de Melo Neto, *Obra Completa*, Rio de Janeiro, Nova Aguilar, 1995, p. 547.

3. José Maria Cançado, *Os Sapatos de Orfeu*, São Paulo, Scritta Editorial, 1993, pp. 200-201; Fábio Lucas, *O Poeta e a Mídia: Carlos Drummond de Andrade e João Cabral de Melo Neto*, São Paulo, Senac, 2003, p. 102. A Sérgio Augusto, em 1988, Cabral declarou: "Gostei dos primeiros livros de Drummond, quando ele era um poeta de língua presa. [...] A poesia dele caiu de intensidade e densidade depois que ele se deixou influenciar pela língua solta de Pablo Neruda" (Félix de Athayde, *Ideias Fixas de João Cabral de Melo Neto*, Rio de Janeiro/Mogi das Cruzes, Nova Fronteira/FBN/Universidade de Mogi das Cruzes, 1998, p. 123).

A PEDRA DESENCANTADA DE NERUDA 175

seria que só se descobrisse que é de X pela assinatura"[4]. Apesar disso, não deixou de mencionar algumas de suas influências, como na conhecida passagem de "Consideração do Poema", em *A Rosa do Povo*:

> .... Furto a Vinicius
> sua mais límpida elegia. Bebo em Murilo.
> Que Neruda me dê sua gravata
> chamejante. Me perco em Apollinaire. Adeus, Maiakovski.
> São todos meus irmãos...[5].

A menção a Neruda nessa passagem mostra um Drummond atento e intuitivo. A metáfora da "gravata chamejante" parece aludir à poesia social (*gravata*) e à erótico-amorosa (*chamejante*) de Neruda, que de fato interessam a Drummond. Uma referência oblíqua ao poeta chileno também pode ser encontrada no *enjambement* de "gravata / chamejante". A fratura do segmento substantivo-adjetivo, ou determinado-determinante, pode ser lida como prenúncio de um recurso estilístico que, embora presente na poesia nerudiana até 1945, intensificará sua frequência no Neruda posterior, sobretudo no das odes. Num texto de 1974, Alejo Carpentier destaca esse recurso da poesia nerudiana, caracterizando a maestria com que o poeta chileno o manipulava: "el encabalgamiento que nunca rompe con el ritmo general de la estrofa" ["o *enjambement* que nunca quebra o ritmo geral da estrofe"][6].

Do outro lado, Neruda sempre manifestou apreço pela obra de Drummond. Quando questionado sobre a poesia brasileira moderna, citava Drummond, Vinicius de Moraes e Jorge de Lima como suas leituras preferidas[7]. Drummond e Neruda ti-

---

4. Carlos Drummond de Andrade, "Apontamentos Literários", *Correio da Manhã*, 1° de setembro de 1946.
5. *Idem, Poesia e Prosa*, 8. ed., Rio de Janeiro, Nova Aguilar, 1992, p. 94.
6. Alejo Carpentier, "Presencia de Pablo Neruda", em Emir Rodríguez Monegal y Enrico Mario Santí (eds.), *Pablo Neruda*, Madrid, Taurus Ediciones, 1980, p. 57.
7. Clarice Lispector, "Entrevista-relâmpago com Pablo Neruda", *A Descoberta do Mundo*, Rio de Janeiro, Nova Fronteira, 1984, p. 277.

176 MATÉRIA LÍTICA

veram contato pessoal durante a visita deste ao Rio de Janeiro em fins de julho de 1945 (antes, portanto, da publicação de *A Rosa do Povo*, ocorrida em dezembro desse ano, e depois da participação de Neruda no célebre comício em homenagem a Luis Carlos Prestes, no Pacaembu, ocorrido no dia 15 de julho). No final desse ano, Drummond rompe com o Partido Comunista, ao qual nunca pertenceu oficialmente. Ainda assim, tal ruptura levou Neruda a declarar numa entrevista, pouco tempo depois, que a "América tinha dois traidores: González Videla [presidente do Chile no período de 1946-1952] e Carlos Drummond de Andrade"[8]. À parte questões político-partidárias, Neruda e Drummond sempre se admiraram, e suas obras mantêm, com efeito, pontos de convergência.

Um desses pontos é o da construção de uma obra cíclica, conceito que, embora problemático, interfere na recepção crítica desses poetas, ou no modo como os lemos. Por obra cíclica entenda-se a noção, já referida nos capítulos anteriores, de ruptura que um poeta opera no próprio sistema poético. Assim, a poesia de Drummond nasce irônico-modernista em *Alguma Poesia* (1930), move-se em direção ao lirismo participante, que encontra em *A Rosa do Povo* (1945) sua expressão mais incisiva, dá uma guinada ao estilo e tom classicizantes com *Claro Enigma* (1951), segue até o experimentalismo formal de *Lição de Coisas* (1962) e desemboca no memorialismo de *Boitempo* (1968). No caso de Neruda, sua obra surge imersa no lirismo erótico-amoroso de *Veinte Poemas de Amor y una Canción Desesperada* (1924), passa pelo vanguardismo surrealista do qual *Residencia en la Tierra* (1933-1935) é o ponto mais alto, define seu veio épico-social de poeta público com *Canto General* (1950), desce ao essencialismo cotidiano com o ciclo das *Odas Elementales* (1954-1959), segue até o lirismo conversacional e autoirônico com *Estravagario* (1958) e aporta na poesia memorialista com *Memorial de Isla Negra* (1964). Se há algo de reducionista e

---

8. Edmílson Caminha, "A Lição do Poeta", *Drummond: A Lição do Poeta*, Teresina, Corisco, 2002, p. 25.

A PEDRA DESENCANTADA DE NERUDA 177

discutível nesse esquematismo de manual de literatura, há, por outro lado, um fator pragmático que o torna de algum modo relevante: a crítica e os leitores tendem a ver menos importância na produção posterior ao fechamento do ciclo – uma vez, é claro, que este seja identificado. Daí serem menos conhecidas do grande público e menos comentadas pela crítica a obra de Drummond posterior a *Boitempo* e a de Neruda posterior ao *Memorial de Isla Negra*. Considera-se, em geral, que, findo o ciclo das renovações, o poeta tende a repetir-se, a retornar a experiências passadas e a refazê-las.

As inquietações da poesia de Drummond e de Neruda mostram que esse resgate afigura-se parcial e que a obra final desses poetas apresenta tanto reinvenção quanto invenção, numa dinâmica balanceada que mescla, de um modo bastante marcado, reconquista e expansão. Nesse sentido, pode-se argumentar que o conceito de "processo mental negativo", definido por Cabral e comentado no capítulo 2, conceito que ocorre, num primeiro momento, entre o artista em formação e suas fontes, num segundo, quando seu estilo já se afirma por si, dá-se entre o artista e sua própria obra, encarada como fonte, e que, como quaisquer fontes "externas", deve também ser dialeticamente assimilada e emudecida. (Drummond, no texto de 1946, acima mencionado, afirma com seu ceticismo irônico peculiar: "Primeira fase: o poeta imita modelos célebres. Última fase: o poeta imita a si mesmo. Naquela, ainda não conquistou a poesia; nesta, já a perdeu[9].)

O poema escolhido para ser analisado neste capítulo pertence à fase final da obra de Neruda. É, por isso, menos conhecido e comentado. É, por isso também, um texto que pode ser lido à luz da obra pregressa de Neruda. Assim, examiná-lo-emos desde uma perspectiva de intertextualidade interna, cujas fontes situam-se em três momentos da obra nerudiana: a matriz residenciária, "Alturas de Macchu Picchu" e o poema "Historia", de *Las Piedras de Chile*. O diálogo que o poema XVII estabelece com essas fontes, e também indiretamente com a história do

9. Carlos Drummond de Andrade, "Apontamentos Literários", art. cit.

século xx, nos permitirá compreender e dimensionar a singularidade do ceticismo radical que esse poema expressa. Abaixo, segue sua transcrição:

XVII
Pero no alcanza la lección al hombre:
la lección de la piedra:
se desploma y deshace su materia,
su palabra y su voz se desmenuzan.

El fuego, el agua, el árbol
se endurecen,
buscan muriendo un cuerpo mineral,
hallaron el camino del fulgor:
arde la piedra en su inmovilidad
como una nueva rosa endurecida.

Cae el alma del hombre al pudridero
con su envoltura frágil y circulan
en sus venas yacentes
los besos blandos y devoradores
que consumen y habitan
el triste torreón del destruido.

No lo preserva el tiempo que lo borra:
la tierra de unos años lo aniquila:
lo disemina su espacial colegio.

La piedra limpia ignora
el pasajero paso del gusano[10].

Mas não alcança a lição ao homem:
a lição da pedra:

---

10. Pablo Neruda, *Las Piedras del Cielo, op. cit.*, pp. 47-49. Cito o poema xvii da edição Losada, 1970. As demais citações de Neruda provêm da edição de sua obra completa, em cinco volumes, organizada por Hernán Loyola para Galaxia Gutenberg & Círculo de Lectores. A razão por que cito o poema xvii da edição Losada é que nesta a disposição das estrofes difere da contida nas obras completas. E nas minhas considerações sobre o poema, o arranjo original das estrofes será tomado como fator de significação.

desmorona e se desfaz sua matéria,
sua palavra e sua voz se despedaçam.

O fogo, a água, a árvore
endurecem,
procuram morrendo um corpo mineral,
encontraram o caminho do fulgor:
arde a pedra em sua imobilidade
como uma nova rosa endurecida.

Cai a alma do homem no monturo
com seu invólucro frágil e circulam
em suas veias jacentes
os beijos brandos e devoradores
que consomem e habitam
o triste torreão do destruído.

Não o preserva o tempo que o apaga:
a terra de uns anos o aniquila:
seu espacial colégio o dissemina.

A pedra limpa ignora
o provisório passo do verme.

DIDATISMO: "NADA DE CONFUSÕES QUANTO A ESSA PALAVRA"

No capítulo 2, examinamos uma frase extraída de uma carta de Drummond a Cabral, de 1948, que diz: "acho que sua poesia está adquirindo um valor didático (nada de confusões quanto a essa palavra)"[11]. Na abordagem, discorri sobre o sentido da expressão "valor didático" e seu alcance algo premonitório em relação à poesia posterior de Cabral. Mas há outro fragmento desse comentário que também merece exame. Por que a advertência entre parênteses sobre o termo *didático*: "nada de confusões

---

11. Flora Süssekind (org.), *Correspondência de Cabral com Bandeira e Drummond*, Rio de Janeiro, Nova Fronteira/Edições Casa Rui Barbosa, 2001, p. 225.

180　　MATÉRIA LÍTICA

quanto a essa palavra"? Que confusões afinal estariam embutidas no vocábulo, que Drummond quer evitar? Para ensaiar uma resposta a essa questão, é preciso contextualizar o termo em seu tempo, para entendê-lo na moldura das circunstâncias em que foi utilizado. No capítulo 2, a análise toma a frase no contexto da carta. Ali, como vimos, o sentido intencional de "didático" equivale a *original e seminal,* uma poesia que abre novos caminhos na literatura brasileira. Para depreender o sentido a ser evitado, a fim de que não cause "confusões", é preciso expandir esse enquadramento.

Um contexto imbricado no termo "didático", tal como Drummond o utiliza, parece estar associado a uma certa percepção da poesia política, ou político-ideológica, ou político-propagandística. Assim era percebida a poesia comprometida de Neruda, cuja divulgação no Brasil intensificou-se após a visita do poeta chileno, a primeira ao nosso país, em 1945. Nesse ano, Neruda veio ao Brasil na condição de poeta e senador do Chile, a convite do Partido Comunista Brasileiro, para participar do comício no Pacaembu em homenagem a Luis Carlos Prestes, que havia passado nove anos na prisão política do Estado Novo[12], e acabara de ser anistiado pelo governo brasileiro. Àquela altura, Neruda já desfrutava em nosso país o prestígio de grande poeta. Em 1944, nas "Notas de Crítica Literária" da *Folha da Manhã,* Antonio Candido lista Neruda e Drummond entre os "poucos" poetas modernos que alcançam abrir "sua sensibilidade ao mundo e ao semelhante [...] procurando uma expressão mais total do mundo". Ao lado destes, Candido elenca Stephen Spender, Cecil Day-Lewis e Louis Aragon – todos, aliás, poetas alinhados com o pensamento da esquerda[13]. Do outro lado do espectro ideológico, desde 1941, a política cultural pan-americanista de Getúlio Vargas divulgava autores do continente através do suplemento "Pensamento da América", do jornal *A Manhã,* publicação ofi-

---

12. Para fins de referência, utilizo a cronologia histórica que considera o Estado Novo um regime que se inicia de fato com a derrota da Intentona Comunista em novembro de 1935. A prisão de Prestes ocorreu em março de 1936.

13. Antonio Candido, "Longitude", *Folha da Manhã,* 23 de julho de 1944, p. 7.

cial do governo. O Neruda que ali surge não é o político, e sim o amoroso e o surrealista de *Residencia en la Tierra*, traduzido por Dante Milano, Cecília Meireles, Cristiano Soares, Domingos Carvalho da Silva e Manuel Bandeira, que também traduziu para o suplemento a novela curta *El Habitante y su Esperanza*[14]. Quando chega ao país em 1945, o Neruda da poesia política já era conhecido por seus poemas sobre a guerra civil espanhola, e também pelo incidente poético-diplomático que provocou em 1943, envolvendo o Chile e o Brasil.

INTERMÉDIO HISTÓRICO: O INCIDENTE POÉTICO-DIPLOMÁTICO DE 1943

Em junho de 1943, d. Leocádia, mãe de Prestes, morre no México, onde então Neruda trabalhava como cônsul. Ele a conhecera em 1936, em Madrid, para onde foram d. Leocádia e sua filha Lígia, vindas de Moscou, depois que souberam da prisão de Prestes. Por esse tempo, Neruda já acompanhava a trajetória do líder comunista brasileiro. No México, onde chegou em 1940, tornou-se próximo de d. Leocádia, que para lá se mudara, com a filha e a neta – filha de Prestes e Olga Benário – em 1938. Com a morte de d. Leocádia, houve uma mobilização de políticos brasileiros e mexicanos para conseguir do governo brasileiro uma autorização para que Prestes acompanhasse os funerais de sua mãe. Os esforços, porém, resultaram em vão. E no sepultamento de d. Leocádia, Neruda leu sua "Dura Elegía", na qual ataca com veemência Getúlio Vargas, ao mesmo tempo em que compara Prestes aos grandes heróis latino-americanos. Os ataques a Vargas – o poema foi publicado na imprensa mexicana no dia seguinte aos funerais de d. Leocádia – provocaram uma queixa oficial do embaixador brasileiro junto à embaixada do

---

14. Sobre o suplemento "Pensamento da América" (1941-1948) e a política pan-americanista do Estado Novo, ver o estudo de Ana Luíza Beraba, *América Aracnídea*, citado nas referências bibliográficas deste capítulo.

Chile no México, causando mal-estar entre os países, que então mantinham boas relações diplomáticas. Menos de um mês depois desse incidente, parece que, ao saber que seria transferido, Neruda adianta-se e pede licença para retornar ao Chile[15]. O convite do PCB para participar do comício a Prestes justifica-se pelo fato de Neruda ser um político do partido, por sua amizade com d. Leocádia, por sua admiração por Prestes, e também por Neruda já ser, àquela altura, o grande poeta público da América hispânica. A partir de 1945, pode-se dizer, Neruda torna-se o grande poeta público da América Latina, imagem em grande medida sintetizada na leitura, em espanhol, de "Dicho en Pacaembu" para – estima-se – mais de cem mil pessoas. Em suas memórias, Neruda recorda o evento como extraordinário e transformador: "Um poeta que lê seus versos diante de cento e trinta mil pessoas nunca mais será o mesmo nem pode escrever da mesma maneira depois dessa experiência"[16].

RETORNO AO CONCEITO DE DIDATISMO NA POESIA DE NERUDA

A passagem de Neruda pelo Brasil produziu um fenômeno no país que já se havia desenvolvido na América espanhola: a divisão de escritores e críticos entre "nerudistas" e "antinerudistas"[17]. Se "No Meio do Caminho" dividiu o Brasil em "duas categorias mentais", como afirma Drummond, Neruda e sua poesia dividiram (e ainda dividem) a América Latina em dois grupos rivais: admiradores e detratores do poeta chileno. No Brasil, Vinicius de Moraes, Jorge Amado e Thiago de Mello, por exemplo, estão

---

15. David Schidlowsky, *Pablo Neruda y su Tiempo: Las Furias y Las Penas*, tomo I, 1904-1949, Santiago de Chile, RIL Editores, 2008, pp. 296, 555-559.

16. Pablo Neruda, *Obras Completas*, vol. v, Barcelona, Galaxia Gutenberg/Círculo de Lectores, 2002, p. 747.

17. Sobre o fenômeno do "antinerudismo" em língua espanhola, ver *Nerudiana 7* (ago. 2009), número inteiramente dedicado a esse tema. Neruda também comenta essa questão em suas memórias, na seção "Enemigos Literarios" (*oc v*, pp. 719-723).

entre os primeiros. Mais discreto, mas não menos importante, Drummond também é sempre lembrado, quando se discute a presença de Neruda na poesia brasileira, por tomar emprestada sua "gravata chamejante" e pelo enfoque politizado presente em *A Rosa do Povo*. Do outro lado estão poetas como João Cabral e críticos como Haroldo de Campos, que em 1993, ao comparar Neruda e Octavio Paz, afirma:

> Octavio Paz prestou um grande serviço à poesia latino-americana de língua espanhola por representar um antídoto contra a produção retórica de feição nerudiana. Sobretudo a partir do último Neruda, o do *Canto General* (sic), a poesia de língua espanhola se transformou em um imenso e enfadonho discurso, em um dispositivo de facilidade[18].

Na reprovação da obra de Neruda, dois são os argumentos a que com mais frequência recorrem os antinerudistas, seja no Brasil seja no mundo hispânico: *1)* seu estilo verborrágico e altissonante, a "língua solta" de que fala Cabral (ver nota 3 deste capítulo), aspecto que contradiz a frugalidade e o racionalismo da expressão lírica propostos por poéticas influentes do século XX; e *2)* o sectarismo político da sua poesia empenhada, que sacrifica o enunciado lírico a uma forma de comunicação mais direta, ao mesmo tempo em que o subordina a uma ideologia político-partidária. Para os antinerudistas, em suma, o vigor sem rigor da poesia militante de Neruda representa um desvio regressivo em relação ao processo histórico e a conquistas técnicas da arte moderna, por um lado, e, por outro, um equívoco de perspectiva quanto ao conteúdo da expressão lírica, que, ao se aliar a uma forma de pensamento político, seria por este irremediavelmente controlada, tendo assim sua liberdade e independência postas em risco.

No Brasil, com o estertor e o fim do Estado Novo, escritores foram cobrados e se cobraram sobre seu papel na sociedade

---

18. Maria Esther Maciel, "Entrevista com Haroldo de Campos sobre Octavio Paz", *A Palavra Inquieta: Homenagem a Octavio Paz*, org. Maria Esther Maciel, Belo Horizonte, Autêntica, 1999, p. 50.

184

MATÉRIA LÍTICA

– lembre-se, nesse sentido, da reação de Antonio Candido ao hermetismo da poesia de Cabral, na resenha de 1943, comentada no capítulo 2. Como resposta a essa cobrança, os históricos congressos da Associação Brasileira dos Escritores (ABDE), em São Paulo e no Rio, em 1945, pautaram-se pelo compromisso aberto da literatura na defesa das liberdades democráticas. Na prática, isso significava politizar o discurso literário. Por esse tempo, acirram-se os debates sobre a encruzilhada entre arte e política, linguagem e engajamento, imaginação e responsabilidade social, debates cuja temperatura irá se elevar ainda mais com a intensificação da Guerra Fria e os desdobramentos da Revolução Cubana. Sobre essa encruzilhada, assim se expressa, em 1945, Mário de Andrade numa carta a Drummond, depois de participar do congresso da ABDE em São Paulo, discordando de suas diretrizes politizadas:

O intelectual, o artista, pela natureza, pela sua definição mesma de não-conformista, não pode perder a sua profissão, se duplicando na profissão de político. [...] Qualquer concessão interessada pra ele, pra sua posição política, o desmoraliza, e qualquer combinação, qualquer concessão o infama. É da sua torre-de-marfim que ele deve combater, jogar desde o guspe até o raio de Júpiter incendiando cidades. Mas da sua torre. Ele pode sair da torre e ir botar uma bomba no Vaticano, na Casa Branca, no Catete, em Meca. Mas sua torre não poderá ter nunca pontes nem subterrâneos[19].

O efeito da polarização entre ética e estética na poesia brasileira ocorre na forma de uma bifurcação de tendências antagônicas: a da vanguarda construtivista e a do lirismo popular-revolucionário, que se desenvolveram nos anos 1950 e 1960. A trajetória da poesia de Ferreira Gullar, por exemplo, ilustra essa dicotomia ao cruzar esses dois hemisférios, da vanguarda ao lirismo participante – e, no caso deste Gullar, é sintomático

19. Carlos Drummond de Andrade & Mário de Andrade, *Carlos & Mário: Correspondência Completa entre Carlos Drummond de Andrade (inédita) e Mário de Andrade*. Rio de Janeiro, Bem-te-vi, 2002, p. 539.

A PEDRA DESENCANTADA DE NERUDA 185

que Décio Pignatari a ele se refira, numa entrevista de 2007, irônica e depreciativamente como postulante a "Don Pablito Neruda do Brasil"[20]. A vanguarda tardia desse período subestima o poeta chileno, enquanto a poesia militante vê em Neruda um importante ponto de referência e um modelo a ser perseguido. O "Anteprojeto do Manifesto do Centro Popular de Cultura", por exemplo, de clara inspiração nerudiana e uma das bases ideológicas do grupo "Violão de Rua", ao qual se associam poetas social-revolucionários, propõe em seu programa de 1962 "a presença de uma poesia ideológica e humanista, visando à desalienação das massas"[21]. "Desalienar as massas", ou "impulso ou projeto de desalienação existente na história dos homens", como afirma Moacyr Felix no prefácio do terceiro e derradeiro volume da série *Violão de Rua* (p. 11), são expressões que, se não definem, norteiam os passos dessa poesia popular-revolucionária e expõem o sentido didático desse lirismo político-social, que com graduações e resultados diversos praticaram poetas brasileiros alinhados com o pensamento socialista, tendo em Neruda, repita-se, uma de suas principais referências.

Para os antinerudistas, o lirismo didático-político de Neruda e seus imitadores falseia a arte e a política. Sob pretexto de "desalienar as massas", ou de "projeto de desalienação", esse didatismo idealiza e simplifica noções como *povo* e *revolução*; sob pretexto de cantar a justiça entre os homens, atua como propaganda político-partidária[22]; sob pretexto de participar do processo histórico, divide o mundo apressada e maniqueistica-

---

20. Décio Pignatari, "Oitentação" (entrevista com), *Folha de São Paulo*, 4 de agosto de 2007, p. E1.
21. Sylvia Helena Cyntrão (org.), *A Forma da Festa – Tropicalismo: A Explosão e Seus Estilhaços*, Brasília, Editora Universidade de Brasília, 2000, p. 28.
22. Em 1946, em *O Estado de S. Paulo*, José Lins do Rego defende Neruda da acusação de poeta propagandista: "Se pretendem que Neruda seja o poeta da propaganda, estão muito enganados. Neruda é o poeta do homem, aquele que canta arrastado pela força de sua vida" (p. 5). Sem se referir a Neruda, mas talvez tendo-o em mente, e por certo seus epígonos, Octavio Paz afirma em *El Arco y la Lira* (1956): "Os partidos políticos modernos convertem o poeta em propagandista e assim o degradam" (em *Obras Completas*, 2. ed., vol. I, México D.F., Fondo de Cultura Económica, 2014, p. 57). Essa posição de Paz, no entanto,

186 MATÉRIA LÍTICA

mente entre bons e maus, ou respectivamente *nós* e os *outros*. Para os antinerudistas, em suma, o didatismo político na poesia contradiz a natureza mesma do discurso poético na medida em que o predispõe à univocidade, ao dogmatismo, à doutrinação. Isso, no entanto, não significa que o artista deve encerrar-se em uma nova torre de marfim, alienando-se do mundo; apenas, a comunicação poética não pode subordinar-se às ideologias partidárias e delas fazer panfleto. Ou, como observa Mário a Drummond, a torre de marfim do escritor não pode ter "pontes nem subterrâneos". E para os opositores de Neruda, sua poesia empenhada naufraga exatamente por isso: por forjar uma trama em que o poético submete-se a um didatismo obediente, utópico e edificante, com o qual se confunde, perdendo assim sua autonomia.

Em 1948, enfim, ao identificar um "valor *didático*" na poesia cabralina, e ao advertir Cabral para que não fizesse confusões quanto ao sentido dessa palavra, Drummond parece querer evitar que o termo fosse tomado pelo flanco depreciativo do didatismo neorromântico, ou revolucionário nas ideias e conservador na linguagem, como era então percebida – e ainda, em parte, o é – a poesia política como a de Neruda e seus epígonos, que por esse tempo começavam a proliferar no Brasil[23]. Isso, no entanto, não contradiz o fato de Drummond e outros modernistas admirarem Neruda. O poeta chileno encarnava muitos

não o faz um antinerudista. Paz e Neruda discordaram no campo político, mas admiraram-se mutuamente no poético.

23. Em 1960, José Guilherme Merquior resenha para o *Jornal do Brasil* quatro lançamentos de poetas "nerudianos": *O Pão e o Vinho*, de Moacyr Felix (7 de maio), *Operário do Canto*, de Geir Campos, *Vento Geral*, de Thiago de Mello (12 de junho) e *O Dia da Ira*, de Antônio Olinto (20 de agosto). As avaliações são devastadoras. Sobre o livro de Campos, Merquior fala em fidelidade "às normas do Kremlin estético" e "arte-equívoco [...] recomendada pelas supremas intelectualidades do stalinismo". O argumento básico da reprovação desses poetas centra-se na carência de pesquisa estética, supostamente compensada pelo assunto: "notável reacionarismo técnico mal escondido por uma *revolucionária* temática", diz o crítico sobre a poesia de Campos. Sobre a obra de Olinto, desfere: "tentar a grande poesia pelo tema em vez da técnica é mergulhar de cabeça numa piscina vazia". Em nenhum momento Merquior cita Neruda, mas a presença do poeta chileno, pode-se dizer, paira sobre os textos e os poetas avaliados.

A PEDRA DESENCANTADA DE NERUDA 187

poetas em um só, multiplicando-se, aliás, até o fim de sua vida. O que tornava a poesia nerudiana vulnerável para certa perspectiva crítica, repita-se, eram o sectarismo político e a grandiloquência imediatista, que fizeram escola entre imitadores, e em geral maus imitadores, do poeta. A posição de Bandeira expressa numa carta a Cabral de 1950 ilustra essa ambiguidade de posicionamento crítico, que se divide entre o apreço e a censura: "A respeito de retórica", diz Bandeira, "tenho grande admiração pelo Neruda (agora preciso fazer força, porque ando com muito nojo dos comunas), mas sempre o achei muito retórico, muito palavroso. Sinto que ele é o poeta de mais seiva na Hispano-América, mas francamente gosto mais do Jorge Carrera Andrade"[24].

DIDATISMOS EM CONFLITO:
POÉTICA DA HISTÓRIA E POÉTICA DO TEMPO

Como já mencionado, o tema da educação no poema XVII é introduzido nos versos de abertura: "Pero no alcanza la lección al hombre: / la lección de la piedra". Como também já notado, essa introdução nos remete, a princípio, e sobretudo no âmbito deste livro, à educação pela pedra de Cabral, comentada no capítulo anterior. Pode remeter também, de modo elusivo, e pelos argumentos expostos acima, ao didatismo da poesia militante de Neruda. Nos dois casos, porém, a remissão resulta em contraste no modo como esse tema é encaminhado no poema XVII. Em Cabral, a pedagogia da pedra, que ensina o poeta a compor o poema e o leitor a lê-lo, mostra-se, pelos resultados, efetiva. Na educação lítica do poema XVII, a lição da pedra, uma lição de moral, não alcança ensinar o homem. Desse modo, efetiva em Cabral, a pedagogia da pedra malogra em Neruda. Tal malogro, por seu turno, contradiz também o enfoque didático da poesia política nerudiana. Nesta, a perspectiva triunfalista pressupõe

---

24. *Apud* Flora Süssekind (org.), *Correspondência de Cabral com Bandeira e Drummond, op. cit.*, p. 118.

uma forma eficaz de educação, ou "desalienação", do leitor, a fim de que este se engaje na construção do futuro revolucionado. Há, assim, um conflito entre o didatismo *triunfalista* da poesia política de Neruda e o *malogrado* da pedra moralista do poema XVII. Uma leitura em perspectiva desse poema deve refletir sobre esse conflito de didatismos.

A princípio, tal conflito fundamenta a postulação crítica segundo a qual coexistem dois sujeitos e duas poéticas em tensão na obra de Neruda. Num polo encontra-se o poeta multitudinário das lutas sociais, da coragem solidária, imerso no fluxo da história, com sua retórica convicta, clara, retumbante; no outro o poeta noturno, que busca solitário penetrar o interior da matéria, submergir-se no âmago imóvel e silencioso do mundo físico, para ali experimentar, e objetivar poeticamente, a substância fluida do tempo, que habita cada objeto. Na primeira atitude, há o que se poderia definir de poética da história, ou do tempo histórico; na segunda, o que se poderia chamar de poética do tempo, ou da temporalidade metafísica. Alain Sicard assim expressa essa dualidade opositiva: "a contradição central do universo poético nerudiano" consiste no fato de que "a preocupação pelo homem na sua dimensão mais concreta aparece sempre como inseparável de um fascínio menos constante por um mundo sem o homem, um mundo 'desabitado' "[25]. Esse "mundo desabitado", em suma, o habita o tempo, o tempo cósmico, o tempo cíclico, o tempo mítico. Como nessa passagem do poema "Historia", de *Las Piedras de Chile*, a que voltaremos mais adiante:

> *y luego el tiempo vino y vino,*
> *se fue y se fue, volvió y volvió,*
> *hasta que el más deshabitado,*
> *el reino sin sangre y sin dioses,*
> *se llenó de puras figuras:*[26].

25. Alain Sicard, "Poesía y Política en la Obra de Pablo Neruda", *Revista Canadiense de Estudios Hispánicos* 3 (1991), p. 558.

26. Pablo Neruda, *Obras Completas*, vol. II, Barcelona, Galaxia Gutenberg/Círculo de Lectores, 1999, p. 980.

e logo o tempo veio e veio,
e se foi e se foi, voltou e voltou,
até que o mais desabitado,
o reino sem sangue e sem deuses,
se encheu de puras figuras:

Nesse mundo desabitado, ou habitado pelo tempo, a ausência do homem equivale à ausência da história. É um mundo, enfim, desabitado do homem e da história. Daí a *pureza* de suas "figuras", que são, no poema, estátuas de pedra, dispostas num espaço-tempo sem história.

Na outra ponta do espectro, isto é, na poética da história, Neruda ocupa-se do "homem na sua dimensão mais concreta", o homem histórico, inserido no tempo e nas contingências da história. Esse homem, no entanto, não é toda a humanidade. Ele possui uma identidade socioeconômica que o define: é o trabalhador no mundo capitalista, "el hombre assediado del pan o del cuchillo" ["o homem assediado pelo pão ou pela faca"], "el hombre que construye" e que "es luego el humo / de lo que construyó" ["o homem que constrói" (e que) "é logo a fumaça / do que construiu"][27]. É esse homem que a poética da história e a poesia política de Neruda cantam, e é a ele a quem se dirigem para educá-lo, educar sua sensibilidade e consciência, tendo-o não como *leitor* e sim cono *destinatário ideal*. Pelas contingências históricas, a capacidade de decodificação textual desse homem mostra-se limitada: "Escribo para el pueblo, aunque no pueda / leer mi poesía con sus ojos rurales"[28] ["Escrevo para o povo, embora não possa / ler minha poesia com seus olhos rurais"]. Ainda assim, é dever do poeta escrever para esses "olhos rurais", tentar com eles uma forma de comunicação através da poesia, a fim de compartilhar valores que aprendeu na militância e no contato com ideias socialistas. Em "A Mi Partido", por

---

27. *Idem, Obras Completas*, vol. i, Barcelona, Galaxia Gutenberg/Círculo de Lectores, 1999, pp. 436, 509.
28. *Idem*, 1999, p. 829.

190 MATÉRIA LÍTICA

exemplo, o poeta destaca o que o Partido Comunista Chileno, tornado interlocutor do sujeito lírico, lhe ensinou:

> *Me enseñaste a encender la bondad, como el fuego.*
> ....
> *Me enseñaste a ver la unidad y la diferencia de los hombres.*
> ....
> *Me enseñaste a dormir en las camas duras de mis hermanos.*
> ....
> *Me has hecho indestructible porque contigo no termino en mí mismo*[29].

> Me ensinaste a acender a bondade, como o fogo.
> ....
> Me ensinaste a ver a unidade e a diferença dos homens.
> ....
> Me ensinaste a dormir nas camas duras de meus irmãos.
> ....
> Me fizeste indestrutível porque contigo não termino em mim mesmo.

A indestrutibilidade citada no último verso transcrito está associada à ideia de instituição, no caso, o partido, que representa o homem, que a criou e a mantém através dos anos. Por meio dessa instituição, enfim, tal homem se faz "indestrutível".

"A Mi Partido" está incluído em *Canto General*, publicado em 1950. Vinte anos depois, o conceito de indestrutibilidade ali proclamado será invertido no poema XVII, em que o homem se mostra exposto em toda a sua vulnerabilidade. Esse homem, no entanto, não é o histórico das lutas sociais, o homem revolucionário ou o beneficiário da revolução socialista. O homem descrito no poema XVII é uma figuração alegórica da condição humana, cuja natureza se revela na forma de um contínuo e irreversível desintegrar-se. Nesse processo, atuam elementos externos, como tempo e espaço: "No lo preserva el tiempo que lo borra: / la tierra de unos años lo aniquila", assim como o próprio homem, que

---

29. *Idem*, 1999, p. 835 (grifo nosso).

se desgasta na debilidade de sua palavra: "su palavra y su voz se desmenuzan"; no seu espírito decadente: "cae el alma del hombre al pudridero"; na sua submissão ao imediatismo dos prazeres carnais: "circulan / en sus venas yacentes / los besos blandos y devoradores". Ou seja, não apenas a dimensão espaçotemporal destrói o homem, como também este se mostra, por suas ações, autodestrutivo. Desse modo, o poema XVII apresenta uma visão terrivelmente apocalíptica da existência humana. Um apocalipse, no entanto, cuja trajetória poderia ser de alguma forma alterada se o homem tivesse aprendido a lição da pedra. Por esse ângulo, o poema não apenas aborda, como também lamenta a condição trágica da humanidade. E por esse lamento, o poema XVII define o subgênero do seu discurso lírico: a elegia.

SUBJETIVIDADE EXÓGENA E "UTOPIA TOTALIZADORA"

A dualidade opositiva da poética da história e da poética do tempo, ou do "homem em sua dimensão mais concreta" e do "fascínio por um mundo desabitado" constitui uma polarização estrutural que, em certa medida, equilibra e estabiliza a multifacetada obra de Neruda. A essa dualidade juntam-se outras, também antinômicas, em parte dela derivadas, tais como contingência e absoluto, ruptura e permanência, utopia e ceticismo, pátria e exílio, erotismo e morte, deslocamento e imobilidade, profecia e memória, política e privacidade, presença e invisibilidade, grandeza e minimalismo, voz e silêncio, chuva e deserto, pássaro e pedra, luz e sombra, pragmatismo e lirismo, ode e elegia, Whitman e Quevedo... Em largo espectro, a poesia nerudiana opera por meio de dualidades antinômicas que, ao colidirem entre si, criam uma dinâmica cujo movimento nunca cessa. Numa imagem biológica, tais dualidades funcionam como "respiração" – expiração-aspiração – ou "ciclo cardíaco" – sístole-diástole –, que mantém "viva" essa poesia, cujo valor a ela atribuído não reside nessa dinâmica, e sim na qualidade

192   MATÉRIA LÍTICA

intrínseca dos poemas, mas cuja "vitalidade" depende, em parte, desse jogo de contrastes. Por esse raciocínio, tentar "fixar" a poesia de Neruda equivaleria a interromper esse processo "vital", e, por conseguinte, a "matá-la".

O conceito de "utopia totalizadora" proposto por Sicard busca nomear essa dinâmica polarizada, e não fixá-la. A princípio, Sicard identifica na poesia de Neruda duas poéticas: a do eu diurno e a do eu noturno, que em linhas gerais correspondem, respectivamente, à poética da história e à do tempo, acima referidas. Uma vez reconhecidas essas poéticas, Sicard propõe a "utopia totalizadora" como conceito articulador que participa de ambas, e assim lhes empresta sentido de unidade. Tal conceito, em suma, constitui o elo que une o eu diurno ao eu noturno[30]. Vejamos como isso se dá.

O argumento de Sicard para definir a "utopia totalizadora" – se faço as inferências corretas – tem sua origem numa postulação derivada de um conflito biográfico-poético presente na obra de Neruda. Tal postulação poderia ser assim resumida: apesar de profundamente autobiográfica, a poesia de Neruda não é egocêntrica, isto é, não se centra na figura do sujeito lírico, cuja voz, até pela dimensão autobiográfica dos poemas, se confunde com a do poeta-pessoa-empírica. Para entender essa postulação, comecemos pela questão do autobiografismo.

Por autobiografismo, no caso de Neruda, entenda-se não apenas o exercício memorialista de reconstrução da história pessoal do poeta, mas também a ideia de que sua criação está toda ela íntima e indissociavelmente imbricada nos eventos históricos que a envolvem. Neruda, de fato, transfigura suas experiências pessoais e sua consciência de homem público em matéria lírica, valendo-se para isso de uma voz que, pelo conteúdo expresso nos poemas, o leitor reconhece como *sincera*. Tal sinceridade Neruda herdou dos românticos, e por ela, cada poema pleiteia o estatuto de uma confissão autêntica do autor, que assim se expõe na instância do discurso poético. Esse sistema autorreferencial, no

---

30. Alain Sicard, "A Plena Luz Camino por la Sombra", *Atenea* 489 (2004), p. 12.

A PEDRA DESENCANTADA DE NERUDA 193

entanto, não enclausura a subjetividade da voz lírica no círculo do próprio eu. Ao contrário, o que essa voz busca ao cantar-se e as suas circunstâncias é atrelar sua subjetividade a uma noção totalizadora, para com ela expandir-se indefinidamente. Trata-se, em termos bakhtinianos, de uma *subjetividade dialógica*, que se define pelo impulso ao Outro, tomado como entidade absoluta – o Povo, a História, a Natureza, o Tempo, o Amor, a Morte – à qual o sujeito anseia integrar-se, para formar uma unidade em que o contingente e o absoluto se correspondam. Tal integração não possui sentido religioso, ao menos não *stricto sensu*. Seu sentido parece mais próximo do célebre "salvar as circunstâncias para salvar-se a si mesmo", de Ortega y Gasset[31], cujo significado poderia ser resumido, *grosso modo*, como a ação de o sujeito emprestar sentido ao mundo que o rodeia para salvar o mundo e a si mesmo da nulidade existencial. O conceito de "utopia totalizadora", enfim, caracteriza-se por esse impulso do sujeito nerudiano ao Outro, a fim de que se estabeleça entre eles uma aliança solidária e perene. Tal aliança se justifica pelas contingências históricas, daí seu caráter solidário, mas também pelo anseio de afirmar a existência humana para além dessas contingências, alcançando assim a perfeição do eterno. Desse modo, o sujeito poético, inserido no contingente da história, afirma-o ao afirmar-se, ao mesmo tempo em que luta para superá-lo e superar-se.

Nessa forma de subjetividade dialógica, ou, talvez melhor, *exógena*, a noção de transparência do sujeito poético, descrita na ode-manifesto "El Hombre Invisible", que abre as *Odas Elementales*, de 1954, mostra-se paradigmática, e pode nos auxiliar a compreender melhor a ideia de uma subjetividade que se alimenta do Outro. Em "El Hombre Invisible", o eu lírico ri-se do velho poeta que não alcança ultrapassar os limites da própria individualidade. Tudo para este poeta gira em torno dele mesmo ou da mulher que ele ama. O poeta autocentrado é incapaz de ver além de si mesmo, de sentir e observar o mundo em sua di-

---

31. José Ortega y Gasset, *Meditaciones del Quijote*, edición de Julián Marías, Madrid, Cátedra, 1984, p. 77.

nâmica, com suas formas, seus personagens. Sem se achar superior a esse poeta, a quem chama de "irmão", o sujeito lírico sorri, pois, ao andar pelas ruas, só ele não existe, e tudo passa por ele, e todas as coisas lhe pedem que as cante. O poeta invisível abre-se, então, a todos os seres, não para objetivá-los no canto, impessoalmente, e sim para cantá-los integrando-se a eles, cantando-se com eles.

> *yo quiero*
> *que todos vivan*
> *en mi vida*
> *y canten en mi canto,*
> *yo no tengo importancia,*
> *no tengo tiempo*
> *para mis asuntos,*
> *de noche y de día*
> *debo anotar lo que pasa,*
> *y no olvidar a nadie*[32].

> eu quero
> que todos vivam
> em minha vida
> e cantem em meu canto,
> eu não tenho importância,
> não tenho tempo
> para meus assuntos,
> de noite e de dia
> devo anotar o que passa,
> e não me esquecer de ninguém.

O poeta invisível só existe em relação ao Outro, causa e propósito de seu canto. Daí o eu lírico assumir na mesma ode: "No puedo / sin la vida vivir, / sin el hombre ser hombre" ["Não posso / sem a vida viver, / sem o homem ser homem"][33]. O poema, nesse caso, erige-se como espaço do congraçamento do poeta com a vida e com outros homens. Para tanto, a transparência

32. Pablo Neruda, *Obras Completas*, vol. II, *op. cit.*, p. 43.
33. *Idem*, p. 44.

A PEDRA DESENCANTADA DE NERUDA   195

constitui pressuposto do sujeito e do poema, empenhados na incorporação do que está a seu redor. Assim, nos versos finais de "La Casa de las Odas", que abre as *Nuevas Odas Elementales*, de 1956, o sujeito lírico metaforiza sua poesia na imagem da "casa", espaço privado, mas feita de transparência, fator que transforma o privado em privado *e* comunitário:

> *Regresé a trabajar sencillamente*
> *con todos los demás*
> *y para todos.*
>
> *Para que todos vivan*
> *en ella*
> *hago mi casa*
> *con odas*
> *transparentes*[34].

> Voltei a trabalhar despojadamente
> com todos os demais
> e para todos.
>
> Para que todos vivam
> nela
> faço minha casa
> com odes
> transparentes.

Os exemplos acima manifestam uma ótica própria da poética do eu diurno, que é também um eu transparente, permeável, inclusivo, fraterno, afirmativo. Seu antípoda, o eu noturno, mantém do primeiro o anseio de integração ao Outro. No entanto, reações e caminhos são divergentes. Na poética do eu noturno, predomina o tom elegíaco, derivado da angústia da incerteza, que leva o sujeito lírico a buscar refúgio na solidão e na imobilidade. Tal sujeito ainda está em comunicação direta com o mundo que, no entanto, lhe apresenta um espetáculo de miséria

---

34. *Idem*, pp. 260-261.

MATÉRIA LÍTICA

e dor, associado à ideia da dissolução contínua da matéria física, que envolve não apenas o mundo contemplado, como também o poeta que o contempla. Nesse mundo, enfim, tudo se dissolve. E o conteúdo metafísico dessa visão transporta o discurso lírico a esferas que ultrapassam as da história. E a subjetividade se expande, acompanhando o movimento da consciência do poeta, dominada por uma inquietação crescente, que nunca cessa. Mas a solidão que o poeta busca como refúgio não é a da própria subjetividade expandida, e, sim, a da matéria física que se desintegra. Dito de outra forma, o poeta, acossado pelo desespero de habitar um mundo em desintegração, "desabita" a própria consciência para fazê-la "habitar" o interior da matéria, lugar "habitado" pelo tempo em estado de pureza, tempo imóvel e sem história. Na poética do eu noturno, portanto, esse "habitar" o interior da matéria implica, como na poética do eu diurno, mas por caminho diverso, transparência do sujeito e impulso de empatia à outridade. Vejamos, nesse sentido, um exemplo extraído do poema "La Noche", que consta da quinta seção de *Memorial de Isla Negra*, de 1964:

> Quiero no saber ni soñar.
> Quién puede enseñarme a no ser,
> a vivir sin seguir viviendo?
> ....
> Inmóvil con secreta vida
> como una ciudad subterránea
> que se fatigó de sus calles,
> que se escondió bajo la tiervra
> y ya nadie sabe que existe,
> no tiene manos ni almacenes,
> se alimenta de su silencio.
>
> Alguna vez ser invisible,
> hablar sin palavras, oír
> sólo ciertas gotas de lluvia,
> sólo el vuelo de cierta sombra[35].

35. *Idem*, pp. 1292-1293. A primeira versão desse poema, com variantes, está em *Estravagario* sob o título "Estación Inmóvil" (*Idem*, p. 671).

Quero não saber nem sonhar.
Quem pode me ensinar a não ser,
a viver sem seguir vivendo?

....

Imóvel com secreta vida
como uma cidade subterrânea
que se cansou de suas ruas,
que se escondeu debaixo da terra
e ninguém sabe que existe,
não tem mãos nem armazéns,
se alimenta de seu silêncio.

Em algum momento ser invisível,
falar sem palavras, ouvir
só certas gotas de chuva,
só o voo de certa sombra.

Na última estrofe, o anseio de invisibilidade resume o sentimento de renúncia que parece dominar o sujeito lírico. No entanto, apesar dessa invisibilidade renunciante, oposta à invisibilidade pública e afirmativa do poeta das odes, há no eu lírico um desejo de comunicação com o mundo exterior: "falar", embora "sem palavras", e "ouvir" certos sinais audíveis ("gotas de chuva") e inaudíveis ("voo de sombra") da natureza. Mesmo imóvel, invisível e isolado, o sujeito poético não se encerra em si e, submerso na matéria, pleiteia estabelecer um diálogo subterrâneo, na forma talvez de um infradiscurso, com a realidade circundante. Há nessa atitude, de um lado, um movimento vertical em direção ao interior da terra, espécie de morada do não-ser. De outro, há também um movimento horizontal, que postula uma interação do sujeito com elementos da natureza. Tal interação se daria na linguagem "sem palavras" do mundo natural não humano, pelo que o sujeito assumiria uma identidade equivalente, ou próxima, à de seu interlocutor.

Em suma, tanto na poética do eu diurno quanto na do eu noturno, a transparência do sujeito poético é a condição projetada por sua subjetividade para que esta se ramifique rumo a

198 MATÉRIA LÍTICA

instâncias do não eu com as quais anseia fundir-se para compor um todo que supere as limitações das partes. Enfim, tanto o eu diurno quanto o eu noturno da poesia nerudiana "se alimentam da mesma utopia": "sonhar seu próprio anonimato dentro da multidão dos homens, e sonhar sua própria dissolução silenciosa dentro do mundo material". Tal atitude "são duas maneiras de se fazer invisível para abarcar o mundo em sua totalidade"[36].

Regressando ao tema da educação, esta também se faz presente em "La Noche", associada à noção de invisibilidade do sujeito lírico, ou à sua postura renunciante. Daí o tema ser tratado às avessas, isto é, como processo de esvaziamento da consciência, como "desaprendizagem", ou aprendizagem negativa: "Quiero *no saber* ni soñar. / Quién puede *enseñarme a no ser*". Por essa postura renunciante, tais versos, enfim, bem como o poema como um todo, mostram ecos da poesia residenciária. E por essa ressonância confirma-se, em princípio, o conceito de obra cíclica em Neruda. Ou seja, o poeta residenciário, que encerra seu ciclo com os primeiros poemas da *Tercera Residencia*, em 1947, de fato não o encerra, e ressurge em alguns momentos da obra posterior de Neruda – "Alturas de Macchu Picchu", de *Canto General*, é um desses momentos, como veremos. Na produção final do poeta, isto é, de *Memorial de Isla Negra* em diante, a presença do que se poderia chamar de *matriz residenciária* possui significativa recorrência. É o caso do poema XVII, cuja cosmovisão denuncia a presença dessa matriz. A proposta de leitura desse poema toma a matriz residenciária como ponto de partida. Pela hipótese de leitura aqui desenvolvida, o impasse proposto por essa matriz é resolvido em "Alturas de Macchu Picchu", e posteriormente negado no poema "Historia". O poema XVII pode ser lido como uma consequência dessa negação. Para discutir essa hipótese, comecemos pela definição de matriz residenciária.

---

36. Alain Sicard, "A Plena Luz Camino por la Sombra", *op. cit.*, p. 19.

MATRIZ RESIDENCIÁRIA

A expressão *matriz residenciária* nomeia um modo de percepção e de expressão do real manifesto nas primeiras obras de Neruda ou a caminho do Surrealismo, como *El Hondero Entusiasta* (1933, mas composto em 1923-1924), ou já de alguma forma alinhadas com essa vanguarda, como *Tentativa del Hombre Infinito* (1926), e sobretudo *Residencia en la Tierra* (I, 1933, e II, 1935), cujos parâmetros se estendem aos primeiros poemas de *Tercera Residencia* (1947), e também a algumas composições de *Canto General* (1950). Tal modo, como já referido, ressurge em poemas posteriores, sobretudo na última fase do poeta. O primeiro aspecto que se poderia apontar nessa matriz é sua relação com o tempo. Por uma ótica narrativa, o tempo é o protagonista da matriz residenciária. E o que acima se denominou *poética do tempo* confunde-se, em muitos sentidos, com essa matriz. Ainda dentro dessa ótica narrativa, pode-se dividir a matriz residenciária em três momentos, pelos quais ela será aqui definida: o *impulso à transcendência*, o *princípio generativo-destrutivo* e a "desabitação da história", este último proposto por Hernán Loyola. O poema XVIII, como veremos, está mais próximo do conceito de Loyola. No entanto, para definir a "desabitação da história" é preciso refazer sua trajetória desde o impulso à transcendência.

Para discorrer sobre o conceito de impulso à transcendência, tomemos como suporte ilustrativo os poemas de *El Hondero Entusiasta*. Em conjunto, os poemas desse livro desenvolvem o tema da busca da transcendência. O motivo central dessa busca advém da consciência de raiz barroca, mais precisamente quevediana, da própria extinção, a consciência da provisoriedade da existência no tempo, cujo fluxo tudo corrompe e arrasta à destruição. Ou, nas palavras de Neruda, extraídas de um ensaio sobre Quevedo, a consciência de que na vida "há um único passo, e é o caminho para a morte"[37]. No poema de abertura

---

37. Pablo Neruda, *Obras Completas*, vol. IV, *op. cit.*, p. 457.

de *El Hondero Entusiasta*, tal consciência se expressa logo no sexto verso, em que o eu lírico se vê "corriendo hacia la muerte como un grito hacia el eco"[38] ["correndo para a morte como um grito para o eco"]. No poema terceiro, essa visão se mostra mais evidente através da percepção do mundo e da humanidade dispostos em um contínuo processo de desintegração, que abate o ânimo do sujeito:

> *Estoy cansado: todas las hojas caen, mueren.*
> *Caen, mueren los pájaros. Caen, mueren las vidas.*
> *Cansado, estoy cansado.* ....
> ....
> *El ansia cae, muere. Cae, muere el deseo.*
> *Caen, mueren las llamas en la noche infinita*[39].
>
> Estou cansado: todas as folhas caem, morrem.
> Caem, morrem os pássaros. Caem, morrem as vidas.
> Cansado, estou cansado. ....
> ....
> A ânsia cai, morre. Cai, morre o desejo.
> Caem, morrem as chamas na noite infinita.]

A resposta do sujeito à percepção da natureza em declínio perpétuo surge na forma de aspiração à transcendência, de anseio de infinito: "Quiero no tener límites y alzarme hacia aquel astro" ["Quero não ter limites e elevar-me na direção daquele astro"][40]. Por meio dessa reação, o sujeito se rebela contra a constrição da temporalidade, que deseja superar. No entanto, a frustração desse projeto, a impossibilidade de abarcar o absoluto, aborta a aspiração de deslimite do eu lírico. Com isso, em suma, seu percurso narrativo percorre três instâncias distintas: 1) a da consciência angustiada pela medida de todas as coisas sob a égide do tempo (modo de percepção do real); 2) a do impulso de descomedimento (reação derivada desse modo

---

38. Idem, *Obras Completas*, vol. I, *op. cit.*, p. 161.
39. *Idem*, p. 165.
40. *Idem*, p. 172.

de percepção); e 3) a do desencanto pela insuperabilidade da própria finitude:

> ....
> .... Se alza mi brazo, entonces,
> hacia la noche llena de estrellas en derrota.
>
> He aquí mi voz extinta. He aquí mi alma caída.
> Los esfuerzos baldíos. La sed herida y rota.
> He aquí mis piedras ágiles que vuelven y me hieren[41].

> ....
> .... Se ergue meu braço, então,
> para a noite cheia de estrelas em derrota.
>
> Eis aqui minha voz extinta. Eis aqui minha alma caída.
> Os esforços baldados. A sede ferida e rota.
> Eis aqui minhas pedras ágeis que voltam e me ferem.

As metáforas do fundeiro, da funda e da pedra, em *El Hondero Entusiasta*, mimetizam o sentido de transcendência ansiada e falhada. O fundeiro gira seus braços "como dos aspas locas" ["como duas aspas loucas"] e atira, com sua funda, pedras para o alto, num ato que expressa o desejo do sujeito de projetar-se para fora de si, na direção do infinito. As pedras atiradas, porém, retornam invariavelmente a seu ponto de origem, ou simplesmente caem, frustrando assim a ambição metafísica do poeta-fundeiro, cujo sentimento de desencanto então se expande, objetivando-se na imagem da natureza em ruínas – "Todo se rompe y cae. Todo se borra y pasa" ["Tudo quebra e cai. Tudo se apaga e passa"] –, até figurar a solidão do poeta, sua angústia, e o mundo desabitado, imagens paradigmáticas da poética nerudiana do eu noturno: "Soledad de la noche. Soledad de mi alma. / El grito, el alarido. Ya no hay nada en la tierra!" ["Solidão da noite. Solidão de minha alma. / O grito, o alarido. Já não há nada na terra!"]. A interação erótico-amorosa – "Mi alma derramándose en

---

41. *Idem*, p. 163.

202 MATÉRIA LÍTICA

tu carne extendida ["Minha alma derramando-se sobre tua carne estendida"] – surge, por fim, como última possibilidade de transcendência para o sujeito, possibilidade, no entanto, de uma forma de transcendência apenas contingente[42].

Nos poemas de *Residencia en la Tierra*, a percepção do tempo e de seus efeitos se intensifica, acentuando a consciência e a angústia do eu poético. A dualidade finitude *vs.* infinito se concentra para produzir imagens que objetivam poeticamente a temporalidade. Esta, enfim, é exposta não como uma força apenas destrutiva, mas como um *princípio generativo-destrutivo*, isto é, um mecanismo cíclico cujo poder criador coincide com sua capacidade devastadora. Na poesia residenciária, o tempo se apresenta como o mito de Saturno, procriador e devorador de sua própria prole, ou como o símbolo do Ouroboros, em cuja imagem uma serpente morde a própria cauda, consumindo-se e alimentando-se no mesmo gesto. Nesse ponto, Neruda dialoga não apenas com Quevedo, mas também com Schopenhauer. O excerto a seguir, por exemplo, extraído de *O Mundo como Vontade e Representação*, ecoa nos poemas de *Residencia en la Tierra*, sendo-lhes uma espécie de síntese do pensamento que os preside:

> Assim, tudo dura apenas um instante, e corre para a morte. A planta e o inseto morrem ao final do verão, o animal e o homem após alguns anos; a ceifa da morte é implacável. Mas apesar disso, ou como se isso não ocorresse de fato, tudo está lá em seu lugar, como se tudo fosse imperecível[43].

A pontual e abalizada observação de Emir Rodríguez Monegal sobre os poemas residenciários, "é esta uma poesia de destruição e permanência"[44], põe em evidência raízes quevedianas e schopenhauerianas do Neruda residenciário. De fato, o binômio "destruição e permanência", como um núcleo inextricável,

---

42. *Idem*, pp. 161, 170-171, 173.
43. Arthur Schopenhauer, *The World as Will and Representation*, transl. by E. F. J. Payne, New York, Dover Publications, 1958, vol. II, p. 478.
44. Emir Rodríguez Monegal, *Neruda, el Viajero Inmóvil*, Barcelona, Editorial Laia, 1988, p. 195.

em que tudo se destrói e permanece, constitui um dos *leitmotiven* dos poemas de *Residencia en la Tierra*. Para exemplificar esse argumento, sem no entanto estender-se nesse exercício, bastaria mencionar alguns momentos pontuais e paradigmáticos do livro, como o título do poema de abertura "Galope Muerto", com seu "perfume de las ciruelas que rodando a tierra / se pudren en el tiempo, infinitamente verdes" ["perfume das ameixas que rodando a terra / apodrecem no tempo, infinitamente verdes"]; a imagem de ascendência heraclitiana "del río que durando se destruye" ["do rio que durando se destrói"], de "No Hay Olvido (sonata)"; a baudelaire-rubeniana, construída, no entanto, em chave paródica, do "cisne de fieltro / navegando en un agua de origen y ceniza" ["cisne de feltro / navegando numa água de origem e cinza"], de "Walking Around"; e as schopenhauerianas[45], de "Significa Sombras",

Tal vez la debilidad natural de los seres recelosos y ansiosos
busca de súbito permanencia en el tiempo y límites en la tierra,
....
Ay, que lo que yo soy siga existiendo y cesando de existir,
....
Sea, pues, lo que soy, en alguma parte y en todo tiempo,
establecido y asegurado y ardiente testigo,
cuidadosamente destruyéndo-se y preservándose *incessantemente*[46].

Talvez a debilidade natural dos seres temerosos e ansiosos
busque de súbito permanência no tempo e limites na terra,
....
Ah, que o que sou siga existindo e cessando de existir,
....

45. Sobre a presença de Schopenhauer em "Significa Sombras", ver Hernán Loyola, *Neruda: La Biografía Literaria*, Santiago, Editorial Planeta Chilena, 2006, pp. 428-432, que por sua vez discute como Amado Alonso (em *Poesía y Estilo de Pablo Neruda*, Barcelona, Edhasa, 1979) aproxima Schopenhauer e Neruda ao analisar "Significa Sombras". Sobre a presença de Schopenhauer nos poemas de *Residencia en la Tierra*, ver também ensaio de Alfredo Lozada, "Schopenhauer y Neruda", *Revista Hispánica Moderna*. 3/4 (1966), pp. 217-230.
46. Pablo Neruda, *Obras Completas*, vol. I, *op. cit.*, pp. 257, 343, 308, 295 (grifo nosso).

Seja, pois, o que sou, em alguma parte e em todo tempo,
estabelecido e seguro e ardente testemunha,
cuidadosamente destruindo-se e preservando-se incessantemente.

Como a poesia residenciária, o poema XVII também se desenvolve em torno da tensão entre "destruição e permanência", ou trata da conflitiva relação entre tempo (permanência) e ser no tempo (destruição), figurativizados respectivamente na pedra e no homem. Como a poesia da matriz residenciária, o poema XVII registra ainda uma atitude discursiva predominantemente meditativa e pessimista, própria do lirismo elegíaco, implicado num pensamento moral, cujo enfoque primário recai sobre a condição humana governada pelo tempo. No entanto, em divergência com essa matriz, o estilo do poema XVII se afasta do hermetismo vanguardista de *Residencia en la Tierra* para expressar-se na linguagem "transparente" das odes. Assim, cruzam-se no poema XVII, formando um composto híbrido, a perspectiva agônica da matriz residenciária e o estilo claro, equilibrado e didático das odes elementares[47]. A clareza, o equilíbrio e o didatismo das odes poderiam, em princípio, atenuar o pessimismo expresso no poema XVII. No entanto, ao transformar a agonia em ceticismo algo niilista, o efeito, ao menos sob certo sentido, como mais adiante se verá, é o de intensificação do sentimento de angústia, proveniente da poesia residenciária.

Outro aspecto do poema XVII que diverge de sua matriz consiste no princípio da não porosidade. Em sua trajetória do *im-*

---

47. Sobre o didatismo das odes elementares, transcrevo uma citação, sem fonte de referência, de Luiz Santa Cruz, disposta no prefácio ao *Livro de Sonetos*, de Vinicius de Moraes: "Por sua vez, Pablo Neruda, falando há pouco, no Rio, de suas 'Odas Elementales', dizia que elas 'buscam ensinar, o que é um papel importante da poesia, que, por orgulho, os poetas parecem ter esquecido. Segundo este conceito, a poesia deve ensinar ao homem. Uma lição que deve ser sempre a da superação. Estas palavras – o bem, a verdade, a beleza – foram ridicularizadas por uma literatura maldita, tenebrosa, mas, na verdade, elas são indestrutíveis, são herança do humanismo universal'" (Luiz Santa Cruz, "Prefácio", em Vinicius de Moraes, *Livro de Sonetos*, Rio de Janeiro, Livros de Portugal, 1957, p. vii). Não encontrei essa passagem na edição de Hernán Loyola das obras completas de Neruda, mas a reproduzo pela relação que estabelece com a noção de didatismo na poesia nerudiana.

pulso à transcendência ao *princípio generativo-destrutivo*, a matriz residenciária tende a construir uma estrutura permeável na qual "destruição e permanência" constituem polos integrados que se correspondem e se comunicam, embora não alcancem a condição de síntese superior na qual o antagonismo dos extremos seja por fim pacificado. Tal síntese ocorre, como também se verá, na pedra inca do poema "Alturas de Macchu Picchu". Nesse caso, a noção de permeabilidade resolve o impasse da criação que se destrói e da destruição que permanece na criação, tal como postulado pela poesia residenciária. Na direção oposta, o poema XVII tematiza o divórcio, a impossibilidade de comunhão, de síntese dialética, dos polos agora impermeáveis da "destruição" (homem, vida, finitude, história) e da "permanência" (pedra, morte, infinito, tempo). Com isso, o poema XVII rompe tanto com a matriz residenciária, que propõe mas não resolve o impasse entre tempo e história (ser no tempo), quanto com "Alturas de Macchu Picchu", em que tal impasse é por fim equacionado. Para refletir sobre o sentido dessa ruptura, o conceito, proposto por Loyola, de "desabitação da história" nos será de utilidade e valor. Para abordá-lo, no entanto, é preciso primeiro comentar alguns aspectos da narrativa de "Alturas de Macchu Picchu" e seu sentido de conciliação do homem com o tempo pela história.

"ALTURAS DE MACCHU PICCHU"

Del aire al aire, como una red vacía,
iba yo entre las calles y la atmósfera, llegando y despidiendo
...
lo que el más grande amor ....
.... nos entrega como una larga luna.

Do ar ao ar, como uma rede vazia,
ia eu entre as ruas e a atmosfera, chegando e despedindo
....
o que o maior amor ....
.... nos entrega como uma imensa lua.

Os versos de abertura de "Alturas de Macchu Picchu" centram-se na figura do narrador lírico, que se apresenta como um ser vazio, aflito e solitário, a percorrer espaços com os quais mantém uma relação precária e desencontrada. Seu vazio, de uma transparência angustiada – distinta, pois, da posterior invisibilidade solidária do eu lírico das odes elementares –, deriva da demanda constante e sempre malograda por um fundamento da existência oculto ou perdido. Como uma torre às avessas – "como una torre enterrada" ["como uma torre enterrada"] –, o narrador busca aprofundar-se nas coisas, fundir-se a elas, para do interior delas extrair um sentido que possa salvá-lo da existência nula, e com isso neutralizar, ou ao menos aplacar, sua inquietação. O retorno dessa descida ao âmago da matéria, porém, traz sempre à tona o mesmo ser, que se compara a um cego: "Descendí como gota entre la paz sulfúrica, / y, como un ciego, regresé al jazmín / de la gastada primavera humana" ["Desci como gota entre a paz sulfúrica, / e, como um cego, regressei ao jasmim / da desgastada primavera humana"][48].

A angústia inquiridora do narrador lírico provém de um modo peculiar de percepção da natureza e do homem. Aquela responde ao tempo voraz com beleza e força, graça e resistência, dinamismo e unidade, atributos figurativizados no poema pela flor e pela rocha: "e a rocha mantém sua flor disseminada" – imagem que, aliás, ecoa na da "rosa endurecida" do poema XVII. Em oposição, o homem se desperdiça, se nega, se aliena. Entre sua frágil aparência e seu orgulho, ou "entre a roupa e a fumaça", resta-lhe a alma, que sua cólera sufoca, humilha e tortura, como autor e ator de sua própria agonia[49]. Enquanto isso, "desde mil años" ["desde mil anos"], a natureza lhe envia sua escrita feita de tempo, sua "carta transparente" de orvalho, disposta no alto da ameixeira, sua mensagem, que o homem turbulento e inconstante não compreende[50].

---

48. Pablo Neruda, *Obras Completas*, vol. I, *op. cit.*, p. 434.
49. Alain Sicard, *El Pensamiento Poético de Pablo Neruda, op. cit.*, p. 237.
50. Pablo Neruda, *Obras Completas*, vol. I, *op. cit.*, p. 435.

Ao mesmo tempo distanciado da humanidade e nela imerso – daí sua imensa solidão –, o narrador luta para decifrar o enigma da perpetuidade harmoniosa da natureza, para encontrar uma constante imutável dentro do movimento incessante e inconsciente da civilização, "la eterna veta insondable" ["o eterno veio insondável"], que a natureza sinaliza, e que deveria de algum modo guiar a humanidade. De suas tentativas frustradas colhe apenas fragmentos e superfícies: "un racimo de rostros o de máscaras / precipitadas" ["!um aglomerado de rostos ou de máscaras / precipitadas"]. Incansável, porém, o narrador prossegue em sua atitude indagadora, cuja pergunta central se apresenta no fim da segunda parte do poema: "Qué era el hombre? En qué parte de su conversación abierta / entre los almacenes y los silbidos, en cuál de sus movimientos metálicos / vivía lo indestructible, lo imperecedero, la vida?" ["Que era o homem? Em que parte de sua conversa aberta / entre os armazéns e os assobios, em qual de seus movimentos metálicos / vivia o indestrutível, o imperecível, a vida?"][51].

A esse questionamento sobre o homem, a vida e o indestrutível segue uma reflexão sobre a morte, que ocupa as três subsequentes partes do poema, composto de doze. Esse conflito da vida e da morte, integradas numa unidade antinômica, cuja tensão "insondável" angustia o eu lírico, constitui um dos aspectos que põem "Alturas de Macchu Picchu" em diálogo com *Residencia en la Tierra*. No entanto, considerando relações ideológico--narrativas entre essas obras, uma diferença sobressai: o impasse entre tempo histórico (como polo associado à *vida*) e eternidade (como polo associado à *morte*), que permanece em aberto na poesia residenciária, inquietando a consciência do sujeito lírico, alcança por fim uma síntese reveladora no poema sobre as ruínas incas de Machu Picchu[52]. Mas, antes de abordar essa síntese,

---

51. *Idem*, pp. 435-436.
52. O registro da convenção ortográfica grafa *Machu* com um *c*. Em seu poema, Neruda altera a grafia da tradição por razões possivelmente estéticas. Sobre essa questão, ver nota de Enrico Mario Santí, em sua edição de *Canto General*, 12. ed., Madrid, Cátedra, 2009, pp. 125-126.

208 MATÉRIA LÍTICA

fixemo-nos no tema da morte e sua perspectiva quevediana, ou quevediano-schopenhaueriana.

Para Quevedo, em síntese, a morte não se opõe à vida, mas ambas se entrelaçam constituindo um composto indissociável. Nascer é começar a morrer, e a morte, uma forma de nascimento. Em seu tratado moral *La Cuna y la Sepultura*, por exemplo, "o berço" é "a sepultura" e vice-versa[53]. No tratado quevediano, a ideia da morte que é vida, e da vida que é morte, expressa-se, entre outras, na seguinte passagem: "Terás ouvido dizer muitas vezes que não há coisa mais certa do que a morte nem mais incerta do que o quando. Digo-te que não há coisa mais certa do que o quando, pois não há momento em que não morras". E mais adiante: "E quando dizem 'Fulano morreu em dois dias', mentem, e não entendem que qualquer um (ainda que morra em um instante) morre em tantos dias quantos os que viveu, e tantos dias havia que estava doente quantos os desde que nasceu". E barrocamente conclui: "Tu pensas que os dias passam em vão? Pois digo-te que não há hora que passe por ti que não esteja retirando terra à tua sepultura"[54].

Quevedo, enfim, recorre com frequência a esse argumento em prosa e em verso, fazendo dele uma das linhas de força do seu pensamento moral e metafísico. Na poesia residenciária, Neruda recupera e atualiza essa ideia quevediana da existência como uma corrente de sucessivas mortes, sem, no entan-

---

53. Machado de Assis, aliás, repete essa imagem, em chave irônico-fantasista, no seu Brás Cubas, "para quem a *campa* foi outro *berço*" (*Memórias Póstumas de Brás Cubas*, Cotia, SP, Ateliê Editorial, 1998, p. 69 [grifo nosso]).

54. Francisco de Quevedo, *La Cuna y la Sepultura*, em *Obras de D. Francisco de Quevedo y Villegas*, tomo II, ed. Aureliano Fernandez Guerra y Orbe, Madrid, Imprenta de los Sucesores de Hernando, 1921, p. 85.Tal reflexão remete a outra célebre cena do Brás Cubas: a do narrador que, depois do primeiro beijo em Virgília, vai para casa e, ao ouvir o "tique-taque soturno" do relógio, "que parecia dizer a cada golpe que [ele] ia ter um instante menos de vida", imagina "um velho diabo, sentado entre dois sacos, o da vida e o da morte, a tirar as moedas da vida para dá-las à morte, e a contá-las assim:

– Outra de menos...

– Outra de menos...

– Outra de menos...

– Outra de menos..." (Machado de Assis, *op. cit.*, pp. 150-151).

to, avançar na metafísica da morte. Ao invés, Neruda fixa-se na metafísica do tempo, entendido como uma dimensão infinita ansiada pela finitude humana, cujo ímpeto, como o *élan vital* de Henri Bergson, autor que Neruda possivelmente leu, busca superar seus limites temporais. A crise do sujeito lírico em "Alturas de Macchu Picchu" provém da constatação de que a humanidade da qual participa se mostra destituída de energia e vontade, e assim paralisada pela alienação, pela superficialidade, pelo egoísmo. Essa humanidade morre quevedianamente a cada instante, entregando-se, no entanto, e nesse ponto afastando-se de Quevedo, a uma morte sem redenção, a uma morte que não é vida: "y no una muerte, sino muchas muertes, llegaba a cada uno: / cada día una muerte pequeña..." ["e não uma morte, senão muitas mortes, chegava a cada um: / cada dia uma morte pequena..."]. É a visão trágica da humanidade resignada em sua apatia: "todos desfallecieron esperando su muerte, su corta muerte diaria" ["todos desfaleceram esperando sua morte, sua curta morte diária"][55].

Em oposição à "morte pequena", à "curta morte diária", a que se entrega passivamente o homem moderno, o narrador sente-se impelido à "poderosa morte" – "La poderosa muerte me invitó muchas veces" ["A poderosa morte me convidou muitas vezes"] –, à morte como um ato vital e expansivo, orientado para fora de si, para outras subjetividades, dispostas no fluxo temporal, metaforizado na imagem da água: "quise nadar en las más anchas vidas, / en las más sueltas desembocaduras" ["quis nadar nas mais amplas vidas, / nos mais desatados desaguadouros"]. No entanto, o plano de consubstanciar-se no tempo para associar-se ao outro, num gesto metafísico de solidariedade, fracassa na medida em que o outro, o homem moderno, rejeita essa integração: "y cuándo poco a poco el hombre fue negándome / y fue cerrando paso y puerta para que no tocaran / mis manos manantiales su inexistencia herida" ["e quando aos poucos o homem foi me negando / e foi fechando passagem e porta

---

55. Pablo Neruda, *Obras Completas*, vol. I, *op. cit.*, p. 436.

para que não tocassem / minhas mãos mananciais sua inexistência ferida"]. O fracasso dessa metafísica solidária intensifica até o limite a crise do sujeito lírico, que assim se vê numa espiral em cujo centro repousa a morte como extinção, a morte como dispersão total: "rodé muriendo de mi propia muerte" ["girei morrendo de minha própria morte"][56]. Do ponto de vista narrativo, a perspectiva de "morrer da própria morte", ou seja, do triunfo da "pequena" sobre a "poderosa morte", constitui o clímax do conflito entre a consciência do narrador e seu anseio de emular a relação da natureza com o tempo. O desenlace desse conflito ocorre no momento em que o sujeito lírico se encontra com Machu Picchu, na sexta parte do poema. Depois da solitária e frustrada descida do eu lírico ao interior da matéria e do homem, descida em cujo ponto mais baixo se localiza a morte absoluta, a mudança que a partir de agora se anuncia expressa-se na forma de uma ascensão: "Entonces en la escala de la tierra he subido / entre la atroz maraña de las selvas perdidas / hasta ti, Macchu Picchu" ["Então na escada da terra subi / entre o emaranhado atroz das selvas perdidas / até a ti, Macchu Picchu"][57].

A cidade sagrada inca emerge na narrativa como teorema de uma equação previamente proposta mas ainda não demonstrada: Machu Picchu é morte que é vida, e é vida que é morte, ou "una vida de piedra después de tantas vidas" ["uma vida de pedra depois de tantas vidas"]. Machu Picchu inverte a fórmula reduplicativa "morrer da própria morte", que abate e imobiliza a humanidade e ameaça o narrador, e postula outra, de termos contraditórios, *viver da própria morte*: "El reino muerto vive todavía" ["O reino morto vive ainda"]. Como "reino morto", Machu Picchu é o espaço por meio do qual o homem histórico que o construiu vive, é o espaço que constitui sua transcendência no tempo, é o espaço que promove o encontro de consciências distantes no tempo, o encontro, enfim, do tempo com a história e os homens, vivos e mortos[58].

56. *Idem*, p. 437.
57. *Idem*, p. 438.
58. *Idem*, pp. 440, 442.

A pedra arquitetônica da cidade inca guarda a memória dos indivíduos que a talharam. Tocar essas pedras equivale a tocar a memória desses trabalhadores, reatar um vínculo humano que estava perdido, solidarizar-se com outros homens através do tempo mineralizado, ou da mineralização do tempo. Tocar essas pedras equivale a comunicar-se com seus construtores e antigos habitantes. Daí Machu Picchu ser descrita como "una permanencia de piedra y de palabra" ["uma permanência de pedra e de palavra"], palavra mineral e viva que atravessa os séculos. Desde sua origem, a pedra inca, com sua linguagem própria, indaga o poeta, ou o leva a indagar: "Piedra en la piedra, el hombre, dónde estuvo? / Aire en el aire, el hombre, dónde estuvo? / Tiempo en el tiempo, el hombre, dónde estuvo?" ["Pedra na pedra, o homem, onde esteve? / Ar no ar, o homem, onde esteve? / Tempo no tempo, o homem, onde esteve?"][59].

Tais indagações, centralizadas no homem, disposto no centro geográfico da frase, remetem ao humanismo do século XIX e, em particular, no âmbito deste livro, ao excerto de Hippolyte Taine transcrito no capítulo 1, em que o crítico francês afirma: "Nada existe exceto através do indivíduo; e é o indivíduo que se faz necessário conhecer". O sujeito lírico de "Alturas de Macchu Picchu", pode-se dizer, segue esse preceito e busca expandir-se no tempo para encontrar o homem por trás do monumento de pedra, para resgatar esse homem morto, que vive no gesto mineralizado da pedra arquitetônica. Outro pensador do século XIX, Henry Adams, ao refletir sobre outro monumento antigo, o Monte Saint-Michel, escreve em 1904: "é preciso ter oitocentos anos para saber o que essa massa de arquitetura incrustada significava para seus construtores"[60]. Em "Alturas de Macchu Picchu", o impulso humanista da poesia nerudiana à outridade, em comunhão com a pedra histórica, leva a consciência do eu lírico de volta

---

59. *Idem*, pp. 440, 444.
60. Henry Adams, *Mont-Saint-Michel and Chartres*, Boston/New York, Houghton Mifflin Company, 1913, p. 2.

à antiga paisagem habitada de Machu Picchu, numa viagem, não de oitocentos, mas de quinhentos anos ao passado[61]. Lá o narrador vê seus construtores e os nomeia, bem como à sua descendência, como se os conhecesse, num ato ficcional que os historiciza: "Juan Cortapiedras, hijo de Wiracocha, / Juan Comefrío, hijo de estrella verde, / Juan Piesdescalzos, nieto de la turquesa" ["Juan Cortapiedras, filho de Wiracocha, / Juan Comefrío, filho de estrela verde, / Juan Piesdescalzos, neto da turquesa"][62].

A "poderosa morte" desses construtores e de sua obra – e, no caso de Machu Picchu, essa "morte" inclui um longo período de semiesquecimento, que vai da época da conquista espanhola do Peru, na primeira metade do século xvi, até 1911, quando foi "redescoberta" por Hiram Bingham – essa "poderosa morte", enfim, vive através de sua "permanência de pedra e de palavra", palavra que a pedra lança à eternidade e que o homem ávido de existência plena, de *poderosa vida*, capta como uma substância temporal. No caso do poeta, capta e traduz essa substância em poesia, assumindo a posição de porta-voz das ruínas incas, de seus antigos habitantes, de sua história: "Yo vengo a hablar por vuestra boca muerta" ["Eu venho falar por vossa boca morta"][63].

Em "Alturas de Macchu Picchu", em suma, e para concluir esses comentários, a pedra lavrada agrega em si, pacífica e harmoniza, como uma síntese hegeliana, ou como uma "superação dialética"[64], os polos da "destruição" e da "permanência", da vida e da morte, do homem e do mundo desabitado, da ruptura e da continuidade, da contingência e da durabilidade. Por meio da pedra histórica, o poeta transita entre esses extremos, participando de ambos.

Em dois poemas que, pela temática, formam pares com "Alturas de Macchu Picchu", Neruda reafirma essas ideias.

---

61. Medições arqueológicas indicam que Machu Picchu foi fundada por volta de 1450.
62. Pablo Neruda, *Obras Completas*, vol. i, *op. cit.*, p. 446.
63. *Idem*, p. 447.
64. Alain Sicard, *El Pensamiento Poético de Pablo Neruda, op. cit.*, p. 243.

No poema sobre os moais da Ilha de Páscoa, também incluí-do em *Canto General*, a voz lírica afirma: "las estatuas son lo que fuimos" ["as estátuas são o que fomos"][65] (*oc i*, p. 775), ou seja, o gesto criador do passado, que busca permanência no tempo, e que permanece na pedra, expõe o anseio que, em essência, para Neruda, pertence a todo homem: o de per-manecer. É esse o destino superior da humanidade, que se inscreve em monumentos "de pedra e de palavra", como Ma-chu Picchu, os moais rapanuis, ou o Partenon grego, sobre o qual, num poema de *Memorial de Isla Negra*, o poeta escre-ve: "su deber era estar, permanecer: / era lección la piedra" ["seu dever era estar, permanecer: / era lição a pedra"][66]. Tal notação didática, que se articula em parte com o argumen-to geral desta seção, nos remete de volta ao poema xvii e nos propõe a questão já aqui postulada: como compreender a mudança de perspectiva que ocorre na trajetória da lição da pedra desde "Alturas de Macchu Picchu" até o poema xvii? Naquele, o exemplo de permanência da pedra é revelado ao poeta, que o assimila e compartilha com seu leitor, a quem convida a acompanhá-lo em sua viagem iniciatória e epifâni-ca às ruínas incas: "Sube a nacer conmigo, hermano" ["Sobe para nascer comigo, irmão"][67]. No poema xvii, ao contrário, o homem mostra-se incapaz de aprender a lição do mundo mineral, que assim surge divorciado da humanidade e sua condição transitória. A promessa de eternidade que as pe-dras inca, rapanui e grega entremostram não se cumpre, en-fim, no poema xvii. Um modo de entender essa cisão entre homem e pedra, que encontra eco, aliás, em outros poemas de *Las Piedras del Cielo*, passa pelo exame do conceito de "desabitação da história", que Hernán Loyola propõe ao co-mentar o poema "Historia", que abre o livro *Las Piedras de Chile*, de 1961.

65. Pablo Neruda, *Obras Completas*, vol. i, *op. cit.*, p. 775.
66. *Idem*, vol. ii, *op. cit.*, p. 1245.
67. *Idem*, vol. i, *op. cit.*, p. 446.

214 MATÉRIA LÍTICA

PEDRA DA "DESABITAÇÃO DA HISTÓRIA" E PEDRA DO DESENCANTO COM A HISTÓRIA

Nas notas que preparou para sua edição das obras completas de Neruda, Hernán Loyola apresenta "Historia" como um poema contrarrefundador da poética nerudiana político-social. Para justificar-se, compara a refundação da poesia de Neruda, ocorrida no fim da década de 1930, com a contrarrefundação que identifica no livro de 1961. E afirma:

> Algo similar ocorreu em 1938-1939 com a escritura de *La Copa de Sangre* e os primeiros textos do *Canto General de Chile*. Só que então os repertórios naturais (vegetações, rios, plantas, pássaros, animálias) buscavam a História para conquistar um significado humano capaz de refundar o Sujeito (moderno). Agora é ao contrário. O Sujeito, historicizado em excesso, busca simbolicamente estabelecer sobre a máxima inércia da Natureza – a Pedra – sua nova poética (pós-moderna)[68].

Em "Historia", para usar uma imagem citada por Loyola, a "copa" [taça] de sangue dá lugar à "piedra" [pedra] de sangue: "Para la piedra fue la sangre" ["Para a pedra foi o sangue"], diz o verso de abertura do poema. Essa pedra de sangue alude, por metonímia, aos campos de batalhas travadas em regiões mais desenvolvidas da América, como México e Peru, durante o período da conquista espanhola. O poema opõe essa pedra marcada pela violência, ambição e religiosidade, às pedras do Chile que, por esse mesmo período, viviam um tempo comparativamente *pré-histórico*, ou *não histórico*. No poema, o sujeito lírico, posicionado como que de costas para as civilizações avançadas da América e seus produtos culturais, como monumentos arquitetônicos, refunda-se em meio a uma paisagem original e primitiva, composta de figuras, ou "estatuas naturales" ["estátuas naturais"], moldadas não pela ação do homem mas da natureza, o vento frio do "mes de junio" ["mês de junho"]. É esse espaço, enfim, "el más deshabitado, / el reino sin sangre y sin dioses"

---

68. *Idem*, vol. II, *op. cit.*, p. 1389.

A PEDRA DESENCANTADA DE NERUDA   215

["o mais desabitado, / o reino sem sangue e sem deuses"], que
o sujeito elege como lugar de autorrepresentação: "y allí creció
mi corazón: / yo vengo de la Araucanía" ["e ali cresceu meu co-
ração: / eu venho da Araucânia"][69]. Essa autorrepresentação do
sujeito por meio de um espaço conscientemente *desistoricizado*,
ou disposto na antessala da história, é o que Loyola denomi-
na "*deshabitación* de la historia", noção que progressivamente
"marcará o desenvolvimento futuro da poesia de Neruda"[70]. Tal
conceito se forma a partir da ideia de uma cisão entre a cons-
ciência histórica do poeta e a história como um conjunto de
eventos que se desenvolvem na direção de um *telos*, como pre-
conizam Vico, Hegel e Marx. Como resultado dessa cisão, a
consciência do poeta e, por conseguinte, a poesia nerudiana se
afastam gradativamente do mundo "historicizado em excesso"
e, como consequência, cria para si um território desinvestido da
presença da história, amparado, em princípio, apenas por um
tempo mítico, que gira em torno de si mesmo, sem implicação
na linearidade teleológica do tempo dos fatos históricos. Nesse
sentido, mostra-se crucial na obra de Neruda a diferença en-
tre pedra lavrada, estatuária, arquitetônica, que guarda sinais
da volição da humanidade, como a pedra de Machu Picchu, a
dos moais, ou a do Partenon, e pedra bruta, intacta, preserva-
da em estado de natureza, como a que figura nos poemas de
Las Piedras de Chile e de *Las Piedras del Cielo*. A pedra lavrada
preserva a memória da história; a bruta, a do tempo anterior ou
paralelo à história.

Na pedra incaica de "Alturas de Macchu Picchu", como já se
viu, fundem-se homem e tempo, cuja síntese contorna o impas-
se histórico-temporal pleiteado pela matriz residenciária. A par-
tir de "Historia", a matéria mineral é restituída à sua condição
simbólica de temporalidade pura. Assim, a pedra, em sua for-
ma natural, é conscientemente desinvestida de vestígios históri-
cos. Assim, nessa linha narrativa da poesia nerudiana, que vai

69. *Idem*, vol. II, *op. cit.*, pp. 979-980.
70. *Idem*, p. 1389.

216 MATÉRIA LÍTICA

desde a matriz residenciária, passa por "Alturas de Macchu Pic-
chu" e chega até "Historia", reconhecem-se dois momentos cru-
ciais de mudança de protocolo poético: *1*) do tempo à história,
ou seja, da matriz residenciária à poesia comprometida com a
revolução socialista, que se expressa na maioria dos poema de
Tercera Residencia, de *Canto General* e de *Las Uvas y el Viento*; e
2) da história ao tempo, ou seja, da poesia militante ao retorno a
uma poética da temporalidade, dentro da qual se inserem "Histo-
ria" e poemas de *Las Piedras de Chile*, entre outros. Antes, porém,
de avançar nesse argumento narrativo até chegar ao poema XVII,
é preciso fazer uma observação sobre o problema do esquematis-
mo da mudança de protocolo poético em Neruda.

Salvo aspectos pontuais, como o estilo vanguardista dos poe-
mas de *Residencia en la Tierra*, a obra de Neruda evolui por
acumulação e não por *superação e eliminação*. Um ano antes de
lançar *Las Piedras de Chile*, por exemplo, Neruda publica *Canción
de Gesta*, livro que reverencia a Revolução Cubana, atribuindo-
-lhe sentido de recomeço da história: "Y así comienza una vez
más la Historia" ["E assim começa uma vez mais a História"][71],
a mesma história problematizada, um ano depois, no poema de
abertura de *Las Piedras de Chile*. Do mesmo modo, segundo nos
revela o poeta no prefácio desse livro, a ideia de sua composi-
ção, ainda que embrionária, surgiu por volta de 1940, ou seja, no
período em que escrevia os primeiros poemas de *Canto Gene-
ral*. Nesse livro épico, de poemas políticos, "Alturas de Macchu
Picchu" responde a uma aporia sobre o tempo e a história, pos-
tulada pela matriz residenciária. Por esses argumentos, enfim,
pode-se inferir que a eclosão de um *modus* poético na obra de
Neruda não pressupõe ou implica a negação do anterior, e sim
acréscimo, ampliação. Daí o sentido acumulativo da poesia ne-
rudiana, em que uma dada conquista não anula as anteriores.

De todo modo, há um momento do livro *Estravagario*, de
1958, que parece sintomático da mudança de protocolo poético
que vai da história ao tempo nesse período. Trata-se dos versos

71. *Idem*, p. 971.

A PEDRA DESENCANTADA DE NERUDA   217

em que o poeta anuncia sua saída do cenário histórico: "Ahora me dejen tranquilo. / Ahora se acostumbren sin mí" ["Agora me deixem tranquilo. / Agora se acostumem sem mim"][72]. Tais versos indiciam o retorno do poeta a uma atitude mais introspectiva e meditativa, que retorna em *Estravagario*, e que os poemas de *Las Piedras de Chile* confirmam e aprofundam. O ato de "desabitação da história", pelo qual o sujeito busca refundar-se imerso na temporalidade pura da natureza imóvel, é uma consequência dessa atitude. Associada a ela, o poema xvii expõe outra consequência: a do desencanto histórico, representado pela disjunção do tempo e da história, simbolizados respectivamente pela pedra, metáfora de permanência, e pelo homem, agente da história. Nesse sentido, o poema xvii refaz e contradiz o argumento central de "Alturas de Macchu Picchu". Ou, dito de outra forma, o poema xvii resolve o impasse tempo-história da matriz residenciária pela inversão do argumento de "Alturas de Macchu Picchu", que havia postulado a fusão do homem com o tempo por meio da pedra histórica. O poema xvii, assim, "deslê" "Alturas de Macchu Picchu", ao inverter seu argumento.

O poema "Historia", como vimos, desinveste a pedra de matéria ou substância histórica. Daí o poeta desviar seu foco da pedra arquitetônica, descrita no poema sobre a cidade inca, a Ilha de Páscoa e o Partenon, à pedra bruta, que aparece nos poemas de *Las Piedras de Chile* e de *Las Piedras del Cielo*. No entanto, do primeiro livro, de 1961, ao segundo, de 1970, ou de uma pedra à outra, a carga de ceticismo implícita naquele acentua-se neste. Vejamos, nesse sentido, um exemplo associado ao tema da educação. O didatismo que perpassa a poesia de Neruda desde o lirismo engajado até o da epifania do mínimo, presente nas odes, mantém-se num poema de *Las Piedras de Chile*: "Piedras para María". Nesse poema, o eu lírico trata, em tom de homenagem, da obra da artista plástica chilena María Martner. Com murais feitos de seixos, Martner expõe e valoriza a extrema variedade de pedras que há no Chile. O poema exalta o diálogo harmonio-

72. *Idem*, p. 626.

218 MATÉRIA LÍTICA

so travado entre a artista e a natureza, e define a arte derivada
desse diálogo, em termos pedagógicos, como "lição":

Hay que ver y leer esta hermosura
y amar sus manos
de cuya energia
sale, suavísima,
una
lección
de piedra[73].

É preciso ver e ler esta formosura
e amar suas mãos
de cuja energia
sai, suavíssima,
uma
lição
de pedra.

Os versos são os últimos do poema "Piedras para María". No
plano visual, eles se estreitam, afunilando-se para a expressão
final que, ao ser fragmentada em três versos – "una / lección /
de piedra" –, tende a fragmentar sua leitura, acentuando cada
segmento e, por conseguinte, valorizando o sentido do sintag-
ma, que aponta a pedra, associada ao artista, a pedra estética, ou
estetizada, como objeto potencialmente didático. Tal didatismo
será problematizado no poema XVII, cujo foco não mais recai na
lição da pedra, que continua a ensinar, e sim na incapacidade de
o homem aprender essa lição. Tal incapacidade cria um sentido
de intransitividade entre os polos homem-pedra, que inverte o
sentido de comunhão expresso em "Alturas de Macchu Picchu",
e intensifica o sentimento de desencanto com a história mani-
festo no poema "Historia". O próximo passo nessa narrativa, que
se iniciou com a matriz residenciária e chegou ao poema XVII, é
tentar entender os motivos que levaram a poesia nerudiana na
direção desse desencanto radical. Para tanto, passemos ao exa-

73. *Idem*, p. 1 013.

me do contexto que o produziu. Vejamos o desencanto com a história em Neruda desde uma perspectiva histórica.

RAÍZES DO DESENCANTO
COM A HISTÓRIA NA POESIA NERUDIANA

É consenso crítico o argumento de que a experiência de Neruda na Espanha, durante a guerra civil, alterou a rota de sua poesia, desviando-a da vanguarda na direção do lirismo político-social. Apesar de simplista, tal argumento é comumente lembrado, e tomado como paradigma de outro, maior, que postula uma ideia assente na crítica: a da existência de uma adjunção articulada entre a poesia nerudiana e eventos históricos que a circundam, de modo que o movimento destes produz consequências diretas e, a um certo nível, reconhecíveis naquela. No caso da poesia residenciária, esses eventos concentram-se na esfera das circunstâncias biográficas, que o poeta expande por meio de uma linguagem insinuante e elusiva, e uma simbologia sugestivamente polissêmica. Hernán Loyola desenlaça essas intricadas relações em seu livro *Neruda: La Biografía Literaria*, primeiro volume. A partir de *Tercera Residencia*, já sob o impacto da guerra civil espanhola, tais relações tornam-se menos mediadas, e a linguagem poética se abre buscando maior grau de objetivação.

Por essa linha de raciocínio, é possível supor que a saída do poeta do palco da história, e a adoção de uma atitude lírica mais introspectiva a partir de *Estravagario* (1958), atitude que se entronca com a "desabitação da história" em *Las Piedras de Chile* (1961), também possui raízes associadas a fatos históricos. A crítica, em geral, vincula essa mudança a dois eventos ocorridos em 1956: *1*) as revelações sobre as atrocidades cometidas pelo regime stalinista, feitas por Nikita Khrushchov durante o XX Congresso do Partido Comunista da União Soviética, em fevereiro; e *2*) a violenta reação do Exército Vermelho, que invade Budapeste para reprimir um levante popular contra a presença dos soviéticos na Hungria, em outubro e novembro. Sobre Stalin, em tom de abatimento, Neruda anota numa conhecida passagem de suas memórias: "A íntima tragédia para nós, comunistas, foi perceber que, em diversos aspectos do problema Stalin, o inimigo tinha razão"[74].

Na poesia nerudiana, a experiência dessa "íntima tragédia" parece conduzir o poeta a temas associados ao sentimento de desencanto com a história. Os eventos históricos do século xx parecem demonstrar ao poeta que a teleologia da história, seu avanço linear na direção de um ponto ótimo, em que os conflitos cessam, constitui de fato uma farsa, um engodo, um equívoco. Nos poemas da última fase de Neruda, os eventos históricos, associados à violência, à miséria, à dor, repetem-se, como se o tempo da história não fosse linear, e sim circular, como o da natureza e o do mito:

> *Íbamos recién resurrectos*
> *buscando otra vez la ambrosía,*
> *buscando la vida lineal,*
> *la limpieza de los rectángulos,*
> *la geometría sin recodos:*
> *otra vez tuvieron aroma*
> *las mujeres y los antílopes,*
> *los alhelíes, las campanas,*
> *las gotas del mar en invierno,*
> *y otra vez la muerte en Europa*
> *nos naufragó sobre la sangre*[75].

> Íamos recém-ressurrectos
> buscando outra vez a ambrosia,
> buscando a vida linear,
> a limpeza dos retângulos,

---

74. Pablo Neruda, *Obras Completas*, vol. v, Barcelona, Galaxia Gutenberg/Círculo de Lectores, 2002, p. 753. "El Culto (ii)", de *Fin de Mundo*, e o poema xxvi, de *Elegía*, também refletem sobre esse tema.

75. *Idem*, *Obras Completas*, vol. iii, Barcelona, Galaxia Gutenberg/Círculo de Lectores, 2000, p. 404.

a geometria sem curvas:
outra vez tiveram aroma
as mulheres e os antílopes,
os alelis, os sinos,
as gotas do mar no inverno,
e outra vez a morte na Europa
nos naufragou sobre o sangue.

Em outro poema do mesmo livro, o apocalíptico e político *Fin de Mundo*, de 1969, a visão do retorno cíclico da morte, como produto das guerras no século XX, produz um sentimento de agonia no eu lírico, cujo tom de voz manifesta incontido desespero:

Y otra vez, otra vez.
Hasta cuándo otra vez?

Ya parecía limpia la aurora
con tanto olvido con que la limpiamos
cuando matando aquí matando allá,
continuaron absortos
los países
fabricando amenazas y guardándolas
en el almacén de la muerte[76].

E outra vez, outra vez.
Até quando outra vez?

Já parecia limpa a aurora
com tanto esquecimento com que a limpamos
quando matando aqui matando lá,
continuaram absortos
os países
fabricando ameaças e as guardando
no armazém da morte.

Nesses poemas, a morte que se repete, "e outra vez, outra vez", não é a "pequena", "curta" e "diária" nem a "poderosa" morte, cujo espectro fascina o sujeito lírico em "Alturas de Macchu

---

76. *Idem*, p. 397.

Picchu". Nos poemas da fase final de Neruda, a morte derivada dos eventos históricos é a morte absurda, a morte total, a morte como produto da irracionalidade e violência humanas, a morte, enfim, que não redime o homem de sua condição de finitude, mas que antes intensifica essa condição. Na poesia de Neruda, há o mundo que a subjetividade do poeta desabita e o mundo desabitado pela morte total, causada pelos conflitos armados do século xx. É a visão deste mundo desabitado pela história que leva Neruda à construção do que é talvez sua última utopia: a refundação do mundo encenada no poema dramático *La Espada Encendida*, de 1970.

Dez anos antes, Neruda havia cantado um novo recomeço da história, ao exaltar a Revolução Cubana, em sua *Canción de Gesta*. Em *La Espada Encendida*, é como se toda a história, incluída a Revolução Cubana[77], tivesse falhado, e o mundo precisasse ser todo e totalmente refundado, como um novo *Gênesis*, livro com que *La Espada Encendida*, aliás, em alguns momentos, dialoga. É dentro dessa moldura, enfim, da proliferação da violência, da morte total e da história falhada, que se deve colocar o poema xvii e seu sentimento de desencanto com a história, ou, mais precisamente, com o homem agente da história. A cisão do real em partes inconciliáveis, no entanto, não dá margem a nenhuma utopia. O poema xvii, nesse sentido, publicado no mesmo ano de *La Espada Encendida*, última utopia nerudiana, encena, depois do fim do mundo, o fim das utopias, incluída aí a noção de "utopia totalizadora", cujo efeito depende da conjunção do homem com o tempo, que são descritos no poema xvii como instâncias irreconciliavelmente disjuntas.

Tal disjunção singulariza o poema xvii, bem como outros dessa fase com temática similar. Isso porque que a ideia de uma fronteira impermeável que separa o homem das utopias históricas, como o socialismo, e metafísicas, como a imortalidade,

---

77. Sobre a relação ambígua de Neruda com Cuba e a Revolução Cubana, são esclarecedoras algumas passagens de Jorge Edwards, *Adiós, Poeta...*, Santiago de Chile, Tusquets Editores, 1990. Destaco, para referência, as pp. 146-151.

não participa da poesia nerudiana anterior. Toda essa poesia se baseia, até então, na noção de correspondência dos antípodas, descrita acima, comparativamente, pela imagem biológica da respiração e do ciclo cardíaco. Na obra de Neruda, as rotas em colisão podem provocar efeitos distintos, como angústia ou coragem; no entanto, elas nunca deixam de colidir. Mais: a vitalidade dessa poesia, como já dito, depende, em parte, dessas rotas em colisão, que, ao se corresponderem, produzem o pensamento lírico: "así lo que en la muerte me rodea / abre en mí la ventana de la vida / y en pleno paroxismo estoy durmiendo. / A plena luz camino por la sombra" ["assim o que na morte me rodeia / abre em mim a janela da vida / e em pleno paroxismo estou dormindo. / À plena luz caminho pela sombra][78].

Tal pensamento lírico, que nasce da colisão e da correspondência de antípodas, tem suas raízes na literatura barroca. Os versos transcritos acima mostram a presença dessas raízes, que são de fato profundas na poesia de Neruda. O desencanto com a história no poema XVII incorpora traços da estética barroca, ou clássico-barroca, em instâncias de seu discurso, como a já citada tópica da brevidade da existência e a imagem da rosa como convenção associada a essa tópica. Do ponto de vista da estrutura argumentativa, no entanto, o poema XVII assimila e exclui o Barroco. Assimila-o na dicotomia estrutural que opõe pedra e homem, ou perenidade do tempo e interinidade do humano, mas o exclui ao não estabelecer uma correspondência ou síntese entre esses segmentos contrastantes. No poema XVII, pedra e homem constituem instâncias incomunicáveis entre si, sem que um conceito unifique essa intransitividade, ou cujo conceito unificador é a própria intransitividade, que se fecha em si mesma.

Um poema que repete a estrutura argumentativa do poema XVII, baseada na incomunicabilidade dos opostos, é *La Rosa Separada*, publicado em 1972. Um breve comentário sobre essa

---

78. Pablo Neruda, *Obras Completas,* vol. II, *op. cit.*, p. 1138.

obra pode nos ajudar a compreender o argumento e a noção de desencanto com a história expressos no poema XVII.

O POEMA XVII NA GENEALOGIA
DE *LA ROSA SEPARADA*

La Rosa Separada reúne poemas compostos depois da primeira viagem que Neruda fez à Ilha de Páscoa, em janeiro de 1971. Parece evidente, nesse sentido, o paralelo com "Alturas de Macchu Picchu", também escrito sob o impacto da primeira visita do poeta à cidade inca, em outubro de 1943. No entanto, os resultados são muito distintos. No caso de "Alturas de Macchu Picchu", como já vimos, a pedra inca constitui o ponto concêntrico para o qual convergem e no qual se encontram o sujeito poético e os construtores da cidade inca. Em *La Rosa Separada*, não há movimento de convergência, apenas dispersão.

La Rosa Separada compõe-se de 24 poemas que se dividem em dois grupos denominados "Los Hombres" e "La Isla", títulos que remetem ao poema "Los Hombres y las Islas", da série Rapa Nui, de *Canto General*. Em *La Rosa Separada*, a Ilha de Páscoa é descrita como um pedaço solitário de terra formado pelo vento, um vento "genital" e genesíaco: "Todas las islas del mar las hizo el viento" ["Todas as ilhas do mar as fez o vento"]. Esse vento mítico e criador também é o responsável pela construção dos moais, cujos rostos retratam uma imagem da solidão, envolta em silêncio e tempo imóvel. "La mirada secreta de la piedra" ["O olhar secreto da pedra"] que lançam "las estatuas interrogadoras" ["as estátuas interrogantes"] se dirige "al grande mar, al fondo / del hombre y de su ausencia" ["ao grande mar, ao fundo / do homem e de sua ausência"]. E é, de fato, a ausência do homem que o outro grupo de poemas descreve.

No livro, essa ausência ganha uma figuração social, a do turista, síntese da superficialidade, do interesse provisório e convencional. A viagem turística "para entender las órbitas de piedra, [...] / los grandes rostros dispuestos para la eternidad" ["para entender as órbitas de pedra, [...] / os grandes rostos dispostos para a eternidade"] resulta num distanciamento tão grande quanto o espaço percorrido pelos homens para ver "as estátuas interrogantes". Ao final, fatigados de paisagem, cujo sentido não conseguem alcançar, os viajantes se preparam para regressar, ou melhor, fugir – "huir, huir, huir de la sal, del peligro" ["fugir, fugir, fugir do sal, do perigo"] – da ilha de onde são, de fato, expulsos:

> el vacilante, el híbrido, el enredado en sí mismo
> aquí no tuvo sitio: la rectitud de piedra,
> la mirada infinita del prisma de granito,
> la soledad redonda lo expulsaron[79].

> o vacilante, o híbrido, o enredado em si mesmo
> aqui não teve lugar: a retidão de pedra,
> o olhar infinito do prisma de granito,
> a solidão redonda o expulsaram.

Em *La Rosa Separada*, os homens e a ilha, com sua interrogação de pedra, não se encontram, não se comunicam, não se conhecem, são seres estranhos e avessos um ao outro, que vivem em mundos paralelos. A divisão estrutural dos poemas sob os títulos "Los Hombres" e "La Isla" conduz e abriga o tema da incompatibilidade do homem "vacilante" e da "retidão de pedra". Por esse argumento, o poema XVII pode ser lido como uma espécie de imagem em miniatura de *La Rosa Separada*. Uma diferença, no entanto, distingue as duas composições: o poema XVII é classicamente construído por uma voz lírica impessoal, cuja personalização apenas se entrevê pela posição moral que essa voz assume quanto ao tema que desenvolve. Em *La Rosa Separada*, por sua vez, a voz lírica adota a identidade do autor e um posicionamento ambivalente, pelo qual o sujeito poético se inclui entre os turistas – "soy igual a la profesora de Colombia, / al rotario de Filadelfia, al comerciante / de Paysandú que juntó

---

79. *Idem, Obras Completas*, vol. III, *op. cit.*, pp. 691-698.

226 MATÉRIA LÍTICA

plata / para llegar aquí" ["sou igual à professora da Colômbia, / ao rotariano de Filadélfia, ao comerciante / de Paysandú que juntou dinheiro / para chegar aqui"] –, ao mesmo tempo em que sua inquieta consciência interage com a ilha misteriosa – "yo, poeta oscuro, recibí el beso de piedra en mi frente / y se purificaron mis congojas" ["eu, poeta obscuro, recebi o beijo de pedra em minha fronte / e se purificaram minhas angústias"][80]. Em *La Rosa Separada*, o poeta volta a identificar-se com todos os homens, abrigá-los em sua escrita, embora tal identificação não implique ausência de perspectiva crítica e autocrítica. E, tanto no poema XVII quanto em *La Rosa Separada*, o poeta reflete com desencanto, naquele, sobre a condição trágica da humanidade e, neste, sobre a decadência do homem moderno, cujo contraponto moral, em ambos os casos, é a "retidão" da matéria lítica.

"PERO NO ALCANZA LA LECCIÓN AL HOMBRE"

O primeiro verso do poema XVII revela um aspecto de sua genealogia e estabelece uma estratégia de leitura. O começo pelo meio da oração remete à convenção épica do início *in medias res*. Ao se abrir à maneira épica, embora estilizada e adaptada, o poema mostra, em princípio, intenções de grandeza. Tais intenções não se realizam no plano da linguagem, ou na extensão do texto, mas, sim, se efetuam no tema do tempo, da condição humana, e na visão trágica da existência. Também, se a linguagem do poema não apresenta, para além do início *"in medias res"*, marcas da poesia épica, sua contenção, clareza e voz impessoal recuperam certa dicção própria do discurso clássico. E assim, estilisticamente, o poema XVII oscila entre o clássico e o moderno, ou atualiza o clássico na modernidade.

Quanto à estratégia de leitura, esta se baseia numa estrutura paralela em que o texto cria seu pré-texto para que ambos formem uma "frase completa". Em outras palavras, ao se iniciar

80. *Idem*, pp. 688, 700.

com a conjunção adversativa "pero", o poema se constrói como uma oração adversativa de uma oração principal, não declarada. Ou ainda, sintaticamente, o poema XVII constitui uma oração subordinada adversativa de uma oração principal implícita, que o leitor deve reconstruir. O poema XVII, assim, demanda um leitor ativo, cuja participação é não apenas decisiva mas requerida para que o poema se expresse em toda a sua extensão. Tal leitor, em certo sentido, isto é, por sua presença e intervenção, contrasta com a imagem do homem e da humanidade inscrita no poema. A esse leitor, enfim, cabe reconstruir a oração principal, que o poema, como oração adversativa, complementa.

Para tanto, retomemos o conteúdo argumentativo do poema. Eis uma possibilidade de paráfrase: *Mas o homem não alcança a lição (de permanência) da pedra, que outros elementos da natureza, como o fogo, a água e a árvore alcançam. A debilidade de seu espírito, de seu corpo e de suas atitudes demonstram que seu destino incontornável é a brevidade da existência. Diante da extinção total do homem, a pedra se mantém impassível.* A oração principal, articulada à conjunção adversativa que abre o texto, deve ser inferida, ou reconstruída, a partir desse conteúdo. Nessa oração, o homem deve atuar como sujeito, e sua ação deve contrastar com o conteúdo da paráfrase. Eis uma hipótese: *Como a pedra, o homem busca transcender o tempo.* Tal hipótese nos remeteria de volta à matriz residenciária, sobretudo ao conceito de *impulso à transcendência.* Vale também lembrar que, em "Alturas de Macchu Picchu", essa transcendência é alcançada através da pedra histórica da cidade inca. No poema XVII, no entanto, essa mesma transcendência é negada ao homem, ou seja, lhe é retirada de seu horizonte de possibilidades.

Outro aspecto contido no primeiro verso do poema XVII é a ideia de transcendência pela educação. Ou seja, para transcender é preciso educar-se. Nesse processo, a pedra assume papel de educadora, outros elementos da natureza aprendem com ela, mas o homem se mostra mau aluno. E sua capacidade racional, representada no poema pela "palavra" – "su palabra y su voz" –, não o redime do fracasso. Aliás, nem lhe seria necessária a razão

228   MATÉRIA LÍTICA

para aprender a lição da pedra. No poema XVII, a educação é descrita pelo princípio da imitação, que é o mais básico estágio do processo de aprendizagem. O fogo, a água e a árvore *imitam* a pedra ao endurecer-se, "buscan muriendo un cuerpo mineral", imagem na qual ecoa a "poderosa muerte", retratada em "Alturas de Macchu Picchu". Ao homem, pois, bastaria *imitar* a pedra, e buscar a morte mineral. O que faz o homem, no entanto, é imitar-se a si mesmo. E disso resulta seu revés, sua morte como aniquilamento, morte total, sem rastro ou redenção.

A lição do poema, uma lição moral, é a de que o homem deve evitar em si o humano, que é sua parte frágil e vulnerável. Por outro lado, a contraparte do humano não é o inumano, e sim o sobre-humano, representado pela pedra, e sua capacidade de permanecer no tempo. "No lo preserva el tiempo que lo borra", diz o verso 17 sobre o homem. O avesso desse verso poderia ser dito sobre a pedra. Porque, no poema, a pedra é o avesso do homem. E o que o homem deve imitar, ou emular, é exatamente isso: seu avesso. O problema dessa lição é que, ao ser anunciada, anuncia-se também sua impossibilidade. Daí o papel crucial da conjunção adversativa que abre o poema e pressupõe um pré- -texto ao qual o texto se articula. Sem essa conjunção, todo o poema não teria sentido. É preciso pressupor uma oração prin- cipal a que o texto responde, ou que o texto complementa, sem a qual o texto perderia coesão. Sem a conjunção, em suma, o poema seria apenas o desenvolvimento argumentativo (por que o homem não alcança a lição da pedra) de uma possibilidade abortada no primeiro verso (o homem *não* alcança essa lição). Com a conjunção, enfim, o desenvolvimento argumentativo res- ponde a uma proposição anterior: o homem anseia alcançar a lição da pedra (pré-texto), *mas* não a alcança porque... (texto).

TEMA E PADRÃO RÍTMICO

Do ponto de vista métrico, e pelo sistema de metrificação da língua portuguesa, predomina o verso decassílabo nas duas primeiras estrofes do poema XVII (vv. 1, 3, 4, 7, 8, 9 e 10). Os versos 2 e 5 são hexassílabos e o 6, trissílabo. A predominância do decassílabo coaduna-se, em princípio, com aspectos clássicos, e também barrocos, que o poema atualiza, como a tópica da brevidade da vida e a imagem da "rosa" (v. 10), associada, por convenção, a essa tópica. Por outro lado, a inserção de metros curtos e a variação na posição das tônicas nos versos decassílabos criam uma assimetria rítmica própria de convenções modernistas, a que o poema XVII também se vincula. Abaixo, transcrevem-se as duas primeiras estrofes e o número de sílabas poéticas de cada verso.

> *Pero no alcanza la lección al hombre:* (10)
> *la lección de la piedra:* (6)
> *se desploma y deshace su materia,* (10)
> *su palabra y su voz se desmenuzan.* (10)
>
> *El fuego, el agua, el árbol* (6)
> *se endurecen,* (3)
> *buscan muriendo un cuerpo mineral,* (10)
> *hallaron el camino del fulgor:* (10)
> *arde la piedra en su inmovilidad* (10)
> *como una nueva rosa endurecida.* (10)

Como se vê, de dez, três versos discrepam do padrão decassilábico. Tal discrepância, em princípio, põe esses versos em evidência. No caso do verso 2, nele se conjugam dois elementos centrais do poema: pedra e educação, ou educação pela pedra. Junto com o verso de abertura, eles formam uma introdução e uma síntese do conteúdo argumentativo do poema. No caso dos versos 5 e 6, as consequências parecem mais abrangentes. Primeiro, porque sua discrepância pode ser entendida como aparente, ou apenas gráfico-visual, na medida em que neles o decassílabo se repartiu em dois segmentos, com o segundo fechando o circuito sintático-semântico iniciado no primeiro. Tal repartição está ladeada por quatro versos anteriores e quatro posteriores – considerando apenas as duas primeiras estrofes. Isso posiciona os versos 5 e 6, o *falso decassílabo*, no centro geográfico dessa primeira parte do poema, composto de cinco estrofes. Além disso, o aspecto talvez mais significativo desse decassílabo quebrado é o recurso pontual do *enjambement*, que o fratura. No início deste capítulo, comentamos brevemente a importância do *enjambement* na poesia nerudiana. O exemplo em causa pode confirmar e ilustrar aquele comentário. Isso porque o *enjambement* do verso 5 separa o sujeito do predicado, e com isso isola o sujeito, formado por três núcleos: "fuego", "agua" e "árbol". A tripartição do sujeito parece responder e corresponder a um sistema ternário, que se desenvolve nos versos 3 e 4.

Estruturados em quiasmo, recurso da tradição clássico-barroca, como o verso decassílabo e a tópica da brevidade da existência, os versos 3 e 4 alternam, em posição invertida, verbos e substantivos. O verso 3 compõe-se de dois **verbos** associados a um *substantivo* final; e o verso 4, de dois *substantivos* associados a um **verbo** final:

> *se desploma y deshace su materia,*
> *su palabra y su voz se desmenuzan.*

Os três verbos em causa são formados pelo mesmo prefixo: *des-*. A repetição prefixal acompanha a reiteração da partícula possessiva "su", determinante dos três substantivos: "*su* materia", "*su* palabra", "*su* voz". No mesmo sentido, o pronome "se", repetido duas vezes, rebate na última sílaba da forma verbal "desha*ce*", formando outro triplo sonoro, que é o espectro invertido do *es* disposto no prefixo d*es-*. O aspecto especular da estrutura sintática em quiasmo dos versos 3 e 4 articula-se, portanto, com a sonoridade reiterada do prefixo *des-*, do possessivo "su" e da partícula "se", que – no caso desta, repita-se, considerando a sílaba final de "desha*ce*" – se repetem três vezes, estabelecendo um padrão sonoro ternário. Do ponto de vista morfológico, os versos abrigam três verbos, três substantivos e três possessivos.

Esse padrão ternário pode justificar o corte no verso 5, que isola três elementos da natureza, unidos pela busca da morte

A PEDRA DESENCANTADA DE NERUDA 231

mineral, que os redime da fugacidade da existência. Por meio do *enjambement*, o verso mantém o padrão ternário estabelecido anteriormente, nos versos 3 e 4, e o mantém em dois planos: no morfológico e no sonoro. No primeiro, pela presença de três substantivos concretos, de forte apelo visual, e três artigos definidos. No segundo, pela repetição do artigo: "*El* fuego, *el* agua, *el* árbol". A assonância em /e/, provocada por essa reiteração, ainda que ela não esteja disposta em sílabas fortes, se projeta no verso seguinte, e em três tempos: "s*e*-endur*ece*n" – no caso, a leitura opera uma sinérese entre o pronome "se" e a sílaba inicial do verbo. Como complemento dos três núcleos do sujeito composto, o verbo *endurecer* se associa a mais dois: "buscan" e "hallaron", formando assim nova tríade.

Pelos argumentos apresentados, enfim, identifica-se um padrão de ritmo ternário, sonoro e morfológico, que marca presença nos versos 3 a 8, ou seja, logo após o poema introduzir seu tema. Esse, como se sabe, põe em conflito o homem e o tempo, ou seja, trata-se de um tema de estrutura binária: homem-tempo, ou homem-pedra. Uma forma, portanto, de justificar esse padrão ternário é vê-lo como uma variante rítmica que intervém nessa dualidade, para que esta não se imponha de modo ostensivo e simplista, como em princípio poderia ocorrer. Outro modo de ver essa mesma questão, é entender o desenvolvimento temático do poema em três instâncias, com a educação funcionando como elo entre o homem e o tempo – elo que não se fecha, mas elo, enfim. Nesse caso, o padrão ternário estabeleceria uma simetria entre o ritmo e as três instâncias temáticas do poema: homem-educação-tempo.

A QUEDA, A TORRE, O VERME, A HISTÓRIA

A terceira estrofe ocupa o centro geográfico do poema, composto de cinco estrofes. Nela, focaliza-se o homem, sua alma decadente, seu corpo frágil, sua instintividade dominadora, que fazem dele um ser vulnerável e imediatista. Por esse retrato, é

MATÉRIA LÍTICA

sintomático que a estrofe se inicie com o verbo "cair", cuja recorrência e significação na poesia nerudiana levaram Alain Sicard a afirmar que "nenhum verbo permite penetrar no íntimo do pensamento poético de Neruda como o verbo 'cair' "[81]. Nos poemas residenciários, onde sua frequência atinge os maiores índices, "cair" remete em geral à ação destruidora do tempo. Na estrofe do poema XVII, além desse sentido, a imagem da alma humana que cai no monturo, imagem que se opõe à da "piedra limpia" (v. 20), possui também conotação moral. Assim, a queda moral do homem coincide com seu aniquilamento[82].

Esse movimento vertical de queda vai da alma à "envoltura frágil" do homem, seguindo até suas "venas yacentes". Esta última imagem, composta em oxímoro, possui clara linhagem residenciária. Por um lado, as "venas" – imagem, aliás, já comentada no capítulo 1 –, nas quais circulam "besos blandos y devoradores", remetem para a noção de vida, sexualidade, fecundidade; por outro, o determinante "yacentes" denota ideias como imobilidade e morte. No sintagma "venas yacentes", Neruda retoma o paradoxo da criação e da dissolução, da permanência e da destruição. No entanto, o poema XVII, de ascendência residenciária, distancia-se dessa matriz, no ato de interromper o ciclo vida-que-é-morte-que-é-vida. No poema XVII, o ciclo cessa na morte, que não é vida, e sim dissolução absoluta.

O oximoro "venas yacentes" encontra-se na estrofe entre duas imagens antinômicas, a primeira disposta no verso de abertura, e a segunda no último verso. A estrofe se abre com a imagem da queda e se fecha com a da torre. A primeira constitui uma verticalidade descendente; a segunda, uma verticalidade ascendente. A simbologia da torre, por sua verticalidade, e suas janelas grandes, ao alto, que lembram olhos, associa-se por analogia ao homem e a sentidos como elevação espiritual e transformação. A torre representa na cultura o homem ascensional,

---

81. Alain Sicard, *El Pensamiento Poético de Pablo Neruda*, op. cit., p. 214.
82. O poema de Octavio Paz analisado no próximo capítulo também narra uma queda, a queda da palavra original. Ali, retomo e discuto em maior extensão o tema da queda como tópica da tradição literária.

que busca o elevado, o superior, o divino[83]. Neruda conhece e trabalha essa simbologia desde "Alturas de Macchu Picchu", em que a torre surge "enterrada", como vimos. Por esse prisma, isto é, pelo prisma do homem que busca o elevado, a imagem da torre recupera o sentido do pré-texto do poema XVII, o sentido de sua "oração principal", tal como definido acima. A esse sentido, enfim, o poema responde com a imagem da torre em ruínas, o *torreão do destruído*. Outra possibilidade de leitura da imagem da torre seria a de sua associação com a temática da sexualidade expressa na imagem das *veias em que circulam beijos brandos e devoradores*. Nesse caso, a torre assumiria uma identidade fálica. O determinante "triste" – "el triste torreón del destruido" –, em princípio, articula-se com as duas simbologias. Sua posição anteposta ao termo determinado aumenta sua carga subjetiva, ao conectá-lo com o sujeito lírico e o discurso elegíaco. Ou seja, por meio do determinante, o sujeito lírico lamenta a condição do *torreão*, ao mesmo tempo em que o qualifica.

A imagem da torre no último verso da terceira estrofe destaca-se por três motivos: primeiro, por opor-se, como verticalidade ascendente, à imagem da queda, que abre a estrofe, e se impõe como verticalidade descendente. Segundo, por sua simbologia ambígua que vai do geral (homem) ao particular (sexualidade). E terceiro, por localizar-se no centro de um verso cuja sonoridade aliterada o destaca dos demais na estrofe. O primeiro nível dessa aliteração ocorre em /t/, repetido três vezes: "el *t*riste *t*orreón del des*t*ruído". O segundo nível ocorre em /d/, nos dois últimos lexemas do verso, e também repetido três vezes: "el triste torreón *d*el *d*estruí*d*o". Com tais repetições, o verso contribui para manter o ritmo ternário do poema.

A quarta estrofe, composta de versos decassílabos, retoma nos versos 18 e 19, o recurso do quiasmo, empregado anteriormente nos versos 3 e 4. O quiasmo, portanto, surge no poema

---

83. Juan Eduardo Cirlot, *Diccionario de Simbolos*, 2. ed., Madrid, Ediciones Siruela, 1997, pp. 449-450.

em posições simétricas, isto é, depois dos dois primeiros e antes dos dois últimos versos:

la tierra de unos años **lo aniquila**:
lo disemina su *espacial colegio*.

Como na primeira ocorrência, o quiasmo aqui também focaliza o caráter transitório do humano. Ali, no entanto, o narrador fixa-se em aspectos intrínsecos do homem: "su materia", "su palabra", "su voz". Aqui, destaca um fator extrínseco, o espaço: "la tierra", "espacial colegio". Tal fator, em parte, complementa o verso de abertura da estrofe, centrado no tempo: "No lo preserva el tiempo que lo borra". Ou seja, como um todo, a estrofe expõe a relação homem *vs.* tempo-espaço. Assim, como já referido, não apenas o homem se mostra autodestrutivo, por suas fragilidades, como também o tempo e o espaço contribuem para sua destruição. O tempo surge no verso 17 equilibrando-se entre uma *redundância opositiva*: o litotes "no lo preserva" e sua forma afirmativa "lo borra". Com isso, a noção de redundância e a ideia de conflito, ambas implicadas no conceito de temporalidade, intensificam a imagem do tempo, disposta no centro do verso. O espaço, por sua vez, incorpora o tempo em sua dimensão histórica – "la tierra *de unos años*" –, e emerge como metáfora didática – "espacial colegio" –, que se articula com o tema geral do poema.

Na última estrofe, o homem está ausente. O dístico final apresenta um hexassílabo e um decassílabo, que formam a métrica do poema, excetuado o verso 6, cuja separação ou deslocamento do verso anterior já foi aqui justificada. No lugar do homem, o último verso do poema, de fato, a última imagem do texto, retrata um verme, com seu passo provisório. O homem, assim, reduz-se à imagem do verme. Ambos são uma efemeridade caminhante. Ambos são impuros, o verme por sua própria condição, e o homem por ter sua alma caída, ou fazê-la cair, sobre o monturo. Ambos, pois, contrastam com a limpidez da pedra, "piedra limpia", e sua imobilidade inabalável. Mas o aspecto determinante do último verso, associado à noção de espaço físico, é a mudança da perspectiva vertical (queda, torre), que se horizontaliza na figura do caminhar (passo) do verme. Tal mudança altera a imagem do tempo, cuja substância metafísico-transcendente (vertical) se historiciza no movimento linear (horizontal)[84]. Daí a presença do tempo histórico – "tierra *de unos años*" – na estrofe anterior.

Em oposição ao tempo do mito, o tempo da história é linear. E para Marx, como para Vico e Hegel antes dele, é também teleológico, ou seja, possui um *telos*, ou ponto de chegada, em cuja direção a história avança, alimentada por seus conflitos, que serão, por fim, pacificados. "El pasajero paso del gusano" não parece encaminhar-se a um *telos* utópico. Seu destino parece ser, de fato, o nada, o fim como extinção total. No poema XVII, e na última fase de sua poesia, Neruda expressa profundo desencanto em relação ao homem e seu destino histórico. Em "Alturas de Macchu Picchu" foi a história que pavimentou o caminho entre o homem e a eternidade. No poema XVII, esse caminho é trilhado por um verme, e sua trajetória vai da precariedade humana ao nada. Na produção final de Neruda, enfim, dois pilares de sustentação de sua obra, o homem e a história, ruíram, como a triste torre do poema XVII. Não há mais utopia. A história destruiu a história. Só o tempo metafísico restou, figurativizado na imagem da pedra impassível, que contempla a paisagem apocalíptica. Enquanto isso, a marcha do tempo histórico segue seu caminho na direção do nada, com o passo leve e fugaz do verme.

---

84. Também esse aspecto será retomado no capítulo 4, na análise do poema de Octavio Paz.

4

A Pedra Logocêntrica de Paz

> *el rostro de las piedras que aceptaron*
> *la desolada espuma del combate*
> *en sus eternidades agrietadas.*
>
> PABLO NERUDA, *CANTO GENERAL*

INTRODUÇÃO

[Como las Piedras del Principio][1] foi publicado em *Semillas para un Himno*, coletânea de Octavio Paz de 1954. Nele, a questão do mito de origem emerge como central. Em sentido amplo, o tema do mito e suas implicações no mundo pós-mítico, ou mais precisamente do espaço intervalar entre o mito e o pós-mito, constitui um dos eixos articuladores da poética e da poesia octavianas. Para a análise dessa e de outras questões pertinentes à compreensão do poema, segue-se sua transcrição, e a tradução, logo abaixo, de Haroldo de Campos[2]:

Como las piedras del Principio
Como el principio de la Piedra

---

1. [Como las Piedras del Principio] é um poema sem título. O uso de colchetes, ao invés de aspas, refere-se ao primeiro verso do poema.
2. Haroldo de Campos & Octavio Paz, *Transblanco (em torno a Blanco de Octavio Paz)*, Rio de Janeiro, Guanabara, 1986, p. 181.

Como al Principio piedra contra piedra
Los fastos de la noche:
El poema todavía sin rostro
El bosque todavía sin árboles
Los cantos todavía sin nombre

Mas ya la luz irrumpe con pasos de leopardo
Y la palabra se levanta ondula cae
Y es una larga herida y un silencio sin mácula[3]

Como as pedras do Princípio
Como o princípio da Pedra
Como no Princípio pedra contra pedra
Os fastos da noite:
O poema ainda sem rosto
O bosque ainda sem árvores
Os cantos ainda sem nome

Mas a luz irrompe com passos de leopardo
E a palavra se levanta ondula cai
E é uma extensa ferida e um silêncio sem mácula

O COMEÇO PELO FIM

[Como las Piedras del Principio] encena o nascimento da palavra original, disposta na fronteira entre mito e história. Trata-se, nesse sentido, de uma paródia cosmogônica, que narra o advento da humanidade pela figuração do raiar primordial da linguagem. A imagem convencional da noite pré-genesíaca (caos) que se rompe com a luz criadora (cosmos) reforça a ideia de cosmogonia. No entanto, o caráter paródico do poema se interrompe no penúltimo verso. Ali, a aurora da palavra original coincide com seu ocaso: "Y la palabra se levanta ondula cae". Assim, o poema pode ser lido ao mesmo tempo como cosmogonia e decadência do verbo, que figurativiza o homem fundado

---

3. Octavio Paz, *Obras Completas,* vol. VII, 2. ed., Barcelona, Galaxia Gutenberg/ Círculo de Lectores, 2004, p. 146.

A PEDRA LOGOCÊNTRICA DE PAZ 239

na palavra. À eclosão da linguagem sucede, em ato contínuo, sua queda, como se uma implicasse a outra. Por fim, o último verso descreve o cenário pós-queda com duas imagens de alta simbologia – "larga herida" e "silencio sin mácula". Essas imagens algo esfíngicas, além do efeito estético que produzem, criam um desafio prático ao leitor: convidam-no a decifrar o enigma hermenêutico proposto pelas figuras da *extensa ferida* e do *silêncio imaculado* como desmembramento do que pode ser considerado o evento central da narrativa: a queda da palavra original simultânea à sua aparição. De que modo essas imagens combinadas de violência e quietude se articulam com esse evento? O que revelam dele? Por essa perspectiva, o leitor "entra" no poema pelo último verso e seu *enigma figurado* – para usar uma expressão retirada do capítulo 1. Essa entrada exige que o leitor regresse ao início do texto para refazer sua trajetória, tendo em vista o seu desfecho. Ao regressar, depara-se com a questão do mito, central, como já referido, na obra de Paz, e decisiva para a compreensão do poema.

MITO E LOGOCENTRISMO

Para abordar essa questão, complexa e recorrente nos escritos octavianos, talvez seja válido começar por uma definição de mito, parcial como toda definição, mas útil para nós como referência inicial: "o mito conta uma história sagrada; ele relata um acontecimento ocorrido no tempo primordial, o tempo fabuloso do 'princípio'. [...] O mito narra como [...] uma realidade passou a existir. [...] É sempre, portanto, a narrativa de uma 'criação': ele relata de que modo algo foi produzido e passou a ser. [...] O mito é considerado uma história sagrada e, portanto, uma 'história verdadeira', porque sempre se refere a *realidades*. O mito cosmogônico é 'verdadeiro' porque a existência do Mundo aí está para prová-lo"[4]. A definição é de Mircea Eliade,

---

4. Mircea Eliade, *Mito e Realidade,* trad. Pola Civelli, São Paulo, Perspectiva, 1972, p. 9.

240 MATÉRIA LÍTICA

autor cuja obra Paz conhecia e admirava. Há nela ao menos dois aspectos com implicações na obra octaviana. O primeiro é o caráter cosmogônico do mito, presente no argumento narrativo de [Como las Piedras del Principio]. O segundo, mais amplo, mas ainda associado ao primeiro, é a inter-relação entre sagrado e verdade: *o mito é uma história sagrada e, portanto, verdadeira*. Verdade, aqui, não implica a noção empírica de correspondência, no sentido platônico do termo[5], e sim a ideia de uma identidade fundacional das coisas, perdida no "tempo fabuloso (e sagrado) do 'princípio'", que deve ser reconquistada no presente, para refundar o mundo sobre bases autênticas. O processo de reconquista dessa identidade oculta e latente nas coisas, que revela, ao ser desvelada, o ente *qua* ente delas, é o que se denomina *aletheia*, conceito já discutido na introdução deste livro. A identidade em si é o mito, que, para ser desvelado, depende das coisas. Essa relação entre presença oculta *vs.* presença manifesta, na qual a primeira instância associa-se ao mito, ao sagrado, ao verdadeiro, e a segunda, às coisas como formas apreensíveis pelos sentidos e decodificadas pela razão, pode ser melhor compreendida por meio do conceito de logocentrismo.

No grego clássico, entre outras acepções, *logos* significa "palavra", "discurso"', "pensamento", "razão". Aristóteles o empregou com o sentido de *palavra mediada pela razão, argumento lógico, discurso coerente e coeso*. Já referimos no capítulo 1 que Aristóteles identifica três modos ou componentes de persuasão: *ethos, logos* e *pathos*. Na oportunidade, e também no capítulo 2, analisamos o conceito de *ethos* e suas implicações na recepção da obra literária. No caso de Paz, a noção de *logos* pode nos auxiliar a entender o sentido de mito em sua poesia. Para tanto, porém, é preciso regressar ao *logos* transcendente de Heráclito, predecessor do *logos* retórico de Aristóteles.

Heráclito define *logos* como um princípio racional do universo ao qual a racionalidade humana está inextricavelmente associada. Ser uno e insubstancial, *logos* harmoniza e unifica a natureza sensível (*physis*), cuja diversidade manifesta ou faz

---

5. Ver artigo de Marian David, citado nas referências bibliográficas deste capítulo.

pressentir a unidade de *logos*. "De todas as coisas emana uma unidade, e da unidade, todas as coisas", diz Heráclito. Como força ordenadora que dota de sentido o mundo físico, Heráclito privilegia *logos* sobre *physis*: "Uma conexão invisível (*harmonia*) é mais poderosa do que uma visível". Outro aspecto presente nos escritos de Heráclito é o da interação comunicativa entre homem e *logos*, por meio da qual a razão humana pode ouvir a razão universal: "Ao ouvir não a mim mas ao *Logos*, é sensato assentir que todas as coisas são uma"[6].

Na filosofia ocidental, o logocentrismo de raiz heraclitiana postula que o sentido das coisas emana do *logos*: matriz pura, eterna e incorruptível. O modelo paradigmático desse argumento são as formas platônicas, das quais o mundo sensível é, para Platão, um simulacro. Outros modelos de *logos* metafísico são o *logos* em João, ou a palavra de Deus encarnada no Cristo, a Trindade em Santo Agostinho, o *cogito* em Descartes, o ego transcendente em Kant, as leis naturais em Locke, a Ideia em Hegel. Na perspectiva logocêntrica, a função última da filosofia, da teologia, da estética, da linguística e de outras disciplinas consiste em apontar, na origem, a fonte do sentido das coisas. Essa fonte constitui não apenas a origem (*arqué*) mas também o fim (*telos*) do sentido, cujo percurso, na trajetória logocêntrica, é circular.

O logocentrismo se expressa comumente por meio de binários. Um binário é um composto de dois elementos inter-relacionados no qual ao primeiro, percebido como mais próximo de *logos*, ou o próprio *logos*, é atribuído um grau de magnitude maior do que ao segundo. Este, aliás, é visto, em geral, como uma imagem adulterada e corrompida daquele. Uma vez mais, o modelo platônico é exemplar. Nele, o binário forma/imitação expressa essa relação, com o primeiro termo tendo precedência sobre o segundo. Outros binários incluem alma/corpo, teoria/prática, fala/escrita, essência/existência, consciência/inconsciência, natureza/cultura. No sistema platônico, o primeiro ele-

---

6. Richard McKirahan, *Philosophy before Socrates: An Introduction with Texts and Commentary*, 2. ed., Indianapolis, Hackett Publishing Co., 2010, pp. 116-117.

mento é percebido verticalmente como alto, e o segundo, como baixo. No sistema aristotélico, horizontalizante, o primeiro termo fixa-se no centro e o segundo movimenta-se nas margens. A imagem recorrente da queda na poesia de Neruda (ver capítulo 3) e na de Paz expõe a verticalidade como recurso estilístico e como perspectiva espacial na obra desses poetas. As implicações dessa verticalidade, se analisadas, passariam pelo paradigma platônico e seus significados na cultura.

No século xx, no rastro de Marx, Nietzsche e Freud, a filosofia pós-estruturalista questionou de modo sistemático o logocentrismo e tentou romper com seu sistema de binários. Houve, no passado, tentativas nessa direção, mas elas sempre terminavam ou produzindo um novo binário – como proprietários do meio de produção *vs.* trabalhadores assalariados, no sistema de luta de classes em Marx – ou invertendo um binário já existente – como a primazia do inconsciente sobre a consciência nos estudos de Freud. Também os estruturalistas, na primeira metade do século xx, buscaram uma alternativa crítica ao logocentrismo, ao rejeitar a ideia metafísica da existência de um centro fixo que funcionasse como fonte original do sentido. No entanto, ao problematizar a noção de centro como *logos*, criaram outro centro denominado *estrutura*, que, embora dinâmico, sincrônico e científico, funciona como núcleo autônomo e determinante do sentido.

Foi apenas na segunda metade do século xx que o logocentrismo – termo, aliás, cunhado na virada dos anos 1930, pelo filósofo alemão Ludwig Klages – passou a ser problematizado de modo sistemático na leitura desconstrutivista de Jacques Derrida. Para este, toda a história da metafísica do Ocidente, desde Sócrates-Platão, pode ser sintetizada na atitude permanente da busca de uma origem, um fundamento, um princípio, um centro (no sistema horizontal) para o qual todos os elementos da margem estejam apontados, ou um significado transcendental (no sistema vertical) a que todos os significantes se refiram retroativamente. Por milênios, metafísicos perseguiram, e perseguem, esse primeiro manancial, esse Ser do ser, essa presença plena,

A PEDRA LOGOCÊNTRICA DE PAZ

esse *locus* fixo, ou essa "imobilidade fundadora", na expressão de Derrida, para sobre essa base construir seus sistemas[7]. Na metafísica tradicional, enfim, o mundo e seus acidentes derivam desse centro, ao qual se mantêm ligados. O mundo é parte do centro e o presentifica. O centro, no entanto, é independente e autossuficiente, pois sua natureza imutável não está sujeita às contingências do todo, do qual, aliás, ele é a medida, sem ser, ele próprio, mensurável.

Por essa perspectiva, em suma, as coisas do mundo contêm uma essência (*logos*, centro, Ser) dentro e fora delas, e que permanece quando elas desaparecem. A essência como tal, no entanto, não possui essência, existe por si mesma. Sua existência, como função, nos mostra que não estamos sós na natureza, que não somos apenas nós e as coisas, mas que em tudo há uma dimensão, um sentido e um propósito preestabelecidos. A essência, enfim, guarda e determina esses valores. Além disso, a essência contém em si atributos em estado pleno, como pureza e constância, que nos ajudam a lidar com fatos trágicos e incontornáveis do mundo, como decadência e morte. É por esse prisma, isto é, pelo prisma da função reconfortante da essência, que Derrida a considera um constructo produzido pela consciência humana, que anseia sentir-se amparada por uma força ou *presença* que lhe seja superior, e cuja grandeza, entrevista ou pressentida nas coisas do mundo, lhe sirva de contraponto às suas limitações. Daí Derrida referir-se a *logos* – termo que usa no lugar de *essência* – como "fundamento tranquilizador"[8].

Ao rejeitar o *logos*, Derrida rompe com o sistema de binários, por meio do qual o *logos* emerge e se afirma. No lugar, Derrida propõe a ideia de *jogo*, isto é, a inserção do signo linguístico num espaço multifacetado e acêntrico, onde os sentidos – por lhes faltar um centro – se refazem permanentemente sem nunca se fixarem: "A ausência de significado transcendental amplia

---

7. Jacques Derrida, "La Structure, le Signe et le Jeu dans le Discours des Sciences Humaines", *L'Écriture et la Différence*, Paris, Éditions du Seuil, 1967, p. 410.

8. *Idem*, p. 427.

indefinidamente o campo e o jogo da significação", diz Derrida[9]. No pensamento derridiano, a busca do sentido original ou final é uma operação invariavelmente metalinguística, e nela um signo sempre remete a outro numa sucessão *ad infinitum*. Por esse argumento, não existe uma autonomia extrassígnica, ou autossígnica, isto é, um signo que, não subordinado a outro signo, emane sentido de si e por si, e que ocupe, assim, a ponta na cadeia da linguagem, ou o centro no espaço das relações sígnicas, como origem e fim desse processo. O resultado da busca do sentido último no jogo derridiano implica apenas adensamento e expansão da malha sígnica: "O jogo é a suspensão da presença"[10].

Essa breve digressão sobre *logos* e a crítica logocêntrica de Derrida, cujo ponto de partida é a célebre conferência "La Structure, le Signe et le Jeu dans le Discours des Sciences Humaines", pronunciada na John Hopkins University em 1966, tem como propósito enquadrar a poesia de Octavio Paz num período imediatamente anterior, no qual a crítica estruturalista buscava, no rastro – repito – de Marx, Nietzsche e Freud, uma alternativa ao *logos* metafísico, que a poética de Paz identifica no mito de origem. Também tem como propósito fazer mais adiante uma breve reflexão sobre o pensamento político de Paz visto sob uma perspectiva derridiana. Por fim, Derrida e Paz se apropriam do conceito nietzschiano da "afirmação vitalista" com diferentes perspectivas, que, no caso de Paz, cria um impasse para sua poética. Por agora, no entanto, caberia perguntar por que "no rastro de Marx, Nietzsche e Freud"? De que modo esses pensadores protoestruturalistas pavimentam o caminho que vai desembocar no Estruturalismo, na poética octaviana e no questionamento do *logos*?

Na metade do século XIX, Marx historiciza a noção de *logos*, deslocando-a de dimensões superiores, onde se dispõem, por exemplo, as formas platônicas, e localizando-a na economia. Para Marx, o sentido não deriva de verdades transcendentais

---

9. *Idem*, p. 411.
10. *Idem*, p. 426.

que "descem" ao mundo, e sim de estruturas socioeconômicas localizadas *no* mundo. No fim do século XIX, Nietzsche problematiza conceitos como Ser e Verdade, postulando-os como arbitrários e em constante mutação. O conceito de jogo em Derrida está, aliás, diretamente vinculado às ideias de Nietzsche. Freud, por sua vez, na virada do século XX, refuta a postulação de que a fonte dos sentidos e da verdade é a consciência, o *cogito* cartesiano, ou o ego transcendental de Kant. Para Freud, essa fonte constitui uma estrutura profunda e inacessível pela consciência: o inconsciente. Enfim, para esses teóricos, a origem dos sentidos e da verdade – seja verdade como conceito estável ou não – provém de estruturas ocultas dispostas no mundo biossocial, que demandam um olhar dialético que as revele como *aletheia*. É a partir desse ponto que estruturalistas trabalham para definir seu conceito de estrutura. Nesse projeto, montado sobre uma base interdisciplinar, a linguística (Saussure, Jakobson) e a antropologia (Lévi-Strauss) vão desempenhar papéis cruciais. Por esse ângulo, os motivos da palavra (linguística) e do mito (antropologia) na obra octaviana, e mais precisamente sua presença em [Como las Piedras del Principio], surgem articulados a esse contexto, e, em parte, dele derivam. Em outros termos, dado o ambiente cultural em que o poema foi produzido, a cosmologia da linguagem em [Como las Piedras de Principio] constitui um fato sintomaticamente integrado na cultura de seu tempo. Examinemos, nesse sentido, algumas relações entre mito e antropologia, tal como elas se estabeleceram na primeira metade do século XX.

MITO E ANTROPOLOGIA

O impacto do discurso antropológico nas artes, desde a virada até meados do século XX, possui enormes consequências. Por esse período, tópicos da antropologia como relativismo cultural e superação do etnocentrismo, que pressupõem valores como tolerância e multidiversidade, foram assimilados e retrabalhados pela arte, e só depois, com décadas de atraso, chegaram às ciências naturais, à política e às leis, num processo que ainda perdura. É possível rastrear alguns desses tópicos na arte do século XIX, anterior ao advento da antropologia cultural, ou pós-evolucionista. Pode-se dizer até que, em certo sentido, a arte desse tempo prepara o advento da antropologia moderna. No entanto, durante o século XX, é essa antropologia, e disciplinas ou ramos afins, como etnologia, etnografia, etno-história e sociologia, que constroem uma fundação racional para dar suporte a certos aspectos do discurso ético e sociocultural da arte. Na época de Paz, portanto, a dinâmica de inter-relação antropologia-arte funcionava, em grande medida, da primeira à segunda, com aquela dando suporte científico a esta.

Um efeito do pensamento antropológico desse tempo foi o da inversão do binário civilização *vs.* barbárie, no qual o segundo termo, rebatizado de primitivismo, ganhou primazia sobre o primeiro. Não se trata, embora dele seja uma consequência, ou continuação, do binário cidade *vs.* campo, que se intensifica e se consolida durante a Revolução Industrial. O que trabalhos como os de Lucien Lévy-Bruhl, James Frazer e Franz Boas mostram é um esforço de compreensão tão objetiva quanto possível do homem primitivo restaurado em seu hábitat, com seus costumes, suas tradições, sua arte, sua ciência, sua religião, descritos desde uma perspectiva historicista, que, como tal, se empenha em avaliar esse homem e sua sociedade reinseridos em seu próprio contexto e com critérios da cultura na qual se formaram. As conclusões desses autores não retratam necessariamente o homem primitivo como superior ou em vantagem ao civilizado; não se trata da idealização do homem natural e do estado de natureza, como ocorre em diversos momentos da história desde o Renascimento. O escopo básico dos estudos antropológicos desse período é o de reconstruir aspectos culturais – tradições, mitos, costumes – de sociedades primitivas extintas ou de comunidades que vivem fora do mundo civilizado, com o qual não mantêm contato.

A PEDRA LOGOCÊNTRICA DE PAZ   247

Através da retomada do modelo de relatos de viajantes sobre povos arcaicos da América durante a era dos descobrimentos, modelo esse reelaborado dentro de modernos padrões científicos, o relato antropológico busca, a princípio, o conhecimento extensivo do Outro. Esse conhecimento deveria servir de parâmetro ou contraponto ao homem moderno em seu necessário e salutar exercício de autocrítica. Na antropologia estruturalista, Lévi-Strauss fará isso munido da ideia de que a estrutura, entre outras definições, é um sistema de diferenças pelo qual o sentido emerge. Na virada do século XX, no entanto, o enfoque teórico predominante é o fenomenológico, apoiado na ideia de intersubjetividade, ou conhecimento intersubjetivo (ver capítulo 1). Esse enfoque poderia ser sintetizado nas palavras de Dilthey escritas no início de seu ensaio "The Rise of Hermeneutics", de 1900: "Em qualquer parte, nossas ações pressupõem o entendimento de outras pessoas; muito da nossa felicidade como seres humanos deriva da nossa capacidade de reexperimentar estados mentais alheios"[11]. Dilthey, aqui, não se refere especificamente ao homem primitivo. No entanto, no início do século XX, o estudo antropológico de sociedades primitivas considera a intersubjetividade um pressuposto de análise – tal como a crítica literária, como vimos no capítulo 1. Examinemos, nesse sentido, um exemplo e suas implicações.

Em *La Mentalité Primitive*, de 1922, Lévy-Bruhl postula que a mente do homem primitivo é regida pela "lei da participação". Por essa lei, nas representações coletivas ou rituais da natureza, objetos, seres, fenômenos podem assumir, ao mesmo tempo, além da própria, outra identidade. Esse simultaneísmo transitivo, ou transitividade simultaneísta, não pode ser assimilado pela mente racional, regida pelo "princípio da contradição", que refuta, por exemplo, que um homem e um crocodilo *participassem* simultaneamente de um mesmo ente, mantendo cada um sua própria identidade. Lévy-Bruhl, no entanto, mostra como a

---

11. Wilhelm Dilthey, "The Rise of Hermeneutics", transl. Frederic Jameson, *New Literary History* 2 (1972), p. 230.

mente primitiva processa naturalmente essa ideia. Ele recolhe diversos relatos de ataques de crocodilos na África, em que os sobreviventes ou testemunhas sempre atribuem ao evento trágico uma causa mágica. Na mente primitiva, o crocodilo, como natureza inconsciente, não age por si, e sim como instrumento de uma força sobrenatural dotada de consciência: no caso, um feiticeiro. A este é imputado, pela comunidade, o ato de ordenar o ataque ou o de metamorfosear-se no animal para atacar. Eis o comentário de Lévy-Bruhl:

> Seu pensamento não possui as mesmas exigências lógicas que o nosso. Ele é regido, nesse caso e em muitos outros, pela lei da participação. Entre o feiticeiro e o crocodilo se estabelece uma relação tal que o feiticeiro se transforma no crocodilo, sem no entanto se confundir com ele. Do ponto de vista do princípio da contradição, é preciso escolher uma de duas: ou o feiticeiro e o animal se fizeram um, ou eles são dois seres distintos. Mas a mentalidade pré-lógica acomoda, de uma só vez, as duas afirmações[12].

A mente primitiva, enfim, percebe o mundo como uma rede de correspondências, interações e ressonâncias, na qual todos os seres se comunicam, emitem e recebem forças, num espaço dominado pela imaginação intervencionista, que atua não para negar a realidade, e sim para afirmá-la, embora de modo inconsciente, como metáfora de si mesma. Por esse argumento, pode-se entrever uma área de intersecção na qual se cruzam, com maior ou menor presença, a teoria das correspondências de Baudelaire, o Simbolismo francês, o Surrealismo e noções de intersubjetividade, mente primitiva e "lei da participação". No caso de Paz, que cita Lévy-Bruhl e Frazer já num texto de 1943, e depois faz menção à "lei da participação" numa passagem de *El Arco y la Lira*, o débito que sua obra mantém com a antropologia primitivista, fenomenológica e estruturalista, é extenso e

---

12. Lucien Lévy-Bruhl, *La Mentalité Primitive*, Paris, Librairie Félix Alcan, 1922, p. 42.

complexo[13]. Para ficar num breve e pontual exemplo, em [Como las Piedras del Principio] pode-se dizer que só a mente primitiva, que reconhece o caráter intertransitivo da identidade dos seres, compreende em plenitude a imagem da "luz" irrompendo a noite de pedra "com passos de leopardo". Pela "lei da participação", nessa metáfora, a natureza da "luz" *participa* da natureza do "leopardo", e vice-versa: a luz felina passeia e o leopardo ilumina. Tais proposições, que o "princípio da contradição", ou a mente racional, rejeitaria, acomodam-se com naturalidade no discurso poético.

Mas como entender o mito no contexto lévy-bruhliano da mentalidade primitiva e da "lei da participação"? Esse é talvez o ponto que mais tenha impacto e repercussão no modo como a obra octaviana lida com o mito. Numa passagem de *Les Fonctions Mentales dans les Sociétés Inférieures*, de 1910, Lévy-Bruhl especula sobre a origem do mito, ou a cosmogonia da cosmogonia, a partir do seguinte argumento: nas sociedades primitivas em que o indivíduo possui um senso de participação integral no grupo ao qual pertence e no meio em que vive, nas sociedades em que o indivíduo sente e vive essa participação, a que Lévy-Bruhl se refere como "simbiose mística", os mitos são raros e pobres. Isso ocorre, por exemplo, entre aborígenes da Austrália e índios do Centro e do Norte do Brasil. Por outro lado, em sociedades onde a "lei da participação" ainda vigora mas com menos intensidade, isto é, onde o indivíduo se sente partícipe mas já não experimenta essa participação como vivência, misticamente, então a mitologia floresce exuberante. É o caso dos zunis, iroqueses e polinésios, povos de culturas um pouco mais avançadas do que os do exemplo anterior. A partir desse paralelo, Lévy-Bruhl indaga: "Seriam os mitos, então, [...] produtos da mentalidade primitiva que surgem quando esta se esforça para consumar uma participação que já não sente como imediata, quando esta recorre a intermediários, a veículos, destinados

---

13. Octavio Paz, *Obras Completas*. vol. VIII, 2. ed., México D. F., Fondo de Cultura Económica, 2014, p. 354; *Idem*, vol. I, *op. cit.*, p. 119.

250 MATÉRIA LÍTICA

a garantir uma comunhão não mais vivenciada?"[14]. A inferência que Lévy-Bruhl faz em seu questionamento tornou-se paradigmática nos estudos mitológicos. Por ela, o mito nasce do sentimento de nostalgia do tempo de origem no qual o homem e a natureza, ou a consciência e as coisas, estabeleciam uma relação mútua não mediada, pela qual formavam uma unidade totalizadora, o cosmos. Por esse ângulo, o mito é a memória afetiva de um tempo perdido, a ânsia de reviver uma experiência bloqueada, a tentativa de resgatar uma capacidade esquecida, a busca, enfim, de uma realidade *outra* que, sendo também nossa, somos nós mesmos, como o feiticeiro e o crocodilo.

A "NOSTALGIA DA ORIGEM" E A "IMEDIATIDADE INTERROMPIDA"

Há um paralelo entre a narrativa antropológica primitivista, que estuda sociedades primitivas, e a poética octaviana. A primeira, reduzida a uma síntese paradigmática, relata a história do antropólogo que sai à procura de uma espécie de elo perdido, capaz de *ressignificar* (e não *negar*) o homem e o mundo modernos, assentados sobre bases racionalistas. É quase, como nos contos infantis, a busca da parte perdida do objeto mágico, que, uma vez encontrada, e em conjunção com a outra parte, de posse do antropólogo, lhe conferisse poderes, digamos, sobrenaturais de compreensão de si e da natureza. De modo mais realista, a antropologia, de fato, crê que o estudo objetivo e metódico de sociedades primitivas pode contribuir positivamente para uma revisão e relativização de valores estáveis na cultura civilizada do Ocidente. Pode-se ver isso, por exemplo, em *Tristes Tropiques*, de Lévi-Strauss, publicado em 1955 – um ano depois, portanto, de *Semillas para un Himno* –, mas que relata eventos concentrados no ano de 1938. Nesse relato, Lévi-Strauss busca no interior mais entranhado do Brasil uma socieda-

14. Lucien Lévy-Bruhl, *Les Fonctions Mentales dans les Sociétés Inférieures*, 9. ed., Paris, Presses Universitaires de France, 1951, p. 434.

A PEDRA LOGOCÊNTRICA DE PAZ   251

de intocada pela civilização, que lhe pudesse mostrar o outro lado, o avesso da modernidade e da lógica ocidental. No entanto, por mais que ele se embrenhe nas densas florestas tropicais em busca do mais remoto e do mais puro, há sempre um sinal, por menor que seja, da presença do civilizado. Nesse sentido, *Tristes Tropiques* narra uma história de busca e frustração.

Quando, em "La Structure, le Signe et le Jeu", Derrida faz reparos a Lévi-Strauss, talvez tivesse em mente *Tristes Tropiques* à frente de outras obras do antropólogo. Em sua crítica, Derrida identifica em Lévi-Strauss o que chama "de nostalgia da origem, da inocência arcaica e natural, de uma pureza da presença", referindo-se a fatores de motivação e alvos do trabalho do antropólogo. Para o filósofo, a demanda lévi-straussiana pela "presença, perdida ou impossível, da origem ausente" e "essa temática estruturalista da imediatidade interrompida" são "a face triste, negativa, nostálgica, culpada, rousseauísta do pensamento do jogo"[15].

Há nesse comentário de Derrida sobre Lévi-Strauss dois eixos temáticos sobre os quais gira a ideia de mito na obra octaviana: "nostalgia de origem" e "imediatidade interrompida". Tais eixos, presentes, de fato, nos estudos de Lévi-Strauss sobre sociedades arcaicas, já haviam aparecido antes, como vimos, em Lévy-Bruhl; de onde se pode concluir que "nostalgia de origem" e "imediatidade interrompida" são temas, ou conceitos, que percorrem a antropologia primitivista desde, pelo menos, o início do século xx. Esses temas, Paz os incorpora em sua obra ensaística e poética. Vejamos exemplos extraídos da primeira.

Ao abordar a solidão do homem mexicano, em *El Laberinto de la Soledad*, de 1950, Paz assim a define e explica: "É uma orfandade, uma obscura consciência de que fomos arrancados do Todo, e uma busca ardente: uma fuga e um retorno, tentativa de restabelecer os laços que nos uniam à criação"[16]. Aqui, a análise é

---

15. Jacques Derrida, "La Structure, le Signe et le Jeu dans le Discours des Sciences Humaines", *op. cit.*, p. 427.
16. Octavio Paz, *Obras Completas*, vol. v, 2. ed., México D. F., Fondo de Cultura Económica, 2014, p. 51.

histórica, apesar de a grafia do vocábulo "Todo", com maiúscula inicial, apontar, por convenção, para um sentido trans-histórico. De qualquer modo, o "ser arrancado do Todo" explicita a ideia de "imediatidade interrompida", ao passo que "retorno" e "tentativa de restabelecer os laços que nos (aos mexicanos) uniam à criação" – "criação", aqui, também como um termo carregado de trans-historicidade – associam-se a "nostalgia de origem".

A contingência desse argumento será logo expandida a uma dimensão metafísica, de natureza religiosa, na qual permanecerá. É com essa perspectiva, associando poesia e religião – associação, aliás, recorrente em Paz –, que em *El Arco y la Lira*, de 1956, o ensaísta se vale da noção de Outro – analisada mais abaixo – para afirmar: "O lançar-se ao *Outro* se apresenta como um retorno a algo de que fomos arrancados"[17]. No mesmo ensaio, com a mesma perspectiva, Paz também escreve: "O mundo do divino não cessa de nos fascinar porque, além da curiosidade intelectual, há no homem moderno uma nostalgia"[18]. A ruptura e a nostalgia, aqui, já não são mais as do homem mexicano, e sim as do homem moderno. Ambas reaparecem num trecho de "Itinerario", de 1993, em que Paz repassa sua carreira e suas ideias políticas. Ali, também ao abordar o tema da religião, Paz observa: "Logo que nascemos, sentimos que somos um fragmento desprendido de algo grandioso e visceral. Essa sensação se mistura imediatamente com outra: a do desejo de retornar a essa totalidade de que fomos arrancados"[19]. Tal passagem resume de modo sintomático um argumento que cruza toda a obra octaviana, e que define parte substancial de sua cosmovisão. Nela se conjugam, uma vez mais, a "imediatidade interrompida": *somos um fragmento desprendido da totalidade*, e a "nostalgia de origem": *o desejo de retornar a essa totalidade*. Em outro momento de "Itinerario", Paz repete: "Arrancados da

---

17. *Idem*, vol. I, *op. cit.*, p. 132.
18. *Idem*, pp. 118-119.
19. *Idem*, *Obras Completas*, vol. VI, 2. ed., México D. F., Fondo de Cultura Económica, 2014, p. 64.

totalidade e dos antigos absolutos religiosos, sentimos saudade de totalidade e absoluto"[20].

Pode-se concluir, assim, que a "imediatidade interrompida" e a "nostalgia de origem" constituem impasses ou aporias do pensamento octaviano. Por esse prisma, o elemento capaz de superar essa situação aporética é o mito, pois nele vigora a "lei da participação", e ele próprio é o estado de origem. Pela "lei da participação", a consciência e as coisas interagem numa relação direta, isto é, não mediada. No estado de origem, a consciência é dotada de uma forma de percepção pura, pré-lógica, mágica, sensitiva, valores que se perdem quando o homem abandona sua condição original e assume sua identidade histórica. Assim, por esse ângulo, o mito constitui uma dimensão, uma experiência, que, ao se tornar irrecuperável, é narrada. Essa narração, em rigor, é a memória do mito, o desejo e a tentativa, segundo Lévy-Bruhl, de recobrá-lo, revivê-lo, presentificá-lo por meio da narrativa, sucedâneo do mito. Também por esse argumento, mito e história formam um binário no qual o primeiro termo é *logos* (*mito como dimensão*) ou o elemento que se percebe como mais próximo de *logos* (*mito como narração*), e o segundo, uma corruptela ou degradação de *logos*.

O SAGRADO E A AFIRMAÇÃO NIETZSCHIANA

Como Hegel, Paz busca na história a práxis da metafísica. Assim, por exemplo, ideias recorrentes e pragmáticas na obra ensaística octaviana como "poesia de comunhão", "arte coletiva", "palavra viva", "solidariedade", que não se confundem com arte engajada nem, muito menos, com arte tutelada pelo Estado, sugerem uma forma moderna de revivência da "lei da participação". Em "Itinerario", Paz defende o sentimento de paixão, ou *veneração*, como a potência motriz que move a participação e a solidariedade: "A fraternidade é uma dimensão de participação e ambas são expressões

20. *Idem*, p. 33.

da veneração"[21]. No mesmo ensaio, Paz vê o movimento ecológico como derivado dessa paixão – no caso, pelo mundo natural – que unifica a sociedade em torno de um ideal superior e comum, alcançado por meio da participação coletiva. Na linguagem metafísica de Paz aplicada à história, o mundo natural é descrito como o "grande todo", e o ecologismo como um movimento que "expressa nossa sede de totalidade e nossa ânsia de participação"[22].

No caso da "imediatidade interrompida", Paz atualiza esse conceito por meio da ideia de "cisão da consciência", que surge, segundo sua análise, a partir do Renascimento. "A modernidade é o período da cisão", diz Paz em "Itinerario". E segue: "Nosso tempo é o da consciência cindida e o da consciência da cisão. Somos almas divididas numa sociedade dividida". E em que consiste, na prática, essa cisão? Para Paz, consiste no desacordo entre ideias e costumes. Antes do Renascimento, havia uma correspondência entre as práticas sociais e um sistema dominante de valores que as permeava. "Entre a fé do camponês e as especulações do teólogo, as diferenças eram grandes mas não havia ruptura"[23].

Desde o Renascimento, que introduz a modernidade, inicia-se um processo de secularização que vai desembocar no enfraquecimento da *consciência coletiva*[24] e no crescimento da percepção do *desencanto do mundo*[25]. No fim do século XVIII, como uma das consequências da secularização, surge o conceito moderno de *revolução*, "totalmente desconhecido pelas sociedades do passado". Estas, "sem excluir as primitivas", diz Paz, "viram a mudança sempre com desconfiança e mesmo com horror". As sociedades antigas valorizavam a presença de um princípio invariável, eterno, cuja manifestação poderia se dar através de um mito, de uma divindade, de uma tradição, ou de

---

21. *Idem*, p. 64.
22. *Idem*, p. 65.
23. *Idem*, p. 14.
24. Emile Durkheim, *The Division of Labor in Society*, edited by Steven Lukes, 2. ed., London, Palgrave Macmillan, 2013, pp. 116-157.
25. Max Weber, "Science as Vocation", *The Vocation Lectures*, transl. Rodney Livingstone, Indianopolis, Hackett Publishing Company, 2004.

A PEDRA LOGOCÊNTRICA DE PAZ 255

qualquer outro veículo que manifestasse "a superioridade do ser sobre o devir". As sociedades modernas, ao contrário, valorizam a mudança, a revolução, cuja emergência Paz compara, guardadas as diferenças, com o surgimento de uma nova religião, pois ambas, revolução e religião, trabalham com os mesmos pressupostos: "mudar os homens e dotar de um sentido sua presença na terra", inferência que leva Paz a outra, carregada de ironia melancólica: "Agora [o texto data de 1993] podemos ver que [as revoluções] foram falsas religiões"[26].

Tal narrativa histórica, que vai da valorização do princípio invariável pelos antigos à estima da mudança revolucionária pelos modernos, repete estruturalmente a narrativa da "imediatidade interrompida". Esta, em suma, narra o momento em que a unidade do mito se rompe e, com isso, sua condição de estabilidade. O *mito como narração*, segundo Lévy-Bruhl, tenta resgatar essa condição, isto é, resgatar a *imediatidade contínua*, ou o *mito como dimensão*. Por esses argumentos, qual seria, então, na modernidade revolucionária, o sucedâneo do mito como narração? Em outros termos, que elemento seria capaz de "desrevolucionar" a revolução e, assim, restabelecer a correspondência entre ideias e costumes? A resposta de Paz é tripla: a poesia, a religião e o amor. Mas é também una, como o dogma cristão da Trindade: o sagrado, que se manifesta por meio dos três elementos anteriores. Para Paz, enfim, no mundo moderno, dessacralizado, o sagrado se revela através da experiência poética, religiosa e amorosa. Mas o que é, enfim, o sagrado, e o que ele revela?

Para Paz, o sagrado é um tempo experimentado pela mente no qual os opostos da natureza se fundem. Ou, talvez de modo mais preciso, é o efeito dessa fusão. Um dos modelos desse conceito encontra-se numa passagem do "Second Manifeste du Surréalism" em que André Breton alude a "um certo ponto na mente onde a vida e a morte, o real e o imaginário, o passado e o futuro, o comunicável e o incomunicável, o alto e o bai-

---

26. Octavio Paz, *Obras Completas,* vol. VI, *op. cit.,* pp. 14-15,

256   MATÉRIA LÍTICA

xo deixam de ser percebidos contraditoriamente"[27]. Esse lugar mental a que se refere Breton, Paz o menciona mais em termos de temporalidade do que de espacialidade. Assim, por exemplo, no trecho final do poema em prosa "Mariposa de Obsidiana", a narradora diz a seu interlocutor: "Espero-te desse lado do tempo onde a luz inaugura um reinado ditoso: o pacto dos gêmeos inimigos"[28]. E nesse ponto, poder-se-ia, então, perguntar: o que, afinal, revela esse "pacto", metáfora do sagrado? Em síntese, uma resposta poderia ser: revela a nossa condição original e perdida, o que éramos antes de ser o que somos, o que éramos na origem, na dimensão do mito, quando éramos mito.

Tomada por esse ângulo, a obra octaviana pode ser lida como uma crítica, ou, talvez melhor, como uma reação e uma resposta à secularização e suas consequências. Nessa linha de raciocínio, a noção de "nostalgia da origem", por exemplo, com sua narrativa de retorno à unidade primordial, responderia à fragmentação do mundo secularizado, que a origem como mito e o mito como dimensão poderiam restaurar, ou ao menos servir de contraponto e, ao mesmo tempo, de ponto de partida para uma futura restauração. Assim, se por um lado a obra de Paz adota uma perspectiva crítica em relação ao mundo moderno, por outro, assume, a partir dessa crítica, uma postura radicalmente afirmativa – no sentido nietzschiano do termo, isto é, no sentido de buscar formas de potencializar e enriquecer a experiência humana no mundo. Para Paz, poesia é afirmação da vida, ou a própria vida em si, vivida em plenitude, a vida vivaz, que uma frase extraída de um aforismo de Nietzsche resume, e que, citado por Paz num texto de 1943, poderia servir de epígrafe a toda sua obra poética: "Não a vida eterna, mas a eterna vivacidade: isso é o que importa"[29].

---

27. André Breton, "Second Manifeste du Surréalisme", *Manifestes du Surréalisme*, Paris, Pauvert, 1962, p. 154.
28. Octavio Paz, *Obras Completas*, vol. VII, *op. cit.*, p. 221.
29. Octavio Paz, *Obras Completas*, vol. VIII, *op. cit.*, p. 233. A passagem está em *Humano, Demasiado Humano*, que na versão espanhola de Alfredo Brotons assim

A PEDRA LOGOCÊNTRICA DE PAZ 257

Entre Nietzsche e Paz, o programa surrealista também professa o vitalismo. Num texto de 1935, Breton afirma que uma das tarefas do poeta moderno é a de "recuperar a vitalidade concreta", que o pensamento lógico, aprisionador da consciência, havia posto em risco[30]. Na poética octaviana, ecoam da expressão de Breton tanto o verbo "ressaisir" – recuperar, reconquistar, reaver – quanto a ideia de *vitalidade concreta*, oposta ao mundo desvitalizado da modernidade. O primeiro pressupõe a existência de um valor essencial perdido no passado, cuja carência no presente impõe a urgente tarefa de resgatá-lo; a segunda insere esse valor, a *vitalidade*, no mundo real, natural, das coisas vivas, da imanência histórica, do homem que trabalha, e come, e se aperfeiçoa, e contempla o futuro, e sonha. Por esses argumentos, em suma, pode-se concluir que a poesia de Paz, herdeira do Surrealismo, constrói-se na encruzilhada conceitual do sagrado e do vitalismo da afirmação nietzschiana. Essa conclusão, se válida, expõe um impasse que talvez seja *o* impasse da obra octaviana.

INTERMÉDIO CRÍTICO: PAZ E DERRIDA

Na crítica derridiana, a conclusão acima referida seria considerada incongruente. Não por falta de correspondência entre as partes, e sim porque, para Derrida, a afirmação nietzschiana pressupõe ausência de centro, e isso colide com a ideia de sagrado que, na poesia octaviana, desempenha papel de *logos*, ou centro fixo. Em "La Structure, le Signe et le Jeu", Derrida refere-se à afirmação nietzschiana como "a afirmação alegre do jogo do

se apresenta: "Pero lo que interesa es la *vitalidad eterna*: ¡qué importa la 'vida eterna' y, en general, la vida!" [*Mas o que interessa é a* vitalidade eterna: *que importa a "vida eterna" e, em geral, a vida!*] (Friedrich Nietzsche, *Humano, Demasiado Humano,* tomo II, trad. Alfredo Brotons, Madrid, Editorial Akal, 2007, p. 113). Sobre o conceito de vivacidade/vitalidade na obra poética octaviana, ver ensaio de Guillermo Sucre, incluído nas referências bibliográficas deste capítulo.
30. André Breton, *Position Politique du Surréalisme,* Paris, Éditions du Sagittaire, 1935, p. 147.

mundo e da inocência do devir, a afirmação de um mundo de signos sem erro, sem verdade, sem origem, exposto a uma interpretação ativa". A ausência de *logos* – ordem, Verdade, origem – expõe o mundo dos signos a uma "interpretação ativa" – aberta, imponderável, ilimitada –, que dispõe a inocência no futuro, a "inocência do devir". Tudo isso produz a alegria do jogo derridiano, que *logos*, ou a presença de um centro, restringiria ou mesmo impediria. Daí Derrida concluir que a afirmação nietzschiana "determina então o *não centro*", propondo com isso que o não centro seja um fato determinado e não determinante: o fato determinante do não centro é a imprevisibilidade alegre do jogo praticado sem a presença de *logos*[31].

Em *El Arco y la Lira*, Paz repete a ideia exposta no ensaio de 1943 sobre a afirmação nietzschiana: "A poesia", diz ele, "não nos dá a vida eterna, e sim nos faz vislumbrar aquilo que chamava Nietzsche 'a vivacidade incomparável da vida'"[32]. No entanto, sob a ótica derridiana, essa vivacidade e sua carga de alegria não podem emanar, como vimos, da ordem fixa, da verdade última, da origem absoluta, que são valores associados ao sagrado e ao mito na obra octaviana. A imobilidade do sagrado e do *mito como dimensão* – "imobilidade fundadora", na expressão de Derrida – incompatibiliza-se com a imagem "sem erro, sem verdade, sem origem" do vitalismo nietzschiano, tal como descrito por Derrida. Na perspectiva deste, o binário sagrado (centro fixo) *vs.* profano (fragmentação do centro) pode ser superado pela afirmação nietzschiana, que *determina o não centro*. Mas Paz e o Surrealismo pretendem não a superação, e sim a fusão harmoniosa, o "pacto dos gêmeos inimigos", entre o sagrado e o profano. Enfim, por esses argumentos, pode-se concluir que a filosofia de Derrida, ao postular o não centro, move-se na direção da suplantação dos binários, enquanto a poética de Paz, mais tradicional, ocupa-se da (re)conciliação dos opostos, pela

---

31. Jacques Derrida, "La Structure, le Signe et le Jeu dans le Discours des Sciences Humaines", *op. cit.*, p. 427.
32. Octavio Paz, *Obras Completas*, vol. I, *op. cit.*, p. 151.

A PEDRA LOGOCÊNTRICA DE PAZ 259

qual *logos* se manifestaria. No entanto, apesar da distância entre Paz e Derrida, distância, aliás, afirmada pelo poeta em algumas de suas entrevistas, é possível fazer uma leitura derridiana, embora parcial, da maneira como Paz se posicionou diante do quadro extremamente polarizado da política de seu tempo.

Há duas maneiras básicas de encarar o não centro derridiano: a primeira o vê como a postulação do caos, do ceticismo radical, do mundo sem ponto de referência estável que lhe seja ordenador, que lhe estabeleça limites e valores. Sem *logos*, o mundo se apresenta, enfim, em estado de aporia, no qual um impasse produz sempre um novo impasse, e assim indefinidamente. A segunda o enquadra na moldura da afirmação nietzschiana, em que o não centro coincide com a ideia de liberdade plena, promessa de aventura do imponderável. Essa liberdade desobriga a consciência de vínculos com qualquer verdade ou origem fixas, e com isso, como propõe Sartre, aumenta-se exponencialmente a responsabilidade de nossas escolhas. É essa liberdade, enfim, que pretende superar os binários da metafísica ocidental, não pela via da conciliação, porque esta, como na dialética hegeliana, pressupõe uma teleologia, e sim pela via da descentralização, na qual os signos se fazem e refazem constantemente em rotação, sem nunca se fixarem.

Essa segunda interpretação poderia ser aplicada ao modo como Paz reage às questões políticas de seu tempo. Como se sabe, com o fim da Segunda Guerra, o mundo se divide em dois blocos antagonistas: o comunismo soviético e o capitalismo anglo-americano. Essa divisão poderia ser chamada de *binário histórico*, no qual o comunismo, com sua proposta comunitário--proletária, estaria mais próximo de *logos*. Esse, digamos, *logos* comunista, ou *logos* marxista, recebeu a adesão da maioria dos intelectuais e artistas. Num primeiro momento, com a ascensão de Hitler ao poder na década de 1930, essa adesão representava um ato de negação ao nazifascismo. Posteriormente, com a queda da Alemanha nazista, os comunistas voltaram sua artilharia ideológica contra a expropriação capitalista e colonialista do Ocidente, ao mesmo tempo em que intensificaram seu

260 MATÉRIA LÍTICA

antigo projeto de internacionalização do comunismo. Paz, a princípio, alinhou-se com os comunistas para combater o nazifascismo, mas logo desencantou-se com as práticas do partido e dele se afastou, embora mantendo-se ainda afinado com o pensamento da esquerda não stalinista. Parte, enfim, dessa trajetória pessoal está narrada no relato autobiográfico "Itinerario", já citado aqui.

Além do caráter humanitário da luta contra o nazifascismo, e depois contra o imperialismo do capital e o colonialismo na África e na Ásia, o que parece atrair Paz no movimento comunista é sua proposta de unidade, centro, identidade coletiva, em torno da qual a sociedade coesa, em conjunto, poderia trabalhar em prol do bem comum. Isso corresponderia, em suma, à presença de um pensamento partilhado que permearia todos os setores da sociedade, e por ele se reconciliariam *ideias* e *costumes*, como no passado pré-moderno. Quando Paz faz críticas à democracia, aventa a hipótese de que a degradação das sociedades democráticas se deve "à transição do antigo sistema de valores fundados num absoluto [...] ao relativismo contemporâneo". A natureza da democracia pressupõe tolerância e aceitação da pluralidade de valores. Assim sendo, "nem o Estado nem a sociedade em seu conjunto podem identificar-se com essa ou aquela crença; todas elas pertencem ao domínio da consciência pessoal", diz Paz. O resultado é a formação de absolutos individuais, privados, segmentados, que não encontram ressonância ou ramificação fora de si e, por isso, encerram-se em si mesmos. Ou, nas palavras mais diretas de Paz: "O resultado tem sido o vazio, uma ausência de centro e de direção"[33].

Do outro lado, a estrutura do sistema comunista é centralizada, organizada, disciplinada, e seu programa político-ideológico possui uma direção definida. Pode-se dizer que, além de centralizado, o sistema comunista é também *logocêntrico*, pois de seu centro emanam verdades e valores inabaláveis, funda-

33. *Idem*, vol. VI, *op. cit.*, p. 58.

A PEDRA LOGOCÊNTRICA DE PAZ

dos em princípios absolutos. Não é difícil, portanto, concluir por que esse modelo seduziu Paz num determinado momento. Ocorre, porém, que o poeta logo percebeu que essa unidade centralizadora era falsa, pois sob o regime leninista, e depois stalinista, suas *ideias* (filosofia, plataforma) e *costumes* (práticas) mostravam-se em desacordo. Ou melhor, segundo a ótica octaviana, mostravam-se *em acordo com a modernidade*. Isso, no entanto, não afasta Paz do pensamento logocêntrico. Afinal, Paz *é* um poeta e um pensador logocêntricos, isto é, um escritor que busca fundar e fundear sua obra sobre princípios universais, ao qual toda a humanidade, em sua origem, estivesse associada: o mito, o sagrado, a poesia, o amor. Um desses princípios poderia ter sido – como foi para Neruda – o marxismo, ou o *telos* marxista, a sociedade revolucionada livre, em conformidade consigo mesma. Mas a história mostrou que tanto Marx – ou alguns pontos de sua filosofia, como o superdimensionamento do papel da economia na sociedade – quanto a prática de suas ideias por mãos bolcheviques foram equivocados. E diante do "binário histórico" comunismo soviético *vs.* capitalismo liberal, Paz adota uma postura independente, pela qual rejeita alinhar-se com qualquer dos extremos dessa polarização. Mas essa atitude corajosa e conscientemente demissionária não se encerra em si. Ao contrário, a partir dela, e pelo pensamento sistemático, o mesmo, aliás, que as rejeitou, Paz busca suplantar essas balizas político--sociais e encontrar uma terceira via que não seja exatamente uma síntese das duas anteriores, mas, sim, uma espécie de síntese total e trans-histórica. E é esse ato de ruptura do binário, e a tentativa de superá-lo por meio de uma "interpretação ativa" – no sentido derridiano da expressão, isto é, interpretação como gesto de liberdade responsável – que aproximam Paz e Derrida. No entanto, a partir desse ponto, ambos tomam caminhos distintos. No jogo derridiano, os signos remetem a outros signos num processo contínuo e ilimitado; no caso de Paz, os signos apontam – ou devem apontar – na direção de *logos*, a síntese abarcadora da história, sua origem e seu fim.

ORIGEM E SURREALISMO

Como vimos, a temática da origem, presente em [Como las Piedras del Principio], dialoga com estudos antropológico-mítico-primitivistas da primeira metade do século xx, como os de Lévy-Bruhl, de Frazer e de Boas. Para um melhor entendimento dessa questão, no entanto, deve-se incluir outro participante nesse diálogo: o Surrealismo. A relação de Paz com o programa surrealista foi duradoura, intensa e ambígua[34] e, apesar de encontros e desencontros, não se pode compreender extensivamente a obra octaviana sem nela considerar a presença do Surrealismo. Para nossos fins, examinemos essa presença na década de 1950, período em que foi composto [Como las Piedras del Principio].

O Surrealismo chega ao México pelas mãos de um grupo de poetas que inclui Carlos Pellicer, José Gorostiza, Xavier Villaurrutia e Jorge Cuesta, que formam a geração anterior à de Paz. Entre 1928 e 1931, esse grupo se reuniu em torno da revista *Contemporáneos* e nela divulgou ideias e poemas surrealistas. Apesar disso e de todo o esforço de conectar o México com o que se produzia em termos de arte nos grandes centros europeus, também foi ambígua a relação desses poetas com o Surrealismo. Este, de fato, nunca fincou raízes, não ao menos profundas, no México. E em 1954, quando Paz retorna a seu país de origem depois de quase dez anos de serviço diplomático entre Estados Unidos, Europa e Ásia, com seu prestígio crescente como poeta e intelectual, torna-se alvo de ferrenhas críticas de seus conterrâneos, que o atacam por dois flancos: o primeiro, seu posicionamento político antissovitético, ou antistalinista; o segundo, seu envolvimento com a vanguarda surrealista, que então completava três décadas de existência.

Nesse ano de 1954, Paz participa de um ciclo de conferências organizado pela Universidad Nacional Autónoma de México (UNAM), no qual apresenta uma comunicação intitulada "Es-

---

34. Jason Wilson, *Octavio Paz: A Study of his Poetics,* Cambridge, Cambridge University Press, 1979, pp. 10-27.

A PEDRA LOGOCÊNTRICA DE PAZ   263

trella de Tres Puntas: el Surrealismo". Nessa apresentação, faz
uma defesa da vanguarda, cuja morte alguns críticos no Méxi-
co haviam anunciado há alguns anos. Para Paz, no entanto, o
Surrealismo permanece porque não é uma escola, ou uma poé-
tica, ou uma religião, ou um partido político: "O Surrealismo
é uma atitude do espírito humano", que se projeta para fora de
si, ou transcende, pela imaginação e pelo desejo[35]. Essa e outras
postulações feitas na ocasião foram, então, objeto de ásperos
comentários públicos: na percepção dominante da audiência,
o Surrealismo "não estava apenas morto e ultrapassado, como
também era totalmente estranho à índole 'mexicana' "[36].

Reação semelhante ocorre, nesse mesmo ano, quando Paz
publica *Semillas para un Himno*. Trata-se de sua primeira cole-
tânea de poemas depois de *¿Águila o Sol?*, de 1951, considerado
o primeiro livro surrealista publicado no México. Pela maneira
marcadamente pessoal com que Paz assimila e reelabora postu-
lados dessa vanguarda, tal Surrealismo é, no entanto, mais *lato*
que *stricto sensu*. Aliado a isso, os poemas em prosa desse livro
refletem aspectos da vida de Paz, sobretudo os de vivência in-
terior, associados ao período em que os poemas foram escritos,
1949-1950. O próprio Paz reconhece isso numa conhecida pas-
sagem de "Itinerario": "Em breves textos em prosa – poemas ou
explosões? – tentei penetrar em mi mesmo. Embarcava-me em
cada palavra como numa casca de noz"[37].

Sendo-lhe imediatamente posterior, *Semillas para un Himno*
é uma obra que estabelece um diálogo produtivo, embora nem
sempre pacífico, com *¿Águila o Sol?* O fio que os liga, fio tênue
mas firme, é o Surrealismo; nos dois casos, um Surrealismo for-
temente personalizado. Por outro lado, o fio condutor das nar-
rativas (no sentido da articulação dos grandes temas) difere de
modo significativo em cada uma dessas obras. E essa distinção é

35. Octavio Paz, *Obras Completas*, vol. II, 2. ed., México D. F., Fondo de Cultura
Económica, 2014, p. 136.
36. José Quiroga, *Understanding Octavio Paz*, Columbia, University of South Caro-
lina Press, 1999, p. 36.
37. Octavio Paz, *Obras Completas*, vol. VI, *op. cit.*, p. 43.

264 MATÉRIA LÍTICA

importante para definir o contexto no qual se insere [Como las Piedras del Principio].

Em ¿Águila o Sol?, uma imagem recorrente é a geográfico-
-espacial do *centro*, que na poesia octaviana possui ressonâncias logocêntricas, isto é, centro como fonte ou origem pura do sentido: "mas nunca cheguei ao *centro* de seu ser"; "porém avanço e me coloco no *centro* de minha memória"; "noite, folha imensa e reluzente, desprendida da árvore invisível que cresce no *centro* do mundo"; "*palavras, frases, sílabas, astros que giram ao redor de um* centro *fixo*", só para ficar em alguns exemplos[38]. No entanto, o motivo do centro, que pressupõe e implica estabilidade, imutabilidade, pureza, conjuga-se nos poemas com um tom dominado pela angústia, pelo desespero, pelo temor da solidão, por uma sensação de asfixia que remete à atmosfera rarefeita dos pesadelos, por um abatimento criador de imagens fantasmagóricas. Dessa forma, a imagem do centro, por assim dizer, *descentra-se* na oscilação entre autoafirmação e sua negação, ou na inconstância entre afirmação do sentido e sua problematização.

Os poemas de *Semillas para un Himno* caminham noutra direção. Em parte, porque dispensam qualquer remissão a uma possível dimensão autobiográfica, como fazem vários textos de *¿Águila o Sol?* Os poemas de *Semillas para un Himno* tendem à impessoalidade, ao retrato objetivo de uma metáfora, à sensibilidade que se entremeia na matéria da natureza, mas que não padece nem se alegra, apenas contempla e descobre o contemplado, no ato de sua recriação. São poemas de perfil quase clássico, não fosse a excessividade das imagens – não no sentido de *imagens em excesso*, e, sim, no de *imagens excessivas* – e o circuito analógico que elas percorrem. Isso talvez explique o fato de alguns poemas escritos no mesmo período, 1950-1954, terem sido preservados e incluídos posteriormente em *La Estación Violenta*, de 1958. Esses poemas, digamos, expurgados de *Semillas para un Himno* – "Repaso Nocturno", "Mutra", "¿No Hay Salida?", "El Rio" – possuem em comum o impulso à inte-

38. *Idem*, vol. VII, *op. cit.*, pp. 190, 213, 234 (grifo nosso).

A PEDRA LOGOCÊNTRICA DE PAZ 265

rioridade do sujeito lírico, e o tom que oscila entre desencanto e angústia, expressos numa sintaxe distendida, de versos longos, perspectiva que não se coaduna com os poemas de *Semillas*. Estes possuem, no todo, o recorte preciso, a dicção contida, o ritmo marcado, o olhar sereno e perscrutador, que expõem um eu em busca da transcendência, isto é, da ida além de si mesmo, além do contingente, através da reinvenção do universo: o poeta como uma espécie de demiurgo. Nesse contexto, o mito, sua linguagem, seu tempo, sua lógica desempenham papel crucial. *Semillas para un Himno* é o lugar em que Paz define poeticamente sua noção de mito, que vinha sendo esboçada na sua produção anterior, e que atravessa toda a obra do poeta. Por esse argumento, ou considerando sua validade, *Semillas* é um livro central para entender em amplitude a trajetória da poesia octaviana. A crítica, no entanto, tem tratado o volume como secundário. Uma exceção, a única até onde pude averiguar, é a do crítico Guillermo Sucre, que o vê como um "centro de irradiação" na obra de Paz por sua "intuição de um tempo original", o tempo imemorial do mito:

> Segundo o movimento que ela adota, poder-se-ia dizer que a obra poética de Paz tem seu centro de irradiação no livro *Semillas para un Himno* (1954). A perspectiva dominante nesse livro é, no essencial, utópica: a intuição de um tempo original – um tempo sem tempo, o que é todo o tempo – em que o homem vivia em total harmonia com os outros homens e com o universo[39].

Uma passagem de *¿Águila o Sol?* vista em perspectiva desde a proposição de Sucre pode ser esclarecedora do ponto de vista aqui exposto. Em "Himno Futuro", poema em que o tempo se materializa e atua como mudo interlocutor do sujeito lírico, o último parágrafo assim se abre: "Não é tempo. Não chegou o Tempo"[40]. A leitura de *Semillas para un Himno* sugere que esse

39. Guillermo Sucre, "Paz: La Vivacidad, la Transparencia", em *La Máscara, la Transparencia*, México D.F., Fondo de Cultura Económica, 1985, p. 186.
40. Octavio Paz, *Obras Completas*, vol. VII, *op. cit.*, p. 233.

Tempo que não havia chegado em ¿*Águila o Sol*?, o "tempo original" a que alude Sucre, emerge, enfim, como temporalidade dominante nos poemas daquela coletânea.

Ao leitor da obra octaviana, esse tempo, ou "Tempo", que é "todo o tempo", já se faz sugerir desde o título *Semillas para un Himno*. Isso porque, para Paz, "todos os tempos vivem na semente". No ensaio de onde se extraiu tal afirmação, Paz reflete sobre a arte primitiva e o tempo a que ela remete, "um tempo anterior à cronologia", isto é, um tempo anterior à nossa noção de tempo[41]. Em outro ensaio, Paz associa esse tempo ao Surrealismo, em cuja base há elementos da arte primitiva: "O Surrealismo é revolucionário porque é um retorno ao princípio do princípio". E é, entre outros, nesse ponto, que se cruzam Surrealismo e *Semillas para un Himno*, ou, mais especificamente, [Como las Piedras del Principio]. Tanto a vanguarda surrealista quanto o livro de Paz buscam "a reconquista de um reino perdido: a palavra do princípio, o homem anterior aos homens e às civilizações", buscam, enfim, "regressar à origem da palavra, ao momento em que falar é sinônimo de criar"[42].

Tal reconquista e regresso implicam uma poética que, nos limites da palavra, capte e mimetize a "intuição de um tempo original". E aqui entram estratégias do Surrealismo, com sua proposta de problematização da lógica racionalista, no encalço da psicanálise de Freud. Daí o estilo hermético e a temática universalista de *Semillas para un Himno*. Foi, enfim, por esses dois ângulos, associando-os ao Surrealismo, que a crítica atacou o livro na época de sua publicação no México. De um lado, o hermetismo dos poemas, condenável por si, possuía o agravante de a poesia anterior de Paz ser mais transparente e dotada de consciência social. De outro, o modo surrealista dos poemas, como já referido, era visto como estrangeirado, e portanto "alheio à índole mexicana". Em 1954, a questão da identidade nacional dominava o debate cultural no país. Daí, na avaliação da crítica,

---

41. *Idem*, vol. IV, *op. cit.*, pp. 318, 317.
42. *Idem*, vol. II, *op. cit.*, pp. 150, 147, 153.

sobrar aos poemas de *Semillas para un Himno* o que lhes deveria faltar, o estilo obscuro; e, ao mesmo tempo, faltar o que lhes deveria sobrar, o México e a noção de "mexicanidade"[43].

SURREALISMO E A TEMÁTICA DO DUPLO:
A "OTRA ORILLA" E O "SALTO MORTAL"

A temática do duplo, presente em [Como las Piedras del Principio], também chega à poesia octaviana por via do Surrealismo. O tema, no entanto, provém de raízes folclóricas milenares, com significativa difusão na literatura do século XIX: "Das Sandmann", de E. T. A. Hoffman; "William Wilson", de Edgar Allan Poe; *O Duplo*, de Fiódor Dostoiévski; *Strange Case of Dr. Jekyll and Mr. Hyde*, de Robert Louis Stevenson; e *The Picture of Dorian Gray*, de Oscar Wilde, são apenas alguns exemplos marcantes desse período. No início do século XX, quase contemporânea do movimento surrealista, a problemática do duplo encontra em Franz Kafka um de seus maiores cultores. E é de linhagem sobretudo kafkiana, mas também surrealista, o motivo do duplo na obra de dois autores latino-americanos contemporâneos de Paz: Jorge Luis Borges e Julio Cortázar. No âmbito do Surrealismo, e mais especificamente no da pintura de Salvador Dalí, o duplo deriva da intervenção "crítico-paranoica" da subjetividade, que opera um desdobramento numa dada imagem, dela extraindo uma correspondência insólita. Trata-se, em suma, de um ato voluntário e consciente do pensamento (crítico) que visa à desautomatização da percepção lógica do real (paranoia).

Talvez não seja demasiado supor que a temática do duplo na literatura derive indiretamente dos binários da metafísica ocidental, que o discurso literário assimila e reelabora. Na metafísica, como já referido, tais binários opõem *logos* e seu duplo "degradado" – forma *vs.* imitação, em Platão, ou alma *vs.* corpo, no Cristianismo – para privilegiar o elemento que representa

---

43. Jason Wilson, *Octavio Paz: A Study of his Poetics, op. cit.*, pp. 19-20.

logos, ou dele se mostra mais próximo (forma, alma). No modo literário, o tratamento dado ao duplo tende a não se inclinar a nenhum dos extremos. A literatura moderna, poder-se-ia dizer com Nietzsche e Derrida, *joga* com essa dicotomia, explora seus efeitos, mas deixa nas mãos de cada leitor a *resolução moral* do antagonismo exposto. No caso da poesia de Paz, no entanto, essa tendência à neutralidade não se cumpre. A problemática octaviana do duplo, da alteridade, do Outro, ou da outridade, que cruza a obra do poeta desde seus primeiros livros, nega o distanciamento literário, e propõe, como resposta moral a esse impasse, a conciliação dos opostos. Para uma compreensão mais ampla dessa proposição, examinemos dois conceitos-chave da poética octaviana: a "otra orilla" [*outra margem*] e o "salto mortal".

O duplo na poesia octaviana apresenta-se como tema cujo substrato é, por assim dizer, dimensional, ou seja, ainda que elementos que o representem variem, o duplo em geral opõe duas dimensões: *essa* e *outra margem*. Paz foi buscar na filosofia budista o conceito de *outra margem*. Em *El Arco y la Lira*, para explicá-lo, o ensaísta cita um trecho extraído do *Manual do Zen Budismo*, de D. T. Suzuki, que diz: "Apegar-se ao mundo objetivo é apegar-se ao ciclo do viver e morrer, que é como as ondas se levantam no mar; a isso se chama: esta margem [...]. Ao nos desprendermos do mundo objetivo, não há nem morte nem vida, e é como a água correndo incessante; a isso se chama: a outra margem"[44]. A "outra margem", pois, é o espaço onde o sagrado neutraliza os opostos, fundindo-os numa unidade perfeita, isto é, eterna e imutável. Mas como chegar à "outra margem"? Por meio do "salto mortal", expressão em que morte equivale não à ausência de vida, e, sim, à vida plena. Aqui, Paz recorre a Soren Kierkegaard, para referir-se ao conceito: "Se o sagrado é um mundo à parte, como podemos penetrá-lo? Por meio do que Kierkegaard chama o 'salto' e nós, à moda espanhola, 'o salto mortal' "[45].

44. Octavio Paz, *Obras Completas*, vol. I, *op. cit.*, p. 122.
45. *Idem, ibidem.*

No pensamento octaviano, "salto mortal" (meio) implica a noção de sagrado (fim), assim como poesia implica a noção de "outra margem". Há, portanto, nesse argumento, uma equivalência entre "salto mortal" e poesia, sagrado e "outra margem". Tais equivalências emergem em diversos momentos da obra octaviana. Ao refletir, por exemplo, sobre sua experiência na revista literária *Taller* (1938-1941), em torno da qual se reuniram outros jovens poetas da sua geração, Paz escreve: "Concebíamos a poesia como um 'salto mortal', experiência capaz de abalar os cimentos do ser e levá-lo à 'outra margem', ali onde compactuam os contrários de que somos feitos"[46]. De modo mais específico, esse trecho se mostra relevante pois dele se depreendem dois aspectos determinantes dos conceitos abordados. O primeiro é que a *outra margem* não constitui uma dimensão autônoma e externa ao sujeito, pois, estando nele oculta, *é o próprio sujeito*: "Mas a 'outra margem' está em nós mesmos", diz Paz numa passagem de *El Arco y la Lira*[47]. O segundo ponto, derivado do primeiro, é a ideia de que o "salto mortal" nada mais é que o salto que um dá para dentro de si mesmo – como faz, aliás, o narrador do conto "O Espelho", de Guimarães Rosa, que define o clímax de sua experiência metafísica de autocontemplação e autoconhecimento como um "salto mortale"[48]. Por esse prisma, a *outra margem* é outra que é a mesma, é alteridade que é simultaneamente identidade, é *coincidentia oppositorum*, na expressão cara a Mircea Eliade, que a utilizou para, entre outros sentidos correlacionados, designar um "padrão mítico" presente em quase todas as religiões, por meio do qual o paradoxo do divino transcendente se expressa[49].

46. *Idem*, vol. III, *op. cit.*, p. 60.
47. *Idem*, vol. I, *op. cit.*, p. 123.
48. Guimarães Rosa, *Primeiras Estórias*, 14. ed., Rio de Janeiro, Nova Fronteira, 1985, p. 72.
49. Bryan Rennie, *Reconstructing Eliade*, Albany, State University of New York Press, 1996, pp. 33-40.

[COMO LAS PIEDRAS DEL PRINCIPIO], PRIMEIRA PARTE, VERSO 4

[Como las Piedras del Principio] se divide em duas estrofes que compõem dois momentos narrativos distintos. O primeiro, como já citado, encena o mito, o tempo da palavra antes de seu nascimento e queda. O segundo encena a história, quando a palavra nasce e cai. Mito e história formam no poema um duplo, ou binário, com o primeiro termo atuando como *logos* e o segundo como seu duplo *degradado*, ou *decadente*, figurando sobretudo a imagem da queda, que domina a segunda parte. Além da divisão visual em duas estrofes, a primeira parte, e primeira estrofe, possui ainda uma divisão interna. Composta por sete versos, o de número quatro – "Los fastos de la noche" – constitui o ponto de equilíbrio entre os três primeiros e os três últimos.

No plano sonoro, o princípio organizador dessa primeira parte é o ritmo marcado pela repetição: lexical, ou vocabular, nos versos 1 a 3; e sintática, ou paralelístico-sintática, nos versos 5 a 7. A segmentação da primeira parte em 3-1-3 impõe um padrão rítmico predominantemente ternário, que culmina com a segunda parte, e a segunda estrofe, formada de três versos. Isso, a princípio, isola o verso 4, que assim, isto é, por sua singular posição estrutural, se destaca dos demais.

Também do ponto de vista da escansão, o verso 4 se destaca. Os versos da primeira parte são mais curtos do que os da segunda. No sistema de versificação do português, os versos da primeira parte possuem, respectivamente, 8-8-10-6-9-9-9 sílabas poéticas, contra 14-12-12 da segunda. Isso faz com que o verso 4 seja o mais curto do poema, contra o verso 8, o mais longo. E é curioso que esse contraste de extensão rítmica coincida com outro no plano do conteúdo: o da imagem da *noite* fasta e imóvel no verso 4 *vs.* o da irrupção da *luz* movente – "con pasos de leopardo" – no verso 8. Os traços imobilidade (da noite) *vs.* mobilidade (da luz) constroem outra distinção: a do caráter descritivo da primeira parte *vs.* a do narrativo da segunda. A imobi-

A PEDRA LOGOCÊNTRICA DE PAZ 271

lidade da noite pré-genesíaca, nesse sentido, é determinada pela ausência de verbos, ou seja, todos os versos da primeira parte são nominais. Com isso, cria-se outro contraste entre as partes, associado à descrição *vs.* narração: verso nominal *vs.* verso verbal. A segunda parte conta com cinco verbos – "irrumpe", "se levanta", "ondula", "cae", "es" – dos quais três se concentram no verso 9. Este, pois, reforça o padrão ternário do poema.

A pontuação também põe o verso 4 em relevo. Os poemas de *Semillas para un Himno*, com exceção de dois: "Hermosura que Vuelve" e "Elogio", são desprovidos de pontuação. Esse fator, que a crítica associou ao experimentalismo de efeito hermético surrealista, foi alvo de censura quando da publicação do livro em 1954. De fato, a ausência de pontuação, ainda que parcialmente compensada pelo corte do verso e pela disposição sintática da frase, tende a pôr em risco a organização lógica do texto e a criar múltiplas direções de leitura, que, sem sinalização diretiva, abeira-se do descontrole. Este, no entanto, deve ser refreado pelo leitor, cuja participação se torna assim mais ativa, mas também mais temerária. Em termos práticos, o leitor deve inserir mentalmente a pontuação no texto durante o ato de leitura, correndo todos os riscos que essa interferência implica. A sugestão de suprimir a pontuação no poema vem, decerto, de franceses pré e surrealistas que Paz leu e traduziu, como Guillaume Apollinaire, Pierre Reverdy, Paul Eluard, André Breton. Seguindo modelo praticado por esses poetas, [Como las Piedras del Principio] abole a pontuação, exceto no verso 4, que assim, outra vez, se diferencia dos demais. O verso 4 se fecha com um sinal de dois-pontos, cuja presença prenuncia um enunciado. Ou seja, pela pontuação, o verso 4 é a prenunciação, ou o enunciado prenunciador, de um enunciado. Tal prenunciação provoca uma breve pausa e um suspense. Há, aliás, duas pausas marcadas no poema: uma provocada pela pontuação no verso 4 e outra, pelo espaço que separa as duas estrofes. A segunda, em princípio, indica uma mudança; e a primeira, como referido, prenuncia um enunciado, cujo conteúdo se relaciona com a prenunciação. Assim, o sinal de dois-pontos demanda que o leitor reflita sobre a relação semântica existente entre o verso 4 (prenunciador) e os versos 5 a 7 (enunciado da prenunciação).

Além da pontuação, o verso 4 é composto de dois substantivos – "fastos", "noche" – e três partículas gramaticais – "los", "de", "la" – que apoiam os substantivos. Entre estes, "noche" é o lexema determinado e "fastos", o determinante. Ou seja, por esse raciocínio, "fastos" constitui o centro em torno do qual o verso se organiza semanticamente. Em outras palavras, não é a imagem da noite fasta (magnânima, venturosa, oposta à noite *nefasta*) que domina o verso, e, sim, a imagem dos *fastos da noite*. Nesse sentido, o que enunciam os versos 5 a 7 são precisamente isso: os elementos que fazem da noite um ser ou uma dimensão grandiosa, magnânima, venturosa. Mas, antes de abordar essa questão, há um último componente que singulariza o verso 4: a sonoridade.

Do ponto de vista morfológico, todos os versos da primeira estrofe possuem dois substantivos – no verso 3, o lexema "piedra" se repete duas vezes; por isso, conto-o como um – e partículas agregadas: artigo, preposição, conjunção, advérbio. As sílabas fortes dos versos recaem sobre substantivos, exceção feita aos versos 5 a 7, em que o advérbio "todavía" participa com a sílaba *ví* da contagem das sílabas fortes. Nos versos 1 a 3 alternam-se os substantivos "principio" e "piedra", que estabelecem um padrão vocálico predominantemente centrado na vogal *i*: "pr*i*nc*i*p*i*o", "p*i*edra". Quanto às sílabas fortes, oscilam *i*, de "princ*i*pio", e o ditongo crescente *ie*, de "p*ie*dra". Embora o *i*, no segundo caso, seja uma vogal de apoio, ou semivogal, esta em alguma medida reforça o *i* de "princ*i*pio", fazendo com que a sonoridade vocálica em *i* seja dominante nos três primeiros versos do poema. Por sua vez, o verso 4 altera esse padrão sonoro-vocálico. Ali, as vogais fortes são *a*, de "f*a*stos", e *o*, de "n*o*che". Essa alteração sonora, que rompe com o padrão estabelecido anteriormente, será retomada e reelaborada nos versos 5 a 7, em cujo espectro vocálico das sílabas fortes *a* e *o* ladeiam *i* – exceção feita à primeira vogal forte do verso 5.

El poema todavía sin rostro .... (/e/ – /i/ – /o/)
El bosque todavía sin árboles .... (/o/ – /i/ – /a/)
Los cantos todavía sin nombre .... (/ã/ – /i/ – /õ/)

Note-se que a vogal *i* estrutura-se como eixo sonoro dos versos e que, com exceção do verso 5, todas as outras que ladeiam *i* recuperam do verso 4 as vogais fortes *a*, de "fastos", e *o*, de "noche", nasalizadas no caso do verso 7. Em suma, do ponto de vista sonoro, ou, mais precisamente, vocálico, e considerando as vogais das sílabas fortes, o verso 4 constitui o único lugar da primeira parte do poema em que a vogal *i*, que imanta os três primeiros versos e funciona como elemento axial nos três últimos, não se manifesta.

[COMO LAS PIEDRAS DEL PRINCIPIO], PRIMEIRA PARTE, VERSOS 1 A 3

Como já referido, a primeira parte de [Como las Piedras del Principio] se divide em três segmentos, sendo o verso 4, isoladamente, o segundo. Sua centralidade fez com que a análise textual, aqui desenvolvida, se iniciasse por ele. Voltemos agora ao primeiro segmento, composto pelos versos 1 a 3. O verso 4 nos dá um sentido de circunstância temporal que podemos, retroativamente, aplicar aos três primeiros versos. Refiro-me à ideia de que o princípio, como origem da origem, é uma noite, a noite pré-genesíaca, que gesta a linguagem prestes a nascer. A partir do verso 4, a imagem da noite pré-genesíaca domina a estrofe. Nos versos 1 a 3, porém, a imagem dominante é a da pedra, com suas variantes: "piedras", "Piedra" e "piedra". *Noite pétrea e original*, portanto, poderia ser uma expressão utilizada para condensar o sentido fundamental da primeira parte do poema.

Entre as várias camadas metafóricas que a tradição atribui à imagem da pedra, uma delas é a da materialização ou memória do tempo. Tal associação deriva da resistência física da pedra, cuja existência é tão longa quanto a nossa é tão breve, ou tão longa que faz com que a percepção da nossa seja tão breve. E a metáfora do tempo parece nascer desse contraste. Por esse ângulo, o paralelo da pedra e da noite de origem, ou a ideia de uma longa noite pétrea, que gesta em si a linguagem, pode ser visto, no poema, como uma associação coerente. Por outro lado, a presença da pedra no início do texto pode também ser vista como fator de ruptura quanto ao aspecto paródico do texto. Narrativamente, como já mencionado, essa ruptura ocorre no verso 9, quando o nascimento da palavra produz em ato contínuo sua queda. No entanto, do ponto de vista dos elementos constituintes da narrativa, a pedra como imagem dominante associada à noite cosmogônica também rompe com a convenção mítica segundo a qual o caos primordial é composto de ausência de matéria ("kháos", em grego, significa *vazio, vácuo, abismo*), como, aliás, descrito no *Gênesis* (1:2). A descrição bíblica combina, curiosamente, quatro dos cinco elementos que representam clichês de cosmogonias do Ocidente e do Oriente para referir-se ao caos: vazio, abismo, escuridão e água – o quinto elemento é o ovo –: "E a terra estava vasta e vazia, e havia trevas sobre a face do abismo; e o Espírito de Deus se movia sobre a face das águas" (trad. João Ferreira de Almeida, 1819)[50]. Desses elementos, apenas a noite comparece no poema de Paz. A noite e o sentido de imobilidade, também comum em cosmogonias antigas, e expresso em [Como las Piedras del Principio] por meio dos versos nominais, que ocupam a primeira parte do poema. A pedra, por esse prisma, figurativiza a noção de imobilidade. Contudo, outro sentido que a cultura atribui à matéria mineral é o da esterilidade, que nesse caso conflita diretamente com a ideia de tempo feraz anterior à criação. Como, então, por esse argumento, justificar a ostensiva presença da pedra na noite pré-genesíaca?

50. James Dauphiné, "Mitos Cosmogônicos", em Pierre Brunel (org.), *Dicionário de Mitos Literários*, trad. Carlos Sussekind *et al.*, 2. ed., Brasília/Rio de Janeiro, UnB/José Olympio, 1998, pp. 696-701.

A metáfora do tempo, ou da perenidade no tempo, pode ser um modo de justificar essa presença. O sentido de imobilidade, outro. Outro, ainda, é entendê-la como um ato da imaginação que opera um desvio criativo na tradição, sem que esta seja negada. Ao refletir sobre a noção de desenvolvimento na poesia, Paz observa que a dinâmica desse conceito implica dialeticamente revolução e permanência: "O que chamamos desenvolvimento [em poesia] nada mais é que a aliança entre surpresa e recorrência, invenção e repetição, ruptura e continuidade"[51]. Por esse argumento, a pedra representa o elemento surpresa, o ponto de ruptura, o fator de espanto, que todo poema, em princípio, pressupõe, como um vetor que, disposto no presente da escritura, emerge e aponta para o futuro. No outro extremo, no extremo da tradição, da recorrência, da repetição, encontram-se o mito e a cosmogonia. A pedra cosmogônica de Paz assume, assim, a ambiguidade intrínseca do vocábulo *original*, ou seja, sua imagem aponta simultaneamente para os sentidos de *origem* e de *criatividade*.

Mas, além de metáfora do tempo, da ideia de imobilidade e de fator surpresa inserido na tradição, há ainda dois argumentos que podem justificar a presença da pedra no poema de Paz. O primeiro é também de caráter metafórico. Contígua à ideia de imobilidade, o silêncio, ou a imobilidade silenciosa, constitui outra propriedade metafórica atribuída pela cultura à pedra: "these children singing in stone / a silence of stone" ["essa crianças cantando em pedra / um silêncio de pedra"], dizem os versos de abertura de um poema de E. E. Cummings, que Paz verteu para o espanhol[52]. Ou: "Procura a ordem / desse silêncio / que imóvel fala", nos versos da "Pequena Ode Mineral", de João Cabral, já citados no capítulo 2 deste livro[53]. Ou ainda: "siga el silencio / sobre / vuestro / durísimo silencio" ["siga o silêncio / sobre / vosso / duríssimo silêncio"], nos versos do poema "Pie-

---

51. Octavio Paz, *Obras Completas*, vol. i, *op. cit.*, p. 574.
52. E. E. Cummings, *100 Selected Poems*, New York, Grove Press, 1959, p. 80.
53. João Cabral de Melo Neto, *Obra Completa*, Rio de Janeiro, Nova Aguilar, 1995, p. 84.

276 MATÉRIA LÍTICA

dras del Chile", de Pablo Neruda[54]. Em [Como las Piedras del Principio], o silêncio mineral da noite cosmogônica precede a eclosão da palavra na segunda parte do poema. Ou seja, o silêncio é um pressuposto da noite pré-linguística, que antecede o advento da palavra articulada, com sua materialidade feita de som. Por fim, e por esse argumento, a linguagem resgata sua origem, ou parte dela, ao se transfigurar, na última imagem do poema, num *silêncio sem mácula*.

A isomorfia entre imagem mineral e elocução poética é o último aspecto cuja análise pode nos auxiliar a compreender a figuração da pedra no centro da noite cosmogônica. O sistema de repetição lexical que organiza os três primeiros versos do poema de Paz baseia-se em permutações literais, presentes no recurso do quiasmo, e reiterações de versos anafóricos e palavras-rimas. Isso empresta à elocução lírica uma dicção dura, seca, árida, a mesma, aliás, identificada em "No Meio do Caminho", no capítulo 1. Nesse primeiro segmento do poema, a conjunção comparativa "como" abre os versos, repetindo-se três vezes; o lexema "principio" também se repete três vezes; e "piedra", quatro. A recorrência dos vocábulos "piedra" e "principio" constrói uma aliteração de alta frequência no fonema oclusivo /p/. Mas o efeito da sonoridade, por assim dizer, "empedrada" e algo rascante provém da reiteração dos encontros consonantais *dr* e *pr*.

O quiasmo ocorre no dístico de abertura do poema. Na figura, cruzam-se vocábulos cuja sonoridade é especular mas cuja grafia altera-se pelo uso de maiúsculas-minúsculas iniciais:

Como las *piedras* del *Principio*
Como el *principio* de la *Piedra*

Essa relação especular com traços de identidade e diferença expõe, no plano lexical, a problemática do duplo. No poema, o uso de maiúsculas iniciais provém da tradição clássica e, mais diretamente, da simbolista. Tal convenção atribui ao conceito

---

54. Pablo Neruda, *Obras Completas,* vol. II, Barcelona, Galaxia Gutenberg/Círculo de Lectores, 1999, p. 985.

expresso no lexema um valor prototípico e absoluto, que remete à ideia de *logos*, mito, ou forma platônica, isto é, à noção de uma realidade *mais real*, porque eterna e imutável, do que seu duplo disposto na natureza do mundo. Assim, ao "Principio" associa-se a ideia de mito e a seu duplo, "principio", a de natureza e história. O mesmo ocorre com "Piedra" e "piedras", e talvez de modo mais claro, pois a pluralização deste indica a fragmentação na natureza da unidade supranatural que aquele representa. Tal oposição complementar entre Todo *vs.* natureza fragmentada (*physis*) pode ser visualizada numa leitura vertical dos versos 2 e 3. A espacialidade da leitura na página terá enormes consequências na obra poética posterior de Paz. Em 1954, esse recurso pode ser considerado embrionário ou involuntário. Dessa forma, operando uma leitura *prospectiva* nos versos 2 e 3, pode-se visualizar a oposição transcendência *vs.* imanência, expressa na figura de uma triangulação, que reforça o ritmo ternário do poema.

Como el principio de la *Piedra*   (universal)

/   \

Como al Principio *piedra* contra *piedra*   (particular)

Como no poema XVII, de Neruda, analisado no capítulo 3, também [Como las Piedras del Principio] tensiona-se entre uma dualidade conceitual ou temática (que, no caso de Neruda, pode se transformar numa tríade) e uma estrutura rítmica predominantemente ternária. No poema de Paz, a dualidade conceitual opõe mito e história/natureza. Trata-se, no entanto, de uma dualidade não apenas opositiva mas também complementar. Daí a noção de duplo, no sentido de *outro como mesmo*, ou duplo como imagem especular. Assim, a alternância de iniciais maiúsculas e minúsculas nos versos de abertura do poema produz um efeito de intercomunicação conceitual em que as áreas do mito e da natureza se interseccionam, em consonância com a poética da conciliação octaviana. Os sintagmas "piedras del Principio", "principio de la Piedra" e "al Principio piedra contra piedra" criam um território de fronteira permeável em que a transitória precariedade da natureza ("piedras", "principio") se conjuga com a zona sagrada e perene do mito ("Piedra", "Principio"). Desse modo, o mito octaviano não exclui a presença da natureza, e sim a incorpora no ato ficcional de forjar um diálogo entre *Pedra* e *pedras*, *Princípio* e *princípio*. E, nesse diálogo, a natureza (produto, imitação) encarna a imagem de duplo do mito (protótipo, *logos*). Por essa perspectiva, o mito octaviano não constitui um *antes* de um *depois* dispostos em linha cronológica, e sim um *agora* ou *instante contínuo*, cuja fragmentação ocorre quando a natureza se desprende da unidade do mito ("imediatidade interrompida"), guardando-lhe a memória, como uma espécie de anamnese platônica, e ansiando regressar àquela unidade perdida ("nostalgia de origem").

Ainda desde a perspectiva do duplo, e sem considerar variantes de grafia, também entre "principio" e "piedra" há uma relação de identidade e diferença. No plano sonoro, ambos os vocábulos possuem em comum os fonemas /p/, /r/, /i/, sendo-lhes o primeiro o fonema inicial. Ambos expressam um encontro consonantal formado pelo mesmo segundo elemento: /r/. No plano semântico, essa identidade na diferença se manifesta no fato de que ambos os vocábulos apontam, um como conceito e outro como imagem, para a noção de *origem*: "As pedras estão aqui desde antes do aparecimento do primeiro homem", escreve Paz num ensaio sobre Roger Caillois[55]. Pode-se concluir, em suma, a partir dessas observações, que o recurso estilístico da repetição e o semântico-metafórico do duplo, manifesto na oscilação entre identidade e diferença, constituem os princípios organizadores do primeiro segmento do poema. O princípio estilístico da repetição não é um pressuposto necessário para o desenvolvimento da tópica do duplo, embora esta emerja do efeito de uma reduplicação. No poema de Paz, porém, a redundância reforça a natureza do duplo, emprestando-lhe um caráter de coesão e concentração.

55. Octavio Paz, *Obras Completas*, vol. II, *op. cit.*, p. 418.

[COMO LAS PIEDRAS DEL PRINCIPIO], PRIMEIRA PARTE, VERSOS 5 A 7

Os três primeiros versos de [Como las Piedras del Principio] se iniciam pela conjunção comparativa "como". Com isso, sintaticamente, eles assumem a função de termos comparantes (orações subordinadas) que completam o sentido de termos comparados (orações principais). Estes são enunciados nos versos 5 a 7. Para uma leitura horizontal dessa relação verticalizada no poema, os versos 1 a 3 estão dispostos abaixo ao lado dos 5 a 7:

Como las piedras del Principio *El poema todavía sin rostro*
Como el principio de la Piedra *El bosque todavía sin árboles*
Como al Principio piedra contra piedra *Los cantos todavía sin*
               [nombre

Essa relação comparante-comparado cria o efeito de construção de uma estrutura metafórica *in abstracto*. Afinal, a metáfora emerge de uma identidade que se estabelece entre um termo comparado e outro, comparante. Essa grande metáfora que a primeira estrofe desenha por suas relações estruturantes se associa internamente, no poema, de um lado com a dicotomia mito e natureza, em que o segundo elemento pode ser visto como uma metáfora do primeiro, e, de outro, com o tema da linguagem, que desponta na segunda parte, mas cujo prenúncio já se deixa entrever nos vocábulos "poema", "cantos" e "nombre", que ocorrem nesse terceiro segmento da primeira parte do poema. Na poética logocêntrica de Paz, a linguagem por si, em suas raízes originais, nasce e se mantém como metáfora de *logos*, ou da unidade mítica e pré-linguística da qual num dado momento se desprendeu e à qual, em última instância, remete, em seu anseio de reintegração.

A dicotomia mito e natureza, presente nos versos 1 a 3, é retomada nos versos 5 a 7, e também expressa por meio do recurso estilístico da repetição. Não se trata, no entanto, de reiteração lexical, e sim de paralelismo sintático com permuta de lexemas, em versos eneassílabos regulares. Com isso, o primeiro e o terceiro segmentos da primeira parte estabelecem, na camada formal, um vínculo de identidade (repetição) e diferença (plano lexical *vs.* plano métrico-sintático). O único momento, repita-se, da primeira parte em que não ocorre redundância de informação é no verso 4. Daí, uma vez mais, sua singularidade. No entanto, ainda que a regularidade métrico-sintática, isto é, regularidade estrutural, constitua o fator determinante da estilística da repetição nos versos 5 a 7, estes ainda incluem um sintagma reiterado: "todavía sin". Não por acaso, esse sintagma de conexão possui um papel semântico decisivo no segmento, pois por meio dele justificam-se os *fastos* que a noite mítica contém e expõe. Em outras palavras, a noite original é fasta (rica, preciosa, divina) porque nela a natureza ("poema", "bosque", "cantos") *ainda não* ganhou traços de individualidade ("rostro", "árboles", "nombre"). Ou seja, a natureza presente na dimensão do mito *ainda* é parte indissociável do Todo. E pelo advérbio *ainda* prenuncia-se um ponto no futuro quando o poema ganhará rosto; o bosque, árvores; e os cantos, nome. Então, a natureza perderá sua condição original e mítica e ingressará na dimensão da história.

Do ponto de vista narrativo, portanto, o terceiro segmento encaminha a descrição para o evento que ocorrerá na segunda parte. No primeiro segmento, *pedras* e *princípio* (natureza) e *Pedra* e *Princípio* (mito) ocupam o mesmo espaço no qual se comunicam como forças equivalentes: há *pedras do Princípio*, e há também o *princípio da Pedra*, ou seja, natureza e mito não se sobrepõem um ao outro. No terceiro segmento, porém, e a despeito da metrificação rigorosamente regular, como, aliás, em nenhum outro momento do texto, esse equilíbrio começa a perder estabilidade, e à natureza atribui-se uma condição *ainda* mítica, isto é, *ainda sem* uma identidade particularizadora, que o advérbio, como já referido, prenuncia. Por esse prenúncio, reitere-se, o poema *ainda sem* rosto ganhará fisionomia, o bosque *ainda sem* árvores arborizar-se-á, e os cantos *ainda sem* nome serão, por fim, nomeados. É nesse sentido que o terceiro segmento do poema, por meio do sintagma adverbial *ainda*

A PEDRA LOGOCÊNTRICA DE PAZ 281

sem, prenuncia a quebra da unidade mítica, narrada na segunda parte do poema.

Mas há outro fator que os versos 5 a 7 prenunciam. Os substantivos permutados na estrutura paralelística compõem três campos semânticos; outro aspecto, aliás, que reitera o ritmo ternário do texto: poesia ("poema", "cantos"), homem ("rostro", "nombre") e natureza ("bosque", "árboles"). Esses três campos estão divididos em dois eixos verticais: "poema", "bosque" e "cantos", de um lado, como o eixo da natureza inserida na dimensão do mito, e "rostro, "árboles" e "nombre", do outro, como elementos cuja ação particularizadora sobre aqueles lhes quebrará a unidade totalizadora e os deslocará para outra dimensão, a da história. Poesia e homem surgem associados nos versos 5 e 7 e, em ambos os versos, o homem é o fator de particularização da poesia. Esta, pois, parece preceder o homem, que ao cantá-la não a inventa, e sim a expressa, como seu porta-voz. Isso justifica o fato de a poesia ocupar o mesmo eixo que o bosque, isto é, ambos são descritos como criações espontâneas que não dependem do homem para existir, no mito, como realidade autônoma. Mas, no caso da poesia, esta depende do homem para florescer no mundo pós-mítico, quando o poema encarna na palavra vocalizada. E, ao dispor poesia e homem lado a lado na primeira parte, o poema de Paz parece sugerir que a palavra primordial nasce como poesia. Tal proposição, aliás, remete a teorias sobre a origem da linguagem, como as de Vico e de Rousseau, que propõem que o canto precede a fala, ou a poesia precede a prosa. A hipótese básica dessas teorias é a de que a linguagem surge, em suas primeiras manifestações, governada pelo ritmo, pela entonação e pela expressão emotiva, antes de se tornar um sistema de sons articulados com função referencial e utilitária. Para esses teóricos, em suma, a função estética da comunicação antecede a utilitária.

Além de prenunciar a quebra da unidade mítica, portanto, o terceiro segmento prenuncia o tema da linguagem, que reaparece centralizado na segunda parte através do evento da aparição e queda da palavra original, desgarrada do Todo, ou dissociada do mito. Essa palavra original é poética e mediada pelo homem, que a profere, dando forma sonora à substância informe do *poema e cantos* míticos. Desse modo, [Como las Piedras del Principio], embora centre-se na palavra poética, sua origem e decadência, não é um poema metalinguístico *tout court*, ou seja, não é um poema sobre o poema ou a poesia, ainda que o raio de sua ação abranja também essas áreas. De modo mais específico, e retomando ideia já aqui exposta, o poema de Paz é primariamente uma paródia de cosmogonia, que narra o advento da palavra como palavra poética, cujo corolário é o homem nela implicado ou por ela fundado. O nascimento do homem coincide, pois, com o da palavra poética. Esta, portanto, não é a palavra criadora do *Gênesis* bíblico, mas a palavra que é em si a criação. Dito de outro modo, o poema de Paz não retrata a palavra que cria o homem, mas a palavra que *é* o homem. A palavra poética, nesse contexto, não é um signo remissivo, como o signo linguístico de Saussure, mas um signo cujo referente é o próprio signo: o poema. O tema da autorreferencialidade do poema já foi, aliás, abordado no capítulo 2, na aproximação entre as poéticas de Cabral, de MacLeish e de Huidobro. No caso de Paz, porém, esse argumento possui um complicador: a autorreferencialidade da palavra poética é ao mesmo tempo postulada e negada. Na obra octaviana, o poema ocupa um espaço intervalar em que a afirmação de sua autonomia é simultaneamente contraditada pelo fato de a palavra poética remeter, em última instância, às suas origens prototípicas e pré-linguísticas: *o poema ainda sem rosto, os cantos ainda sem nome*. A ideia de uma *poética do intervalo* é, aliás, uma premissa que fundamenta toda a obra octaviana. Os conceitos *desta* e *doutra margem*, por exemplo, participam dessa poética, que dispõe a poesia no espaço-tempo entre uma e outra margem. Recorrendo uma vez mais a Guimarães Rosa, a poesia para Paz constitui a *terceira margem* do rio-tempo, disposta no intervalo das outras duas. Ou, nos versos do poeta:

> *Entre lo que veo y digo,*
> *entre lo que digo y callo,*

A PEDRA LOGOCÊNTRICA DE PAZ

entre lo que callo y sueño,
entre lo que sueño y olvido,
la poesía.
Se desliza
entre el sí y el no[56].

Entre o que vejo e digo,
entre o que digo e calo,
entre o que calo e sonho,
entre o que sonho e esqueço,
a poesia.
Desliza-se
entre o sim e o não.

Em [Como las Piedras del Principio], essa poética intervalar se abre entre os extremos da origem e da queda do verbo primigênio. O poema, por assim dizer, se expande no espaço entre esses dois extremos.

[COMO LAS PIEDRAS DEL PRINCIPIO],
SEGUNDA PARTE, VERSOS 8 A 10

A segunda parte de [Como las Piedras del Principio] se abre com a conjunção adversativa "mas". Tal conjunção, no contexto em que se insere, funciona como marcador discursivo de contra-argumentação, que emerge, a princípio, do contraste entre a tipologia descritiva da primeira parte ("argumentação") *vs.* a narrativa ("contra-argumentação") da segunda. Outro fator de oposição associado a este e que a conjunção "mas" também introduz é o da antinomia imobilidade (descrição) *vs.* mobilidade (narração). Logo à entrada da segunda parte, a luz *irrompe* e caminha com *passos de leopardo*. Essa movimentação (irrupção da luz) desfaz a unidade imóvel da noite plena e instaura a imagem do movimento linear (passos),

56. *Idem*, vol. VII, *op. cit.*, p. 702.

284 MATÉRIA LÍTICA

que, no plano alegórico, sugere a noção do fluir do tempo histórico – como, aliás, ocorre no último verso do poema XVII, de Neruda. Assim, a antinomia imobilidade *vs.* mobilidade implica outra, a do mito *vs.* história.

A incidência do discurso narrativo na segunda parte do poema intensifica seu caráter alegórico. Com isso, imagens como "luz", "pasos" e "leopardo" demandam uma leitura que desvele seu sentido metafórico, pelo qual a narrativa alegórica se expressa. Assim, se *noite* metaforiza *mito*, a que sentido remete a metáfora "luz"? Que extremo oposto ao mito pode a "luz" representar? Já vimos que há no poema uma oposição entre mito e história. Por esse argumento, "luz" associa-se a história e se opõe a mito. No plano narrativo, da "luz" decorrem três eventos em sucessão: sua irrupção *1)* desfaz a unidade da noite mítica, *2)* anima a palavra, e esta, animada pela luz, *3) se levanta, ondula, cai.* Por esses eventos, e pelo contexto em que ocorrem, pode-se concluir que, alinhada com seu próprio simbolismo na cultura, "luz" no poema metaforiza razão, cuja lógica se contrapõe à "lógica" do mito, e cuja expressão se manifesta por meio da linguagem abstrata. Daí, pois, a associação luz-palavra. Há, porém, outra associação mais significativa no poema: a da sequência luz-palavra-queda, que impõe a seguinte questão: por que a queda da palavra, e qual a relação desse fato narrativo com o advento da luz-razão?

Vimos que a razão se expressa por meio da linguagem abstrata. Mas qual o conteúdo dessa expressão? Em termos metafísicos, desde Sócrates até, pelo menos, o Iluminismo, a razão expressa sua contínua e sempre frustrada demanda pela Verdade, pelo eterno imutável – demanda que não cessa no período pós-iluminista, mas que começa a ser problematizada na filosofia, como vimos nos exemplos de Marx, Nietzsche, Freud, dos pensadores estruturalistas e de Derrida. Um efeito dessa demanda é o da incessante fragmentação do real nos limites da linguagem. Ou seja, em sua tentativa de fixar o sentido das coisas, a palavra abstrai o real, que assim se fragmenta. O signo /pedra/, por exemplo, não é o objeto a que se refere, e sim uma *abstração do objeto construída pelo pensamento racional*. Tal abstração, a palavra, em contato com outras, cria um campo infinito de significação no qual o objeto perde sua identidade de objeto – e para Paz essa identidade está associada ao mito – e torna-se um conceito em relação a outros conceitos. Nesse sentido, e fazendo uma leitura cruzada, os *cantos ainda sem nome* da noite fasta de [Como las Piedras del Principio] se opõem à passagem final de "Fábula", poema também incluído em *Semillas para un Himno*, que trata da fragmentação da palavra, ou da *Palavra* em *palavra*, que por sua vez fragmenta o mundo:

> *Todos eran todo*
> *Sólo había una palabra inmensa y sin revés*
> *Palabra como un sol*
> *Un día se rompió en fragmentos diminutos*
> *Son las palabras del lenguaje que hablamos*
> *Fragmentos que nunca se unirán*
> *Espejos rotos donde el mundo se mira destrozado*[57]

> Todos eram tudo
> Só havia uma palavra imensa e sem reverso
> Palavra como um sol
> Um dia quebrou-se em fragmentos diminutos
> São as palavras da linguagem que falamos
> Fragmentos que nunca se unirão
> Espelhos partidos onde o mundo se vê despedaçado

"Fábula" é um poema no qual se repetem a estrutura e a narrativa de [Como las Piedras del Principio]. Ambos abrem com a descrição de um espaço-tempo de origem, regido pela ideia de unidade, de *imediatidade contínua*, em que tudo se corresponde, até que essa unidade se rompe e o mundo no qual vivemos ganha forma. Em ambos, a palavra ocupa o centro dessa transição. A ruptura da palavra que fragmenta o mundo em "Fábula" corresponde à queda da palavra em [Como las Piedras del Principio], que, caída, se reparte em *ferida* e *silêncio*. Em

57. *Idem*, p. 139.

286 MATÉRIA LÍTICA

ambos, a palavra fragmentada ou caída equivale a "el lenguaje que hablamos", ou seja, a palavra mediada pela razão, ou o *logos* aristotélico. Em ambos, a imagem da luz se associa à da palavra, embora, nesse caso, com sentidos distintos. Em "Fábula", "sol" é termo de comparação da palavra absoluta, e em [Como las Piedras del Principio], "luz" figura razão, cuja ascendência sobre a palavra a conduz à queda e posterior fragmentação. Não há em "Fábula", ao contrário de [Como las Piedras del Principio], um motivo para a disrupção da palavra, que simplesmente "un día se rompió en fragmentos diminutos". É curioso, no entanto, que essa disrupção ocorra na sequência da menção ao sol. É como se este se repartisse num espectro de luz prismática – "fragmentos diminutos" –, ou como se a razão total se fragmentasse nas palavras: a *linguagem que falamos*. Nessa hipótese, o movimento ainda se mantém vertical, do alto (sol) para baixo (palavras), como uma queda.

O tema da queda na cultura do Ocidente possui larga ressonância e está presente, por exemplo, nos mitos gregos de Faetonte e Ícaro, e nas narrativas da tradição judaico-cristã sobre Lúcifer, e Adão e Eva. Nesses relatos, o fator que conduz à queda física e/ou moral dos personagens é, do ponto de vista da função narrativa, um desvio de conduta: a impulsividade juvenil de Faetonte, a imprevidência ou confiança excessiva de Ícaro, a rebeldia de Lúcifer, a transgressão de Adão e Eva. Esse desvio pressupõe uma norma, que no caso dos exemplos mencionados é representada pela figura paterna (Faetonte e Ícaro) ou por Deus (Lúcifer, Adão e Eva). No poema de Paz, essa norma é uma dimensão: a do mito como espaço-tempo de origem. Trata-se, pois, de uma norma despersonalizada, figurada na imagem da noite fasta e imóvel. Também o desvio, a razão que rompe a noite plena e provoca a queda da palavra, não se personifica. A única figura viva e movente em [Como las Piedras del Principio] é a do "leopardo".

O leopardo se movimenta com *passos*, e estes compõem uma horizontalidade. É como se o tempo se horizontalizasse pela figura passeante do leopardo. O sistema de repetições da primei-

A PEDRA LOGOCÊNTRICA DE PAZ 287

ra parte – excluído o verso 4 –, de *pedras* que são *Princípio*, do *princípio* que é *Pedra*, do *Princípio* e do *princípio*, da *Pedra* e das *pedras*, das coisas que são *ainda sem, ainda sem, ainda sem...*, cria um efeito de circularidade que se associa à noção do tempo do mito. Esse tempo circular se horizontaliza na segunda parte por meio da imagem dos *passos de leopardo*. Tal inferência corrobora a oposição mito *vs.* história, que o poema aborda. Outro aspecto que a figura do leopardo agrega à narrativa é o da intensificação do conceito de ambiguidade, ou hibridez, construído desde o primeiro verso. Na primeira parte, a convivência entre *Pedra* e *pedras*, *Princípio* e *princípio*, expõe uma área de intersecção na qual mito e natureza, como vimos, interagem. Ou seja, o mito octaviano não compreende apenas a Ideia ou Forma das coisas (Pedra, Princípio), mas também o duplo delas (pedras, princípio). O mito octaviano, em suma, é uno e híbrido, ou uno em sua hibridez. O termo *leopardo*, por seu turno, é também uma unidade híbrida. Os antigos pensavam que o animal era uma mescla de leão (*leo*) e pantera (*pardo*). Assim, o termo combina esses dois elementos. Por outro lado, o leopardo é um animal de hábitos predominantemente noturnos. No poema, sua figura noctívaga como que representa a permanência da noite mágica no dia inaugurado pela razão. Essa hipótese, aliás, se coaduna com o matiz de cores do leopardo, em que o fundo amarelo salpica-se de manchas negras, como se dia e noite dividissem o mesmo espaço, com o dia crescendo sobre a noite, que se desfaz pouco a pouco. No plano sonoro, a assonância em /a/, que imanta a segunda parte, simula o alvorecer desse dia:

> mAs yA lA luz irrumpe con pAsos de leopArdo
> y lA pAlAbrA se levAntA ondulA cAe
> y es unA lArgA heridA y un silencio sin mÁculA

Essa malha assonante em parte se contrabalança com a vogal fechada e escura /u/, cuja presença ocorre duas vezes no verso 8, uma no 9 e três no 10, criando no plano sonoro uma alternância de claridade e escuridão, sintetizada, aliás, na intercalação vocálica do último vocábulo do poema: mÁcUlA. Além disso, a aparição do leopardo no primeiro verso da segunda parte também prefigura a violência expressa na imagem da *ferida*, registrada no último verso, e que constitui um dos desdobramentos da palavra original após sua queda.

A queda da palavra é descrita no verso 9. Como já comentado, trata-se do evento central da narrativa, disposto no centro da segunda parte. A sequência de verbos "se levanta ondula cae" sintetiza toda a *existência* da palavra, dividida em três momentos. Tal tripartição reitera o padrão ternário regulador do ritmo do poema. Nessa sequência, destaca-se, além da ausência de vírgula, o registro assindético da tripla enumeração. O destaque desse registro se intensifica quando se nota que a conjunção aditiva "y" [*e*], ausente na enumeração, ocorre *três vezes* na estrofe, duas delas em posição de destaque: abrindo os versos 9 e 10. Por que, então, a ausência da copulativa na série que narra a trajetória da palavra do despertar até a queda?

Inserida numa dada série, a copulativa indica, entre outros sentidos, o fechamento da sequência: "João se levantou, desequilibrou-se *e* caiu", por exemplo. Nesse caso, a queda de João fecha a série de eventos. Sem a copulativa, a série ficaria como que em aberto: *se levantou, desequilibrou-se, caiu…* No poema, o tempo presente, a ausência de pontuação e, mais diretamente, a supressão da copulativa fechando a sequência de verbos fazem supor que a queda da palavra não é o evento final da série descrita. A queda da palavra a desmembra nas metáforas da *ferida* e do *silêncio*, mas isso não parece significar o fim do processo, ou da narrativa. As metáforas se fecham na dupla imagem da ferida *e* do silêncio, mas a história da palavra mantém-se aberta na sucessão sem copulativa "se levanta ondula cae". E, por essa abertura, pode-se presumir que a queda não representa ou estabelece o fim da palavra.

Nesse sentido, uma hipótese coerente sobre a omissão da copulativa na série verbal é a da repetição circular da narrativa, que remete, por sua vez, ao tempo do mito. Este permeia o texto pelo sistema de repetições que domina a primeira parte do poe-

A PEDRA LOGOCÊNTRICA DE PAZ 289

ma, e pode ser visto também na imagem final do *silêncio sem mácula* que recupera a imobilidade silenciosa da noite mágica. Por esse prisma, aliás, o *silêncio* que fecha o poema pode ser lido como uma figura simultaneamente associada à aniquilação da palavra e a seu regresso à dimensão do mito. Com base, enfim, no argumento da circularidade, é possível inferir que a série "se levanta ondula cae" se repete ou se renova a cada instante em que a razão anima com sua luz a palavra. Dito de outra forma, pode-se afirmar que a série retrata um ciclo: o ciclo da palavra mediada pela razão, ou conduzida pelo pensamento racional. Mas, se o *silêncio sem mácula* pode ser lido como uma imagem ambígua, que aponta para a ruína e, ao mesmo tempo, para a reconexão da palavra com sua origem, o que dizer da *extensa ferida*?

A associação palavra-ferida ou palavra-imagem-de-violência ocorre em alguns momentos da obra octaviana. Um poema de *Libertad bajo palabra*, da seção "Asueto", que compreende composições escritas entre 1939 e 1944, abre, por exemplo, com os seguintes versos: "Palabra, voz exacta / y sin embargo equívoca; / obscura y luminosa; / herida y fuente: espejo" ["Palavra, voz exata / e no entanto equívoca; / obscura e luminosa; / ferida e fonte: espelho"[58]]. Nesse poema, a palavra ocupa o espaço intervalar – espaço privilegiado na poética octaviana – entre exatidão e equívoco. A imagem da ferida, por sua vez, se alinha com as faces obscuras e equivocadas da palavra-poliedro, que o *espelho* projeta, e no qual – fazendo uma associação com "Fábula" – o mundo se vê fragmentado. Ou seja, o efeito dessa palavra cindida é o da cisão do mundo. Ou, como diz Paz em outro texto: "Coisas e palavras se dessangram pela mesma ferida"[59]. Isto é, pela corrupção da palavra corrompe-se tudo o que *é* verbo: homens, leis, instituições, valores, cultura, sociedade. Por outro lado, a palavra pura, *silêncio sem mácula*, oposta à palavra--ferida, é um conceito utópico, inacessível, pois toda palavra é a

---

58. *Idem*, p. 42.
59. *Idem*, *Obras Completas*, vol. I, *op. cit.*, p. 57.

um só tempo *ferida* e *silêncio*. Tal é, aliás, o paradoxo da poesia, que busca o silêncio pela palavra: "Apaixonado pelo silêncio, o poeta não tem outro remédio senão falar"[60]. Daí o verbo original, em [Como las Piedras del Principio], nascer como palavra poética – *poema com rosto, cantos com nome* –, ondular e cair, ao tentar se manter puro. Tal pureza é *maculada* pela razão, que, ao fazer da palavra um anteparo entre a consciência e as coisas, a fragmenta em *ferida* e *silêncio*, polos, respectivamente, *dessa* e da *outra margem*, em cujo intervalo (terceira margem rosiana?) reside o poema.

60. *Idem*, p. 275.

Bibliografia

OBRAS REFERIDAS NA INTRODUÇÃO

DERRIDA, Jacques. *The Truth in Painting*. Transl. by Geoff Bennington & Ian McLeod. Chicago, The University of Chicago Press, 1987.

EAGLETON, Terry. *How to Read a Poem*. Oxford, Blackwell, 2007.

HEIDEGGER, Martin. *A Origem da Obra de Arte*. Trad. Maria da Conceição Costa. Lisboa, Edições 70, s.d.

PERLOFF, Marjorie. "Presidential Address 2006: It Must Change." *PMLA* 122.3 (2007).

RABINOWITZ, Peter. "Canons and Close Readings." *Falling into Theory*. Ed. David Richter. Boston, Bedford Books of St. Martin's Press, 1994.

REEVE, C. D. C. *Aristotle on Practical Wisdom*. Cambridge, MA/London, England, Harvard University Press, 2013.

SAID, Edward W. *The World, the Text, and the Critic*. Cambridge, MA, Harvard University Press, 1983.

SCHAPIRO, Meyer. *Theory and Philosophy of Art: Style, Art, and Society*. New York, George Braziller, 1994.

VÁZQUEZ, Adolfo Sánchez. *Filosofía de la Práxis*. México D.F., Siglo XXI Editores, 2003.

OBRAS REFERIDAS NO CAPÍTULO 1

ANDRADE, Carlos Drummond de. "Autorretrato." *Leitura* 7 (1943).

_____. "Seleção e Montagem". *Uma Pedra no Meio do Caminho: Biografia de um Poema.* Rio de Janeiro, Editora do Autor, 1967.

_____. *Poesia e Prosa.* 8. ed. Rio de Janeiro, Nova Aguilar, 1992.

_____, et al. *O Mês Modernista.* Org. Homero Senna. Rio de Janeiro, Fundação Casa de Rui Barbosa, 1994.

_____, & Mário de Andrade. *Carlos & Mário: Correspondência Completa entre Carlos Drummond de Andrade (inédita) e Mário de Andrade.* Rio de Janeiro, Bem-te-vi, 2002.

_____. *Prosa Seleta.* Rio de Janeiro, Nova Aguilar, 2003.

_____. *Uma Pedra no Meio do Caminho: Biografia de um Poema.* 2. ed. ampliada. Ed. Eucanaã Ferraz, São Paulo, Instituto Moreira Sales, 2010.

ANDRADE, Mário de. "Da Fadiga Intelectual". *Revista do Brasil* jun. (1924).

ARISTÓTELES. *Retórica.* 2. ed. rev. Trad. Manuel Alexandre Jr., Paulo F. Alberto, Abel do N. Pena. Lisboa, INCM, 2005.

ARMAND, Octavio. *Superfícies.* Caracas, Monte Avila, 1980.

ARRIGUCCI JR., Davi. *Coração Partido: Uma Análise da Poesia Reflexiva de Drummond.* São Paulo, Cosac & Naify, 2002.

BANDEIRA, Manuel. *Poesia e Prosa.* Vol. II. Rio de Janeiro, José Aguilar, 1958.

_____. *Estrela da Vida Inteira.* 15. ed. Rio de Janeiro, José Olympio, 1988.

BARBOSA, Francisco de Assis. *Intelectuais na Encruzilhada: Correspondência de Alceu Amoroso Lima e António de Alcântara Machado (1927-1933).* Rio de Janeiro, Academia Brasileira de Letras, 2002.

BILAC, Olavo. *Poesias.* Ed. Ivan Teixeira. São Paulo, Martins Fontes, 1997.

BOPP, Raul. *Movimentos Modernistas no Brasil, 1922-1928.* Rio de Janeiro, Livraria São José, 1966.

BOUSOÑO, Carlos. *Teoría de la Expresión Poética.* Vol. I. 6. ed. aum. Madrid, Editorial Gredos, 1976.

CAMPOS, Augusto. "Julia's Wild." [Tradução] *Invenção* 4 (1964).

_____. "Julia's Wild." [Tradução] À *Margem da Margem.* São Paulo, Companhia das Letras, 1989.

CAMPOS, Haroldo de. "Petrografia Dantesca". In: Augusto & Haroldo de Campos. *Traduzir e Trovar (Poetas dos Séculos XII a XVII).* S.l., Papyrus, 1968.

BIBLIOGRAFIA   293

_____. "Drummond, Mestre de Coisas." *Metalinguagem & Outras Metas*. 4. ed. rev. e ampl. São Paulo, Perspectiva, 1992.

CANÇADO, José Maria. *Os Sapatos de Orfeu*. São Paulo, Scritta Editorial, 1993.

CANDIDO, Antonio. "Inquietudes na Poesia de Drummond". *Vários Escritos*. 2. ed. São Paulo, Duas Cidades, 1977.

_____. *Formação da Literatura Brasileira*. Vol. I. 6. ed. Belo Horizonte, Itatiaia, 1981.

CARPEAUX, Otto Maria. *Pequena Bibliografia Crítica da Literatura Brasileira*. Rio de Janeiro, Ministério da Educação e Saúde, 1951.

_____. *Pequena Bibliografia Crítica da Literatura Brasileira*. 2. ed. rev. e aum. Rio de Janeiro, Ministério da Educação e Saúde, 1955.

_____. *Pequena Bibliografia Crítica da Literatura Brasileira*. 3. ed. rev. e aum. Rio de Janeiro, Letras e Artes, 1964.

CARVALHO, Vicente de. *Poemas e Canções*. 12. ed. São Paulo, Editora Nacional, 1944.

CHARAUDEAU, Patrick & MAINGUENEAU, Dominique. *Dicionário de Análise do Discurso*. Coordenação da tradução por Fabiana Komesu. São Paulo, Contexto, 2006.

CHEVALIER, Jean, & GHEERBRANT, Alain. *A Dictionary of Symbols*. Transl. by John Buchanan-Brown. Oxford/Cambridge, MA, Blackwell, 1994.

CHKLOVSKI, Victor. "A Arte como Procedimento". In: Eikhenbaum *et al. Teoria da Literatura: Formalistas Russos*. Trad. Ana Filipouski *et al*. 4. ed. Porto Alegre, Globo, 1978.

CIRLOT, Juan Eduardo. *Diccionario de Símbolos*. 2. ed. Madrid, Ediciones Siruela, 1997.

CORREIA, Raimundo. *Poesias*. 6. ed. Rio de Janeiro, Liv. São José, 1958.

DILTHEY, Wilhelm. *Descriptive Psychology and Historical Understanding*. Transl. Richard Zaner & Kenneth Heiges. The Hague, Martinus Nijhoff Publishers, 1977.

DOYLE, Plinio. *História de Revistas e Jornais Literários*. Vol. I. Rio de Janeiro, Fundação Casa de Rui Barbosa, 1976.

FERREIRA, Vergílio. *Aparição*. São Paulo, Difel, 1983.

FREUD, Sigmund. "Obsessive Actions and Religious Practices". *The Freud Reader*. Ed. Peter Gay. New York, W. W. Norton, 1989.

GLEDSON, John. *Poesia e Poética de Carlos Drummond de Andrade*. São Paulo, Duas Cidades, 1981.

HOUAISS, Antônio. "Drummond". *Drummond mais Seis Poetas e um Problema*. Rio de Janeiro, Imago, s.d.

_____. "Sobre uma Fase de Carlos Drummond de Andrade". *Drummond mais Seis Poetas e um Problema*.

_____. "Drummond." *Poetas do Modernismo: Antologia Crítica*. Vol. 3, org. Leodegário A. de Azevedo Filho. Brasília, MEC/INL, 1972.

JOHNSTONE, Barbara, *et al.* "Repetition in Discourse: a Dialogue". *Repetition in Discourse: Interdisciplinary Perspectives*. Vol. I. Ed. Barbara Johnstone. Norwood, NJ, Ablex Publishing Corporation, 1994.

KOPKE, Carlos Burlamaqui. "O Processo Crítico para o Estudo do Poema". *Revista Brasileira de Poesia* 3 (1948).

KRISTEVA, Julia. *Desire in Language: A Semiotic Approach to Literature and Art*. Ed. Leon Roudiez. New York, Columbia University Press, 1980.

LIMA, Alceu Amoroso (Tristão de Athayde). *Estudos Literários*. Vol. I. Rio de Janeiro, Companhia Aguilar, 1966.

LIMA, Luiz Costa. "O Princípio-corrosão na Poesia de Carlos Drummond de Andrade". *Lira e Antilira: Mário, Drummond, Cabral*. 2. ed. Rio de Janeiro, Topbooks, 1995.

LOTMAN, Jurij. *The Structure of the Artistic Text*. Transl. Gail Lenhoff & Ronald Vroon. Ann Arbor, University of Michigan Press, 1977.

LOUIS, Paul. *Ancient Rome at Work: An Economic History of Rome from the Origins to the Empire*. Transl. E. B. F. Wareing. New York, Alfred A. Knopf, 1927.

MARTINS, Wilson. *O Modernismo (1916-1945)*. 4. ed. São Paulo, Cultrix, 1973.

MERQUIOR, José Guilherme. *Verso, Universo em Drummond*. Trad. Marly de Oliveira. 2. ed. Rio de Janeiro, José Olympio, 1976.

MORAES, Emanuel de. *Drummond: Rima, Itabira, Mundo*. Rio de Janeiro, José Olympio, 1972.

_____. "As Várias Faces de uma Poesia". In: Carlos Drummond de Andrade. *Poesia e Prosa*. 8. ed. Rio de Janeiro: Nova Aguilar, 1992.

NAVA, Pedro. *Beira-mar*. Rio de Janeiro, José Olympio, 1978.

PEDERNEIRAS, Mário. *Poesia Reunida*. Org. Antonio Carlos Secchin. Rio de Janeiro, Academia Brasileira de Letras, 2004.

RAMOS JR., José de Paula. "Amor de Pedra". *Revista USP* 56 (2002-2003).

REVISTA DE ANTROPOFAGIA 1 (1928): 1-8. Edição fac-similar. São Paulo, Abril e Metal Leve, 1975.

RIMMON-KENAN, Shlomith. "The Paradoxical Status of Repetition". *Poetics Today* 1 (1980).

SANT'ANNA, Affonso Romano de. *Drummond: Gauche no Tempo*. Rio de Janeiro, Lia/INL, 1972.

SCHLEIERMACHER, Friedrich. *Hermeneutics and Criticism*. Transl. and ed. Andrew Bowie. Cambridge, Cambridge University Press, 1998.

STEWART, Susan. *Nonsense: Aspects of Intertextuality in Folclore and Literature*. Baltimore/London, The John Hopkins UP, 1979.

BIBLIOGRAFIA   295

SZONDI, Peter. "Schleiermacher's Hermeneutics Today". *On Textual Understanding and Other Essays*. Transl. Harvey Mendelsohn. Manchester, Manchester University Press, 1986.

TAINE, Hippolyte. *Histoire de la Littérature Anglaise*. Tome premier. 7ème edition. Paris, Librairie Hachette, 1891.

TEIXEIRA, Ivan. "Em Defesa da Poesia (bilaquiana)". In: Olavo Bilac. *Poesias*. Ed. Ivan Teixeira. São Paulo, Martins Fontes, 1997.

TELES, Gilberto de Mendonça. *Drummond: Estilística da Repetição*. 2. ed. rev. e aum. Rio de Janeiro, José Olympio, 1976.

ZUKOFSKY, Louis. *Bottom: on Shakespeare*. Vol. I. N.p., The Ark Press (for The Humanities Research Center, The University of Texas), 1963.

OBRAS REFERIDAS NO CAPÍTULO 2

ANDRADE, Carlos Drummond de. *Poesia e Prosa*. 8. ed. Rio de Janeiro, Nova Aguilar, 1992.

ATHAYDE, Félix de. *Ideias Fixas de João Cabral de Melo Neto*. Rio de Janeiro/Mogi dass Cruzes, Nova Fronteira/FBN/Universidade de Mogi das Cruzes, 1998.

BANDEIRA, Manuel. *Itinerário de Pasárgada*. 3. ed. Rio de Janeiro, Editora do Autor, 1966.

BARBOSA, João Alexandre. *A Imitação da Forma*. São Paulo, Duas Cidades, 1975.

_____. "Balanço de João Cabral de Melo Neto". *As Ilusões da Modernidade*. São Paulo, Perspectiva, 1986.

_____. "João Cabral ou a Educação pela Poesia". *A Biblioteca Imaginária*. Cotia, SP, Ateliê Editorial, 1996.

BLOOM, Harold. *The Anxiety of Influence: A Theory of Poetry*. 2. ed. New York/Oxford, Oxford University Press, 1997.

BERNUCCI, Leopoldo. "Prefácio". In: Euclides da Cunha. *Os Sertões*. Ed. Leopoldo Bernucci. Cotia, SP, Ateliê Editorial/Imprensa Oficial do Estado/Arquivo do Estado, 2001.

CANDIDO, Antonio. "Poesia ao Norte". *Textos de Intervenção*. Org. Vinicius Dantas. São Paulo, Duas Cidades/Ed. 34, 2002.

CASTELLO, José. *João Cabral de Melo Neto: O Homem sem Alma*. Rio de Janeiro, Rocco, 1996.

CHACOFF, Alejandro. http://revistapiaui.estadao.com.br/edicao-106/obituario/o-dilema-de-salter

CULLER, Jonathan. *The Persuit of Signs*. Abingdon, Oxon, Routledge, 2001.

296 MATÉRIA LÍTICA

CUNHA, Euclides da. *Os Sertões*. Ed. Leopoldo Bernucci. Cotia, SP, Ateliê Editorial/Imprensa Oficial do Estado/Arquivo do Estado, 2001.

EAGLETON, Terry. *How to Read a Poem*. Oxford, Blackwell Publishing, 2007.

ESCOREL, Lauro. *A Pedra e o Rio*. Rio de Janeiro, Academia Brasileira de Letras, 2001.

FILIPE, Daniel. *Pátria, Lugar de Exílio*. Lisboa, Editorial Presença, s.d.

FREIXEIRO, Fábio. "Depoimento de João Cabral de Melo Neto (adaptado a 3ª. pessoa)". *Da Razão à Emoção II*. Rio de Janeiro, Tempo Brasileiro/INL, 1971.

GARCIA, Othon Moacyr. "A Página Branca e o Deserto". *Esfinge Clara e Outros Enigmas*. 2. ed. Rio de Janeiro, Topbooks, 1996.

GLEDSON, John. "Epílogo". *Influências e Impasses: Drummond e Alguns Contemporâneos*. Trad. Frederico Dentello. São Paulo, Companhia das Letras, 2003.

HAMMER, Langdon. http://oyc.yale.edu/english/engl-310/lecture-17

HOUAISS, Antônio. "Sobre João Cabral de Melo Neto". *Drummond mais Seis Poetas e um Problema*. Rio de Janeiro, Imago, s.d.

HUIDOBRO, Vicente. *Antología Poética*. 7. ed. org. Oscar Hahn. Santiago de Chile, Editorial Universitária, 2004.

HUTCHEON, Linda. *The Politics of Postmodernism*. 2. ed. New York, Routledge, 2002.

LINHARES, Temístocles. *Diário de um Crítico*. Vol. II. Curitiba, Imprensa Oficial do Paraná, 2001.

LUCAS, Fábio. *O Poeta e a Mídia: Carlos Drummond de Andrade e João Cabral de Melo Neto*. São Paulo, Editora Senac, 2003.

MACLEISH, Archibald. *Collected Poems: 1917-1982*. Boston, Houghton Mifflin Company, 1985.

MELO NETO, João Cabral de. *A Educação pela Pedra*. Rio de Janeiro, Editora do Autor, 1966.

_____. "Nota do Autor". *Poesia Crítica: Antologia*. Rio de Janeiro, José Olympio, 1982.

_____. *Obra Completa*. Rio de Janeiro, Nova Aguilar, 1995.

MERQUIOR, José Guilherme. "Nuvem Civil Sonhada". *A Astúcia da Mímese*. Rio de Janeiro, José Olympio, 1972.

MOISÉS, Carlos Felipe. "Tradição Reencontrada: Lirismo e Antilirismo em João Cabral". *Literatura Para Quê?* Florianópolis, Letras Contemporâneas, 1996.

MORAES, Vinicius de. *Antologia Poética*. Rio de Janeiro, Editora do Autor, 1960.

NUNES, Benedito. *João Cabral de Melo Neto*. Rio de Janeiro, Vozes, 1971.

BIBLIOGRAFIA 297

PESSOA, Fernando. *Poesia / Alberto Caeiro*. São Paulo, Companhia das Letras, 2001.

PLANTAGENET, Anne. *Manolete, el Califa Fulminado*. Trad. Tomás Gascón. Madrid, Algaba Ediciones, 2007.

PONGE, Francis. *Méthodes*. Paris, Gallimard, 1988.

SECCHIN, Antônio Carlos. "Um Original de João Cabral de Melo Neto Apresentado por Antônio Carlos Secchin". *Colóquio-Letras* 157-158 (jul.-dez. 2000).

SÜSSEKIND, Flora (org.). *Correspondência de Cabral com Bandeira e Drummond*. Rio de Janeiro, Nova Fronteira/Fundação Casa de Rui Barbosa, 2001.

VALÉRY, Paul. *Amphion: Mélodrame*. Paris, Rouart Lerolle, 1931.

VIEIRA, Arménio. *Mitografias*. Lisboa, Nova Vega, 2011.

WORDSWORTH, Christopher. *Memoirs of William Wordsworth, Poet-Laureate*. Vol. I. London, Edward Moxon, 1851.

OBRAS REFERIDAS NO CAPÍTULO 3

ADAMS, Henry. *Mont-Saint-Michel and Chartres*. Boston/New York, Houghton Mifflin Company, 1913.

ALONSO, Amado. *Poesía y Estilo de Pablo Neruda*. Barcelona, Edhasa, 1979.

ANDRADE, Carlos Drummond. "Apontamentos Literários". *Correio da Manhã*. 1º de setembro de 1946.

_____. *Poesia e Prosa*. 8. ed. Rio de Janeiro, Nova Aguilar, 1992.

_____. & Mário de Andrade. *Carlos & Mário: Correspondência Completa entre Carlos Drummond de Andrade (inédita) e Mário de Andrade*. Rio de Janeiro, Bem-te-vi, 2002.

ASSIS, Machado. *Memórias Póstumas de Brás Cubas*. Cotia, SP, Ateliê Editorial, 1998.

ATHAYDE, Félix de. *Ideias Fixas de João Cabral de Melo Neto*. Rio de Janeiro/Mogi das Cruzes, Nova Fronteira/FBN/Universidade de Mogi das Cruzes, 1998.

BERABA, Ana Luíza. *América Aracnídea*. Rio de Janeiro, Civilização Brasileira, 2008.

CAMINHA, Edmílson. "A Lição do Poeta". *Drummond: A Lição do Poeta*. Teresina, Corisco, 2002.

CANÇADO, José Maria. *Os Sapatos de Orfeu*. São Paulo, Scritta Editorial, 1993.

CANDIDO, Antonio. "Longitude". *Folha da Manhã*. 23 de julho de 1944.

CARPENTIER, Alejo. "Presencia de Pablo Neruda." In: Emir Rodríguez Monegal y Enrico Mario Santí (eds.). *Pablo Neruda*. Madrid, Taurus Ediciones, 1980.

CIRLOT, Juan Eduardo. *Diccionario de Símbolos*. 2. ed. Madrid, Ediciones Siruela, 1997.

CRUZ, Luiz Santa. "Prefácio". In: Vinicius de Moraes. *Livro de Sonetos*. Rio de Janeiro, Livros de Portugal, 1957.

CYNTRÃO. Sylvia Helena (org.). *A Forma da Festa: Tropicalismo: A Explosão e seus Estilhaços*. Brasília, Editora Universidade de Brasília, 2000.

EDWARDS, Jorge. *Adiós, Poeta...* Santiago de Chile, Tusquets Editores, 1990.

FELIX, Moacyr. "Nota Introdutória". *Violão de Rua*. Vol. III. Rio de Janeiro, Civilização Brasileira, 1963.

LISPECTOR, Clarice. "Entrevista-relâmpago com Pablo Neruda". *A Descoberta do Mundo*. Rio de Janeiro, Nova Fronteira, 1984.

LOYOLA, Hernán. *Neruda: La Biografía Literaria*. Santiago, Editorial Planeta Chilena, 2006.

LOZADA, Alfredo. "Schopenhauer y Neruda". *Revista Hispánica Moderna*. 3/4 (1966).

LUCAS, Fábio. *O Poeta e a Mídia: Carlos Drummond de Andrade e João Cabral de Melo Neto*. São Paulo, Senac, 2003.

MACIEL, Maria Esther. "Entrevista com Haroldo de Campos sobre Octavio Paz". In: Maria Esther Maciel (org.). *A Palavra Inquieta: Homenagem a Octavio Paz*. Belo Horizonte, Autêntica, 1999.

MERQUIOR, José Guilherme. [Resenha]. *Jornal do Brasil*. 7 de maio de 1960; 12 de junho de 1960; 20 agosto de 1960.

MELO NETO, João Cabral de. *Obra Completa*. Rio de Janeiro, Nova Aguilar, 1995.

MONEGAL, Emir Rodríguez. *Neruda, el Viajero Inmóvil*. Barcelona, Editorial Laia, 1988.

NERUDA, Pablo. *Las Piedras del Cielo*. Buenos Aires, Editorial Losada, 1970.

———. *Obras Completas*. Vol. I. Barcelona, Galaxia Gutenberg/Círculo de Lectores, 1999.

———. *Obras Completas*. Vol. II. Barcelona, Galaxia Gutenberg/Círculo de Lectores, 1999.

———. *Obras Completas*. Vol. III. Barcelona, Galaxia Gutenberg/Círculo de Lectores, 2000.

———. *Obras Completas*. Vol. IV. Barcelona, Galaxia Gutenberg/Círculo de Lectores, 2001.

———. *Obras Completas*. Vol. V. Barcelona, Galaxia Gutenberg/Círculo de Lectores, 2002.

BIBLIOGRAFIA 299

_____. *Canto General*. 12. ed. Edición Enrico Mario Santí. Madrid, Cátedra, 2009.

ORTEGA Y GASSET, José. *Meditaciones del Quijote*. Edición de Julián Marías. Madrid, Cátedra, 1984.

PAZ, Octavio. *Obras Completas*. 2. ed. Vol. I. México D.F., Fondo de Cultura Económica, 2014.

PIGNATARI, Décio. "Oitentação" (entrevista com). *Folha de São Paulo*, 4 de agosto de 2007.

QUEVEDO, Francisco de. *La Cuna y la Sepultura*. In: *Obras de D. Francisco de Quevedo y Villegas*. Tomo II. Ed. Aureliano Fernandez Guerra y Orbe. Madrid, Imprenta de los Sucesores de Hernando, 1921. "Biblioteca de Autores Españoles."

REGO, José Lins. "Neruda". *O Estado de S. Paulo*. 5 de janeiro de 1946.

SCHIDLOWSKY, David. *Pablo Neruda y su Tiempo: Las Fúrias y las Penas*. Tomo I: 1904-1949. Santiago de Chile, RIL Editores, 2008.

SCHOPENHAUER, Arthur. *The World as Will and Representation*. Vol. II. Transl. by E. F. J. Payne. New York, Dover Publications, 1958.

SICARD, Alain. *El Pensamiento Poético de Pablo Neruda*. Trad. Pilar Ruiz Va. Madrid: Editorial Gredos, 1981.

_____. "Poesía y Política en la Obra de Pablo Neruda". *Revista Canadiense de Estudios Hispánicos* 3 (1991).

_____. "A Plena Luz Camino por la Sombra". *Atenea* 489 (2004).

SÜSSEKIND, Flora (org.). *Correspondência de Cabral com Bandeira e Drummond*. Rio de Janeiro, Nova Fronteira/Edições Casa Rui Barbosa, 2001.

OBRAS REFERIDAS NO CAPÍTULO 4

BRETON, André. *Position Politique du Surréalisme*. Paris, Éditions du Sagittaire, 1935.

_____. "Second Manifeste du Surréalisme". *Manifestes du Surréalisme*. Paris, Pauvert, 1962.

CAMPOS, Haroldo de & PAZ, Octavio. *Transblanco (em torno a Blanco de Octavio Paz)*. Rio de Janeiro, Guanabara, 1986.

CUMMINGS, E. E. *100 Selected Poems*. New York, Grove Press, 1959.

DAUPHINÉ, James. "Mitos Cosmogônicos". In: Pierre Brunel (org.). *Dicionário de Mitos Literários*. 2. ed. Trad. Carlos Sussekind *et al.* Brasília/Rio de Janeiro, UnB/José Olympio, 1998.

DAVID, Marian. "The Correspondence Theory of Truth". *The Stanford Encyclopedia of Philosophy* (Fall 2013 Edition), Edward N. Zalta (ed.). Disponível em: <http://plato.stanford.edu/archives/fall2013/entries/truth-correspondence/>.

DERRIDA, Jacques. "La Structure, le Signe et le Jeu dans le Discours des Sciences Humaines". *L'Écriture et la Différence*. Paris, Éditions du Seuil, 1967.

DILTHEY, Wilhelm. "The Rise of Hermeneutics." Transl. Frederic Jameson. *New Literary History* 2 (1972).

DURKHEIM, Emile. *The Division of Labor in Society*. 2. ed. Edited by Steven Lukes. London, Palgrave Macmillan, 2013.

ELIADE, Mircea. *Mito e Realidade*. Trad. Pola Civelli. São Paulo, Perspectiva, 1972.

LÉVY-BRUHL, Lucien. *La Mentalité Primitive*. Paris, Librairie Félix Alcan, 1922.

_____. *Les Fonctions Mentales dans les Sociétés Inférieures*. 9. ed. Paris, Presses Universitaires de France, 1951.

MCKIRAHAN, Richard. *Philosophy before Socrates: An Introduction with Texts and Commentary*. 2. ed. Indianapolis, Hackett Publishing Company, 2010.

MELO NETO, João Cabral de. *Obra Completa*. Rio de Janeiro, Nova Aguilar, 1995.

NERUDA, Pablo. *Obras Completas*. Vol. II. Barcelona, Galaxia Gutenberg/Círculo de Lectores, 1999.

NIETZSCHE, Friedrich. *Humano, Demasiado Humano*. Tomo II. Trad. Alfredo Brotons. Madrid, Editorial Akal, 2007.

PAZ, Octavio. *Obras Completas*. Vol. I. 2. ed. México D. F., Fondo de Cultura Económica, 2014.

_____. *Obras Completas*. Vol. II. 2. ed. México D. F., Fondo de Cultura Económica, 2014.

_____. *Obras Completas*. Vol. III. 2. ed. México D. F., Fondo de Cultura Económica, 2014.

_____. *Obras Completas*. Vol. IV. 2. ed. México D. F., Fondo de Cultura Económica, 2014.

_____. *Obras Completas*. Vol. V. 2. ed. México D. F., Fondo de Cultura Económica, 2014.

_____. *Obras Completas*. Vol. VI. 2. ed. México D. F., Fondo de Cultura Económica, 2014.

_____. *Obras Completas*. Vol. VII. 2. ed. Barcelona, Galaxia Gutenberg/Círculo de Lectores, 2004.

_____. *Obras Completas*. Vol. VIII. 2. ed. México D. F., Fondo de Cultura Económica, 2014.

RENNIE, Bryan. *Reconstructing Eliade*. Albany, State University of New York Press, 1996.

BIBLIOGRAFIA

ROSA, Guimarães. *Primeiras Estórias.* 14. ed. Rio de Janeiro, Nova Fronteira, 1985.

QUIROGA, José. *Understanding Octavio Paz.* Columbia, University of South Carolina Press, 1999.

SUCRE, Guillermo. "Paz: La Vivacidad, la Transparencia". In: _____. *La Máscara, la Transparencia.* México D.F., Fondo de Cultura Económica, 1985.

WEBER, Max. "Science as Vocation". *The Vocation Lectures.* Transl. Rodney Livingstone. Indianapolis, Hackett Publishing Company, 2004.

WILSON, Jason. *Octavio Paz: A Study of his Poetics.* Cambridge, Cambridge University Press, 1979.

Título	*Matéria Lítica: Drummond, Cabral, Neruda e Paz*
Autor	Mario Higa
Editor	Plinio Martins Filho
Produção Editorial	Aline Sato
Capa	Tomás Martins (projeto gráfico)
	Madalena Natsuko Hashimoto Cordaro (ilustração)
Revisão	Geraldo Gerson de Souza
Editoração Eletrônica	Camyle Cosentino
Formato	12,5 × 20,5 cm
Tipologia	Minion Pro
Papel	Chambril Avena 80 g/m² (miolo)
	Cartão Supremo 250 g/m² (capa)
Número de Páginas	304
Impressão e Acabamento	Bartira